# Kriminologie
## Jugendstrafrecht & Strafvollzug

Hemmer/Wüst

**Juristisches Repetitorium hemmer**

## Vorbereitung auf das erste Staatsexamen

# Kursorte im Überblick

### Augsburg
Wüst
Mergentheimer Str. 44
97082 Würzburg
Tel.: (0931) 79 78 230
Fax: (0931) 79 78 234
Mail: augsburg@hemmer.de

### Bayreuth
Daxhammer/d´Alquen
Parkweg 7
97944 Boxberg
Tel.: (07930) 99 23 38
Fax: (07930) 99 22 51
Mail: bayreuth@hemmer.de

### Berlin-Dahlem
Gast
Schumannstraße 18
10117 Berlin
Tel.: (030) 240 45 738
Fax: (030) 240 47 671
Mail: mitte@hemmer-berlin.de

### Berlin-Mitte
Gast
Schumannstraße 18
10117 Berlin
Tel.: (030) 240 45 738
Fax: (030) 240 47 671
Mail: mitte@hemmer-berlin.de

### Bielefeld
Lück
Salzstr. 14/15
48143 Münster
Tel.: (0251) 67 49 89 70
Fax.: (0251) 67 49 89 71
Mail: bielefeld@hemmer.de

### Bochum
Schlömer/Sperl
Salzstr. 14/15
48143 Münster
Tel.: (0251) 67 49 89 70
Fax.: (0251) 67 49 89 71
Mail: bochum@hemmer.de

### Bonn
Ronneberg/Clobes/Geron
Meckenheimer Allee 148
53115 Bonn
Tel.: (0228) 91 14 125
Fax: (0228) 91 14 141
Mail: bonn@hemmer.de

### Bremen
Hemmer/Wüst
Mergentheimer Str. 44
97082 Würzburg
Tel.: (0931) 79 78 257
Fax: (0931) 79 78 240
Mail: bremen@hemmer.de

### Dresden
Weber
Täubchenweg 83
04317 Leipzig
Tel.: (0175) 93 13 967
Mail: leipzig@hemmer.de

### Düsseldorf
Ronneberg/Clobes/Geron
Meckenheimer Allee 148
53113 Bonn
Tel.: (0228) 91 14 125
Fax: (0228) 91 14 141
Mail: duesseldorf@hemmer.de

### Erlangen
Grieger/Tyroller
Mergentheimer Str. 44
97082 Würzburg
Tel.: (0931) 79 78 230
Fax: (0931) 79 78 234
Mail: erlangen@hemmer.de

### Frankfurt/M.
Geron/Hahn/Bold
Dreifaltigkeitsweg 49
53489 Sinzig
Tel.: (02642) 61 44
Fax: (02642) 61 44
Mail: frankfurt.main@hemmer.de

### Frankfurt/O.
Gast
Schumannstraße 18
10117 Berlin
Tel.: (030) 240 45 738
Fax: (030) 240 47 671
Mail: mitte@hemmer-berlin.de

### Freiburg
Behler/Rausch
Rohrbacher Str. 3
69115 Heidelberg
Tel.: (06221) 65 33 66
Fax: (06221) 65 33 30
Mail: freiburg@hemmer.de

### Gießen
Sperl
Parkweg 7
97944 Boxberg
Tel.: (07930) 99 23 38
Fax: (07930) 99 22 51
Mail: giessen@hemmer.de

### Göttingen
Schlömer/Sperl
Kirchhofgärten 22
74635 Kupferzell
Tel.: (07944) 94 11 05
Fax: (07944) 94 11 08
Mail: goettingen@hemmer.de

### Greifswald
Lück
Knieperstraße 20
18439 Stralsund
Tel.: (03831) 26 27 17
Fax: (03831) 26 27 28
Mail: greifswald@hemmer.de

### Halle
Weber
Täubchenweg 83
04317 Leipzig
Tel.: (0175) 93 13 967
Mail: halle@hemmer.de

### Hamburg
Schlömer/Sperl
Steinhöft 5-7
20459 Hamburg
Tel.: (040) 317 669 17
Fax: (040) 317 669 20
Mail: hamburg@hemmer.de

### Hannover
Daxhammer/Sperl
Matzenhecke 23
97204 Höchberg
Tel.: (0931) 400 337
Fax: (0931) 404 3109
Mail: hannover@hemmer.de

### Heidelberg
Behler/Rausch
Rohrbacher Str. 3
69115 Heidelberg
Tel.: (06221) 65 33 66
Fax: (06221) 65 33 30
Mail: heidelberg@hemmer.de

### Jena
Weber
Täubchenweg 83
04317 Leipzig
Tel.: (0175) 93 13 967
Mail: halle@hemmer.de

### Kiel
Onoszko/Lück
Knieperstraße 20
18439 Stralsund
Tel.: (03831) 26 27 17
Fax: (03831) 26 27 28
E-Mail: kiel@hemmer.de

### Köln
Ronneberg/Clobes/Geron
Meckenheimer Allee 148
53113 Bonn
Tel.: (0228) 91 14 125
Fax: (0228) 91 14 141
Mail: koeln@hemmer.de

### Konstanz
Kaiser
Hindenburgstr. 15
78467 Konstanz
Tel.: (07531) 69 63 63
Fax: (07531) 69 63 64
Mail: konstanz@hemmer.de

### Leipzig
Weber
Täubchenweg 83
04317 Leipzig
Tel.: (0175) 93 13 967
Mail: leipzig@hemmer.de

### Mainz
Geron
Dreifaltigkeitsweg 49
53489 Sinzig
Tel.: (02642) 61 44
Fax: (02642) 61 44
Mail: mainz@hemmer.de

### Mannheim
Behler/Rausch
Rohrbacher Str. 3
69115 Heidelberg
Tel.: (06221) 65 33 66
Fax: (06221) 65 33 30
Mail: mannheim@hemmer.de

### Marburg
Sperl
Parkweg 7
97944 Boxberg
Tel.: (07930) 99 23 38
Fax: (07930) 99 22 51
Mail: marburg@hemmer.de

### München
Wüst
Mergentheimer Str. 44
97082 Würzburg
Tel.: (0931) 79 78 230
Fax. (0931) 79 78 234
Mail: muenchen@hemmer.de

### Münster
Schlömer/Sperl
Salzstr. 14/15
48143 Münster
Tel.: (0251) 67 49 89 70
Fax.: (0251) 67 49 89 71
Mail: muenster@hemmer.de

### Osnabrück
Fethke
Philosophenweg 23
23970 Wismar
Tel.: (0541) 18 55 21 79
Mail: osnabrueck@hemmer.de

### Passau
Rath/Wenzl
Mergentheimer Str. 44
97082 Würzburg
Tel.: (0931) 79 78 247
Fax: (0931) 79 78 260
Mail: passau@hemmer.de

### Potsdam
Gast
Schumannstraße 18
10117 Berlin
Tel.: (030) 240 45 738
Fax: (030) 240 47 671
Mail: mitte@hemmer-berlin.de

### Regensburg
Daxhammer/d´Alquen
Parkweg 7
97944 Boxberg
Tel.: (07930) 99 23 38
Fax: (07930) 99 22 51
Mail: regensburg@hemmer.de

### Rostock
Burke/Lück
Knieperstraße 20
18439 Stralsund
Tel.: (03831) 26 27 17
Fax: (03831) 26 27 28
Mail: rostock@hemmer.de

### Saarbrücken
Bold/Hein/Issa
Preslesstraße 2
66987 Thaleischweiler-Fröschen
Tel.: (06334) 98 42 83
Fax: (06334) 98 42 83
Mail: saarbruecken@hemmer.de

### Trier
Geron
Dreifaltigkeitsweg 49
53489 Sinzig
Tel.: (02642) 61 44
Fax: (02642) 61 44
Mail: trier@hemmer.de

### Tübingen
Kaiser
Hindenburgstr. 15
78465 Konstanz
Tel.: (07531) 69 63 63
Fax: (07531) 69 63 64
Mail: tuebingen@hemmer.de

### Würzburg - ZENTRALE -
Mergentheimer Str. 44
97082 Würzburg
Tel.: (0931) 79 78 230
Fax: (0931) 79 78 234
Mail: wuerzburg@hemmer.de

# ASSESSORKURSORTE IM ÜBERBLICK

## BAYERN
### WÜRZBURG/MÜNCHEN/NÜRNBERG/REGENSBURG/POSTVERSAND

RA Gold
Mergentheimer Str. 44
97082 Würzburg
Tel.: (0931) 79 78 2-50
Fax: (0931) 79 78 2-51
Mail: assessor@hemmer.de

## BADEN-WÜRTTEMBERG
### KONSTANZ/TÜBINGEN/POSTVERSAND

RA Kaiser
Hindenburgstr. 15
78467 Konstanz
Tel.: (07531) 69 63 63
Fax: (07531) 69 63 64
Mail: konstanz@hemmer.de

### STUTTGART

RAin Baier / RA Baier
Mergentheimerstr. 44
97082 Würzburg
Tel. 0931-7978247
Fax. 0931-7978260
Mail: stuttgart@hemmer.de

## BERLIN/POTSDAM/BRANDENBURG
### BERLIN

RA Gast
Schumannstr. 18
10117 Berlin
Tel.: (030) 24 04 57 38
Fax: (030) 24 04 76 71
Mail: mitte@hemmer-berlin.de

## BREMEN/HAMBURG
### HAMBURG/POSTVERSAND

RAe Sperl/Clobes/Dr. Schlömer
Kirchhofgärten 22
74635 Kupferzell
Tel.: (07944) 94 11 05
Fax: (07944) 94 11 08
Mail: assessor-nord@hemmer.de

## HESSEN
### FRANKFURT

RA Geron
Dreifaltigkeitsweg 49
53489 Sinzig
Tel.: (02642) 61 44
Fax: (02642) 61 44
Mail: frankfurt.main@hemmer.de

## MECKLENBURG-VORPOMMERN
### POSTVERSAND

RAe Burke/Lück
Buchbinderstr. 17
18055 Rostock
Tel.: (0381) 37 77 40 0
Fax: (0381) 37 77 40 1
Mail: rostock@hemmer.de

## RHEINLAND-PFALZ
### POSTVERSAND

RA Geron
Dreifaltigkeitsweg 49
53489 Sinzig
Tel.: (02642) 61 44
Fax: (02642) 61 44
Mail: trier@hemmer.de

## NIEDERSACHSEN
### HANNOVER

RAe Sperl/Schlömer
Steinhöft 5 - 7
20459 Hamburg
Tel.: (040) 317 669 17
Fax: (040) 317 669 20
Mail: assessor-nord@hemmer.de

### HANNOVER POSTVERSAND

RAe Sperl/Clobes/Dr. Schlömer
Kirchhofgärten 22
74635 Kupferzell
Tel.: (07944) 94 11 05
Fax: (07944) 94 11 08
Mail: assessor-nord@hemmer.de

## NORDRHEIN-WESTFALEN
### KÖLN/BONN/DORTMUND/DÜSSELDORF/POSTVERSAND

RAin Dr. Ronneberg
Meckenheimer Allee 148
53113 Bonn
Tel.: (0228) 91 14 125
Fax: (0228) 91 14 141
Mail: koeln@hemmer.de

## SCHLESWIG-HOLSTEIN
### POSTVERSAND

RAe Sperl/Clobes/Dr. Schlömer
Kirchhofgärten 22
74635 Kupferzell
Tel.: (07944) 94 11 05
Fax: (07944) 94 11 08
Mail: assessor-nord@hemmer.de

## THÜRINGEN

RAe Singbartl/Weber
Täubchenweg 83
04317 Leipzig
Tel.: (0175) 93 13 967
Mail: halle@hemmer.de

## SACHSEN

RAe Singbartl/Weber
Täubchenweg 83
04317 Leipzig
Tel.: (0175) 93 13 967
Mail: leipzig@hemmer.de

## SACHSEN-ANHALT

RAe Singbartl/Weber
Täubchenweg 83
04317 Leipzig
Tel.: (0175) 93 13 967
Mail: halle@hemmer.de

# Kriminologie
## Jugendstrafrecht & Strafvollzug

Hemmer/Wüst

Hemmer/Wüst Verlagsgesellschaft
Hemmer/Wüst; Kriminologie, Jugendstrafrecht & Strafvollzug

**ISBN 978-3-96838-072-8**

**9. Auflage 2022**

gedruckt auf chlorfrei gebleichtem Papier
von Schleunungdruck GmbH, Marktheidenfeld

**Lehrbücher**


| | |
|---|---|
| *Beulke/Swoboda* | Jugendstrafrecht |
| *Bock* | Kriminologie |
| *Brunner/Dölling* | Jugendgerichtsgesetz |
| *Calliess/Müller-Dietz* | Strafvollzugsgesetz |
| *Detter* | Einführung in die Praxis des Strafzumessungsrechts |
| *Eisenberg* | Jugendgerichtsgesetz |
| *Eisenberg* | Kriminologie |
| *Fischer* | Strafgesetzbuch |
| *Göppinger* | Kriminologie |
| *Jescheck/Weigend* | Lehrbuch des Strafrechts |
| *Kaiser/Schöch/Kinzig* | Kriminologie – Jugendstrafrecht - Strafvollzug |
| *Kett-Straub/Streng* | Strafvollzugsrecht |
| *Kunz/Singelnstein* | Kriminologie |
| *Laubenthal* | Strafvollzug |
| *Laubenthal/Baier/Nestler* | Jugendstrafrecht |
| *Maleczky* | Jugendstrafrecht |
| *Meier* | Kriminologie |
| *Meier/Bannenberg/Höffler* | Jugendstrafrecht |
| *Mergen* | Die Kriminologie. Eine systematische Darstellung |
| *Neubacher* | Kriminologie |
| *Ostendorf/Drenkhahn* | Jugendstrafrecht |
| *Schwind/Schwind* | Kriminologie und Kriminalpolitik |
| *Schwind/Böhm/Jehle/Laubenthal* | Strafvollzugsgesetz |
| *Streng* | Jugendstrafrecht |
| *Streng* | Strafrechtliche Sanktionen |


**Weitere Literatur siehe Fußnoten**

# VORWORT

## **Kriminologie** mit der **hemmer-Methode**

Wer in vier Jahren sein Studium abschließen will, kann sich einen Irrtum in Bezug auf Stoffauswahl und -aneignung nicht leisten. Hoffen Sie nicht auf leichte Rezepte und den einfachen Rechtsprechungsfall. Hüten Sie sich vor Übervereinfachung beim Lernen. Stellen Sie deswegen frühzeitig die Weichen richtig.

Gerade im Schwerpunktbereich Kriminologie fehlt es an speziell auf das Examen ausgerichteter Literatur. Die Studierenden stehen daher vor dem Problem, den examenstypischen Stoff bzw. Fälle zu finden und zu verwerten.

Das Skript **Kriminologie** umfasst sämtliche für die Schwerpunktgruppe relevanten Bereiche, **Kriminologie, Jugendstrafrecht** und **Strafvollzug**. Im Mittelpunkt stehen insbesondere die Erscheinungsformen und Ursachen der Kriminalität, der Täter, aber auch das Opfer und die Kontrolle und Behandlung des Straftäters.

Durch die Behandlung vieler strafrechtlicher Grundbegriffe ist das Skript auch für die Studierenden geeignet, die diesen Schwerpunktbereich nicht gewählt haben. Das Skript ist außerdem für jeden interessant, der sich nicht nur mit den theoretischen Anwendungen des Gesetzes befassen will, sondern darüber hinaus auch ein eigenes Verständnis für Ursachen und Zusammenhänge von Straftaten erlangen will.

Die **hemmer-Methode** vermittelt Ihnen die **erste richtige Einordnung** und das **Problembewusstsein**, welches Sie brauchen, um an einer Klausur bzw. dem Ersteller nicht vorbeizuschreiben. Häufig ist dem Studierenden nicht klar, warum er schlechte Klausuren schreibt. Wir geben Ihnen **gezielte Tipps**! Vertrauen Sie auf unsere **Expertenkniffe**.

Durch die ständige Diskussion mit unseren Kursteilnehmerinnen und Kursteilnehmern ist uns als erfahrenen Repetitoren klar geworden, welche **Probleme** die Studierenden haben, ihr **Wissen anzuwenden**. Wir haben aber auch von unseren Kursteilnehmerinnen und Kursteilnehmern profitiert und von ihnen erfahren, welche **Argumentationsketten** in der Prüfung zum Erfolg geführt haben.

Die **hemmer-Methode** gibt **jahrelange Erfahrung** weiter, erspart Ihnen viele schmerzliche Irrtümer, setzt richtungsweisende Maßstäbe und begleitet Sie als **Gebrauchsanweisung** in Ihrer Ausbildung:

### 1. Grundwissen:

Die **Grundwissenskripten** sind für die Studierenden in den ersten Semestern gedacht. In den Theoriebänden Grundwissen werden leicht verständlich und kurz die wichtigsten Rechtsinstitute vorgestellt und das notwendige Grundwissen vermittelt. Die Skripten werden durch den jeweiligen Band unserer **Reihe „Die wichtigsten Fälle“** ergänzt.

### 2. Basics:

Das Grundwerk für Studium und Examen. Es schafft schnell **Einordnungswissen** und mittels der hemmer-Methode richtiges Problembewusstsein für Klausur und Hausarbeit. Wichtig ist, **wann und wie** Wissen in der Klausur angewendet wird.

### 3. Skriptenreihe:

**Vertiefendes Prüfungswissen:** Über 1.000 Klausuren wurden auf ihre „essentials" abgeklopft.

Anwendungsorientiert werden die für die Prüfung nötigen Zusammenhänge umfassend aufgezeigt und wiederkehrende Argumentationsketten eingeübt.

Gleichzeitig wird durch die **hemmer-Methode** auf **anspruchsvollem Niveau** vermittelt, nach welchen Kriterien Prüfungsfälle beurteilt werden. Mit dem Verstehen wächst die Zustimmung zu Ihrem Studium. Spaß und Motivation beim Lernen entstehen erst durch Verständnis.

Lernen Sie, durch Verstehen am juristischen Sprachspiel teilzunehmen. Wir schaffen den „background“, mit dem Sie die innere Struktur von Klausur und Hausarbeit erkennen: **„Problem erkannt, Gefahr gebannt“**. Profitieren Sie von unserem **strategischen Wissen**. Wir werden Sie mit unserem know-how auf das Anforderungsprofil einstimmen, das Sie in Klausur und Hausarbeit erwartet.

Die Theoriebände Grundwissen, die Basics, die Skriptenreihe und der Hauptkurs sind als **modernes, offenes und flexibles Lernsystem** aufeinander abgestimmt und ergänzen sich ideal. Die **studentenfreundliche Preisgestaltung** ermöglicht den **Erwerb als Gesamtwerk**.

### 4. Hauptkurs:

**Schulung am examenstypischen Fall mit der Assoziationsmethode.** Trainieren Sie unter professioneller Anleitung, was Sie im Examen erwartet und wie Sie bestmöglich mit dem Examensfall umgehen.

Nur wer die Dramaturgie eines Falles verstanden hat, ist in Klausur und Hausarbeit auf der sicheren Seite! Häufig hören wir von unseren Kursteilnehmenden: **„Erst jetzt hat Jura richtig Spaß gemacht“**.

Die Ergebnisse unserer Kursteilnehmerinnen und Kursteilnehmer geben uns Recht. Maßstab ist der Erfolg. Die Examensergebnisse zeigen, dass unsere Kursteilnehmenden überdurchschnittlich abschneiden.

**Die Examensergebnisse unserer Kursteilnehmerinnen und Kursteilnehmer können auch Ansporn für Sie sein, intelligent zu lernen: Wer nur auf vier Punkte lernt, landet leicht bei drei.**
**Lassen Sie sich aber nicht von diesen Supernoten verschrecken, sehen Sie dieses Niveau als Ansporn für Ihre Ausbildung.**

Wir hoffen, mit unserem Gesamtangebot bei der Konkretisierung des Rechts mitzuwirken und wünschen Ihnen **viel Spaß beim Durcharbeiten** unserer Skripten.

Wir würden uns freuen, mit Ihnen in unserem Hauptkurs und mit der **hemmer-Methode** gemeinsam Verständnis an der Juristerei zu trainieren. Nur wer erlernt, was ihn im Examen erwartet, lernt richtig!

So leicht ist es, uns kennenzulernen: Probehören ist jederzeit in den jeweiligen Kursorten möglich.

**Karl-Edmund Hemmer & Achim Wüst**

# 1. KAPITEL: KRIMINOLOGIE

## § 1 WESEN UND URSPRÜNGE DER KRIMINOLOGIE

*Begriffe*

### A. Begriffe

#### I. Kriminologie

Kriminologie ist eine interdisziplinäre Wissenschaft (im Wesentlichen Soziologie, Psychologie und Psychiatrie umfassend[1]) und beschäftigt sich mit: *1*

- ⇨ den Erscheinungsformen und Ursachen von Kriminalität (sog. Phänomenologie und Ätiologie),
- ⇨ dem Täter (Forensische Psychologie und Psychiatrie),
- ⇨ dem Opfer (sog. Viktimologie) sowie
- ⇨ der Kontrolle und der Behandlung des Straftäters sowie der Wirkung der Strafe (Poenologie, Kriminaltherapie, Instanzenforschung, Statistik).[2]

**hemmer-Methode: Nicht zu verwechseln ist der Begriff der Kriminologie mit dem der Kriminalistik. Während die Kriminologie primär die *Ursachen*forschung im Blick hat, geht es bei der Kriminalistik um die *Aufklärung* von Straftaten, d.h. um die Technik der Verbrechensaufklärung.[3]**

#### II. Verbrechen

Ein weiterer wichtiger Begriff ist der des Verbrechens. Das Verbrechen bezieht sich im Gegensatz zur Kriminalität immer auf einen einzelnen Menschen bzw. auf eine einzelne Tat (und damit auf einen Individualgegenstand im Gegensatz zum Kollektivgegenstand bei der Kriminalität). Strafrechtlich sind mit Verbrechen Taten gemeint, die eine Mindestfreiheitsstrafe von einem Jahr vorsehen (§ 12 I StGB). Der Verbrechensbegriff kann jedoch auch anders interpretiert werden: *2*

##### 1. Formeller Verbrechensbegriff

*Formeller Verbrechensbegriff*

Unter den formellen Verbrechensbegriff fallen Handlungen, die nach dem StGB (nicht nach dem OWiG) mit Strafe bedroht sind. *3*

Eine bestimmte menschliche Verhaltensweise wird somit erst durch den Bezug zur Strafnorm zum Verbrechen. Was also letztlich als „Verbrechen“ bezeichnet wird, hängt von den sozio-kulturellen Umständen ab.

1 Vgl. auch Reuband, MschKrim 2013, 140 ff.

2 Neubacher, Kriminologie, § 1, Rn. 12 f.; Schwind/Scwind, § 1, Rn. 14

3 Vgl. Neubacher, Kriminologie, § 1, Rn. 1 ff.

### 2. Natürlicher Verbrechensbegriff

*Natürlicher Verbrechensbegriff*

Dagegen meint der natürliche Verbrechensbegriff Taten, die zu allen Zeiten und in allen Kulturen als verwerflich angesehen werden, eben Verbrechen „aus der Natur der Sache heraus" (sog. delicta mala per se). Hierzu gehören Mord, Raub, schwere Körperverletzung und Einbruchsdiebstahl. Der natürliche Verbrechensbegriff ist also enger als der formelle. 4

### 3. Soziologischer (materieller) Verbrechensbegriff

*Soziologischer Verbrechensbegriff*

Weiter als der formelle ist der soziologische oder sozialwissenschaftliche Verbrechensbegriff.[4] Er umfasst zusätzlich alle Handlungen, die zwar sozialschädlich, aber nicht mit Strafe bedroht sind. 5

### 4. Verhältnis der Begriffe zueinander

*Neukriminalisierung*

Im Laufe der Zeit ändert sich innerhalb der Gesellschaft die Bewertung von Verhaltensweisen. Veränderungen des materiellen Verbrechensbegriffs ziehen dann häufig die Angleichung des formellen Verbrechensbegriffs nach sich: 6

Dies geschieht zum einen durch die Neukriminalisierung von Taten.

> ***Bsp.:*** *Das Umwelt- und Wirtschaftsstrafrecht erhielt eine Reihe von neuen Tatbeständen, nachdem politisch und gesellschaftlich das Bedürfnis hiernach entstanden ist.*

*Entkriminalisierung*

Andererseits stehen manche Handlungen heute nicht mehr unter Strafe, weil die Bewertung als sozialschädlich weggefallen ist. Man spricht dann von Entkriminalisierung. Diese kann einmal durch die komplette Streichung des Tatbestands im StGB vollzogen werden.

> ***Bsp.:*** *Ehebruch und Homosexualität sind nicht mehr strafbar.*

Entkriminalisiert wird jedoch auch durch die Ausgestaltung als bloße Ordnungswidrigkeit (so geschehen bei Verkehrsüberschreitungen) oder durch die Möglichkeit der Einstellung des Verfahrens gem. § 153a StPO bzw. §§ 45, 47 JGG.[5]

All diese Prozesse beruhen letztendlich auf einem sich ändernden materiellen Verbrechensbegriff.

## B. Geschichte der Kriminologie

**hemmer-Methode: Geschichtliches Wissen ist hauptsächlich in der mündlichen Prüfung gefragt. Allerdings sind die Kriminalitätstheorien (siehe Rn. 12 ff.) vor dem historischen Hintergrund leichter zu verstehen und einzuordnen!**

### I. Beccaria

*Beccaria*

Einer der Begründer der Kriminologie war der italienische Jurist und Aufklärungsphilosoph Cesare Di Beccaria (1738-1794).[6] In seiner Schrift „Über Verbrechen und Strafe" forderte er bspw. den Grundsatz „in dubio pro reo", die Bindung des Richters an das Gesetz, die Abschaffung der Todesstrafe und die Verdrängung des Vergeltungszwecks im Strafrecht. 7

4 Meier, Kriminologie, § 1 Rn. 21.

5 Vgl. Rn. 192.

6 Neubacher, Kriminologie, § 1, Rn. 16; Schwind/Scwind, § 4, Rn. 3.

Beccaria setzte sich damit auch in Widerspruch zu Rousseau, welcher die „Lehre vom Gesellschaftsvertrag“ vertrat. Nach Rousseau schließt jeder, der in der Gesellschaft lebt, mit dieser einen Vertrag. Der Einzelne erklärt, die Regeln der Gesellschaft zu achten, und bringt dafür sein Leben als Pfand ein. Verstößt er nun gegen die Gesellschaftsregeln, verliert er das Recht auf Leben.

Beccaria trat dieser Auffassung teilweise entgegen. Das Leben als höchstes Gut könne nicht als Pfand eingebracht werden, stattdessen aber die Freiheit (sog. Lehre vom partiellen Gesellschaftsvertrag). Aus diesem Grunde könne anstatt der Todes- nur eine Freiheitsstrafe verhängt werden.

## II. Lombroso

*Lombroso*

CESARE LOMBROSO (1835-1909)[7] war Mediziner und wurde nicht so sehr durch seine politischen und philosophischen Ideen, als vielmehr durch erste empirische Arbeiten berühmt. Er führte Untersuchungen an Straftätern durch und kam zu der Überzeugung, dass Kriminelle bereits an äußeren Merkmalen zu erkennen seien (bspw. fliehende Stirn, große Kiefer, asymmetrische Gesichtszüge, Schielen, große Hände und Füße etc.). Schlagwortartig spricht man vom „geborenen Verbrecher“. Obwohl die Theorie LOMBROSOS widerlegt wurde, ist sein Verdienst in der umfassenden empirischen Forschung zu sehen. 8

*Schulenstreit im 19. Jhdt.*

## III. Der Schulenstreit im 19. Jahrhundert

### 1. Die Italienische Schule

Die positivistische Schule LOMBROSOS hielt Kriminalität also für angeboren. Relativiert wurde dieser Ansatz bereits von LOMBROSOS Schüler FERRI, welcher neben biologischen auch soziale Ursachen für die Entstehung von Kriminalität entdeckte.[8] 9

### 2. Die Französische Schule

Das Gegenteil wurde von der Französischen Schule vertreten (insbesondere LACASSAGNE[9] und TARDE[10]). Für Kriminalität sei das Milieu, also das Umfeld, in dem der Mensch lebe, verantwortlich. 10

### 3. Die Marburger Schule

Die Marburger Schule von FRANZ VON LISZT (1851-1919) versuchte, den Widerspruch zwischen den beiden Schulen zu überwinden, indem sie eine Synthese aus Anlage- und Umwelteinflüssen annahm (sog. Anlage-Umwelt-Formel). Der deutsche Jurist V. LISZT war Verfechter der Spezialprävention und forderte eine Abkehr vom Tatstrafrecht hin zum Täterstrafrecht.[11] 11

**hemmer-Methode: FRANZ V. LISZT ist eine Zentralfigur in der Kriminologie, von der man schon mal etwas gehört haben sollte. Im deutschen Strafrecht finden sich seine Ideen des Täterstrafrechts bspw. in der Strafzumessung gem. § 46 StGB, vgl. Rn. 179 ff. Von V. LISZT stammt auch das Zitat: „Eine gute Sozialpolitik ist die beste Kriminalpolitik“!**

7 Schwind/Scwind, § 4, Rn. 13.

8 Neubacher, Kriminologie, § 1, Rn. 17 f.; Schwind/Scwind, § 4, Rn. 37.

9 Lacassagne erklärte: „Jede Gesellschaft hat die Verbrecher, die sie verdient“.

10 Von Tarde stammt die Äußerung: „Alle sind schuldig bis auf die Verbrecher selbst“.

11 Neubacher, Kriminologie, § 1, Rn. 18.

## C. Kriminalitätstheorien

*Kriminalitätstheorien*

Die Kriminalitätstheorien entwickelten sich im 20. Jahrhundert im Anschluss an den Schulenstreit. Sie fragen nach dem „Warum" der Kriminalität.[12] 12

Man unterscheidet zwischen persönlichkeitsorientierten Theorien einerseits, den gesellschaftsbezogenen Theorien andererseits, sowie den Mehrfaktorenansätzen. Anknüpfungspunkt für die Unterscheidung der ersten beiden Gruppen ist der Grad der Einbeziehung individueller bzw. gesellschaftlicher Faktoren in den jeweiligen Erklärungsansatz. Die Differenzierung ist allerdings schwierig und erfolgt nicht immer einheitlich.

Die Mehrfaktorenansätze bemühen sich um eine Integration verschiedener Erklärungskonzepte.

Wichtig ist, dass die Aussagekraft der Kriminalitätstheorien nicht überschätzt wird. Es handelt sich nicht um deterministische (d.h. festgelegte und vorbestimmte) Geschehnisse, sondern eher um Wahrscheinlichkeitsaussagen - eine zwingende Kausalität von Bedingungen und nachfolgender Kriminalität gibt es nicht. Des Weiteren betrachten die meisten Kriminalitätstheorien nur einen Ausschnitt der möglichen Ursachen.[13]

**hemmer-Methode: Allen Kriminalitätstheorien ist gemeinsam, dass sie mindestens einen empirischen Faktor enthalten, der Zustandekommen, Entwicklung oder Verbreitung von Kriminalität erklären soll.**

### I. Übersicht der wichtigsten Kriminalitätstheorien[14]

13

| Persönlichkeitsorientierte Kriminalitätstheorien | Gesellschaftsbezogene Kriminalitätstheorien | Mehrfaktorenansätze |
|---|---|---|
| **1. Biologische Theorien**<br>a) Der geborene Verbrecher *(Lombroso) u.a.*<br>b) Zwillings- und Adoptionsforschung<br>c) Ethologisches (Trieb-)Modell<br>d) Moderne biologische Ansätze<br><br>**2. Psychologische Theorien**<br>a) Tiefenpsychologische Modelle<br>b) Psychologische Lerntheorien, z.B. Frustrations-Aggressions-Hypothese, Sozialkognitive Lerntheorie etc. | **1. Sozialpsychologische Theorien**<br>a) Theorie der *differentiellen Assoziation*<br>b) Theorie der *differentiellen Identifikation*<br>c) Theorie der Neutralisierungstechniken<br>d) Kontrolltheorien<br>e) Labeling-approach<br>f) Theorie der sekundären Abweichung<br><br>**2. Soziologische Theorien**<br>a) Theorie der strukturell funktionalen Zusammenhänge<br>b) Anomietheorie<br>c) Ökologische Theorien<br>d) Subkulturtheorien<br>e) Kulturkonfliktstheorien | **1.** Theorie unterschiedlicher Sozialisation und Sozialkontrolle<br>**2.** Der Täter in seinen sozialen Bezügen |

12 Weiterführend auch Quensel, ZJJ 2014, 24 ff.; Schneider, Kriminalistik 2013, 326 ff.; 406 ff.

13 Vgl. Neubacher, Kriminologie, § 1, Rn. 19 ff.

14 Vertiefend hierzu vgl. etwa Meier, Kriminologie, § 3, Rn. 1 ff.

## II. Persönlichkeitsorientierte Kriminalitätstheorien

### 1. Biologische Theorien

#### a) Der geborene Verbrecher und andere biologische Erklärungsversuche

*Biologische Theorien*

Neben dem - veralteten - Ansatz von LOMBROSO[15] gibt es noch andere biologische und medizinische Erklärungsversuche: In den sechziger Jahren nahm man an, dass ein überzähliges Y-Chromosom bei Männern für eine übersteigerte Aggressivität und damit für kriminelles Verhalten verantwortlich sei.[16] Der Aussagegehalt dieser Theorie ist aber von vornherein sehr begrenzt: Nur 0,1% der Bevölkerung haben ein zweites Y-Chromosom. Von gefährlichen Aggressionstätern haben nur 1% ein weiteres Y-Chromosom. Ein fundierter empirischer Nachweis dieser Theorie gelang nicht. *14*

Auch die Phosphattheorie der siebziger Jahre, nach der eine phosphatreiche Ernährung kriminalitätsfördernd wirke, ließ sich nicht belegen.

#### b) Zwillings- und Adoptionsforschung

*Zwillingsforschung*

In der Zwillingsforschung[17] verglich man eineiige (also erbgleiche) und zweieiige Zwillinge. *15*

Bei eineiigen Pärchen wurde eine bis zu vier Mal höhere Übereinstimmung im kriminellen Verhalten - der sogenannten Konkordanzziffer - als bei den zweieiigen Zwillingen festgestellt. Daraus wurde der Schluss gezogen, Kriminalität sei bereits in den Genen angelegt.

Problematisch an der Aussagefähigkeit dieser Vergleiche sind jedoch die relativ kleinen Stichproben (da naturgemäß wenig kriminelle Zwillinge zur Verfügung stehen) und der relativ große diskordante Anteil. Auch werden eineiige Zwillinge allein aufgrund ihrer äußeren Ähnlichkeit von ihrem sozialen Umfeld oft gleichbehandelt, so dass die konkordante kriminelle Auffälligkeit auch auf prägende Umwelteinflüsse zurückzuführen sein kann.

*Adoptionsforschung*

Bei Untersuchungen von Adoptivkindern wurde die Kriminalitätsbelastung des Adoptiv- und des biologischen Vaters festgestellt, um eine eventuelle Vererbung von kriminellem Verhalten festzustellen. *15a*

Kinder mit einem kriminell auffälligen biologischen Vater wiesen tatsächlich eine erhöhte Belastung auf. Hieraus könnte man auf eine gewisse Beziehung zwischen erblichen Anlagen und Kriminalität schließen. Die höchste Kriminalitätsbelastung trat allerdings bei Kriminalität beider Väter auf; dies spricht dafür, dass delinquentes Verhalten aus einem Zusammenwirken der genetischen Disposition mit entsprechenden Umwelteinflüssen resultiert. Zu beachten ist auch, dass die Tatsache, ob die Adoptiveltern von der Kriminalität des leiblichen Vaters wissen, ihr Verhalten gegenüber dem Kind beeinflussen und somit in der Untersuchung eine interferierende Variable darstellen kann.

---

15 Vgl. Rn. 8.

16 Schwind/Scwind, § 5, Rn. 10/11, vgl. hierzu auch Kaiser/Schöch/Kinzig, Fall 11, Rn. 52 ff. Diese Annahme bewahrte in den 60er Jahren in den USA den berühmt gewordenen mehrfachen Mörder Richard Speck vor dem elektrischen Stuhl.

17 Kaiser/Schöch/Kinzig, Fall 11, Rn. 52; Schwind/Scwind, § 5, Rn. 2 ff.

## c) Das ethologische (Trieb-)Modell

*Ethologisches Modell*

Die Ethologie wurde wesentlich durch LORENZ[18] geprägt. Nach der Verhaltensforschung an Tieren wurden die Ergebnisse teilweise auf Menschen übertragen. So sei bspw. aggressives Verhalten angeboren und damit instinktiv. Zudem gäbe es - wie bei Tieren[19] - auch beim Säugling eine irreversible Prägungsphase, die für späteres kriminelles Verhalten verantwortlich sein könnte (bspw. durch mangelnde Zuwendung der Eltern). Die vier wesentlichen Triebe, die den Menschen in seinem Verhalten steuern, sind nach Lorenz Furcht, Aggression, Fortpflanzung und Hunger. 16

Das sog. Appetenzverhalten soll den Trieb befriedigen. Dem Trieb liegt ein ungeklärter Drang zugrunde, wobei ein bestimmter Auslöser zur Entladung führt, die sich meist in sozialadäquatem Verhalten äußert (Leerlaufhandlungen o. ä.), teilweise aber auch sozialschädliche Formen annehmen kann. Dabei kann sich beispielsweise der Aggressionstrieb in Form von Gewaltdelikten entladen.

Allerdings ist zweifelhaft, ob die Erkenntnisse über das Instinktverhalten der Tiere wirklich auf Menschen übertragen werden können.

## d) Moderne biologische Ansätze

*Schizophrenie und Kriminalität*

Gegenstand neuerer empirischer Untersuchungen war der Zusammenhang von Schizophrenie und Kriminalität.[20] 16a

Nach neueren Untersuchungen im Rahmen von Eigentums- und Vermögensdelikten dürfte die Kriminalitätsbelastung der Schizophrenen etwas niedriger sein, als es ihrem Bevölkerungsanteil entspricht, jedoch deuten mehrere empirische Untersuchungen auf ein bei diesen Patienten deutlich erhöhtes Risiko der Begehung von Gewalttaten hin, wobei die Taten oft als äußerst brutal und grausam erscheinen.

*Neurochemische Faktoren der Kriminalität?*

Empirisch (bislang) nicht nachweisbar ist der Einfluss des Hormonhaushalts auf aggressives bzw. kriminelles Verhalten. Sofern sich Korrelationen zwischen dem männlichen Sexualhormon Testosteron und Aggressionen beobachten ließen, ist es ungeklärt, ob Aggressionen eine vermehrte Testosteronausschüttung zur Folge hatten oder aber umgekehrt eine vermehrte Testosteronausschüttung aggressionsfördernd wirkte.

Ähnliches gilt für den Neurotransmitter Serotonin: Ein geringer Serotoninspiegel erhöht zwar nachweisbar die Impulsivität und damit die Wahrscheinlichkeit fremd- oder autoaggressiven Verhaltens, allerdings ist der Kausalzusammenhang bezüglich der Serotoninentstehung noch ungeklärt.

*Biologische Basis*

Weiterhin wurde untersucht, inwieweit Hirnschädigungen infolge von Kopfverletzungen und pränatalen Schädigungen die Wahrscheinlichkeit kriminellen Verhaltens beeinflussen, jedoch lässt sich diese Frage ebenfalls (noch) nicht eindeutig empirisch beantworten.

---

18 Schwind/Scwind, § 5, Rn. 14 ff.

19 Lorenz bewies dies in seinem Experiment mit Graugänsen, die ihn als Muttertier akzeptierten und somit einer Fehlprägung unterlagen.

20 Streng, Kriminologie, § 3, Rn. 23 ff.

*Psychologische Theorien*

## 2. Psychologische Theorien

### a) Tiefenpsychologische Modelle

*Freudsches Persönlichkeitsmodell*

Grundlage dieser Theoriegruppe ist das von FREUD[21] entwickelte Modell. Er geht von einer Dreiteilung der menschlichen Psyche aus:[22] 17

- ⇨ das **„Es“** speichert die Triebe und das Verdrängte,
- ⇨ das **„Über-Ich“** ist die moralische Instanz, also das Gewissen,
- ⇨ das **„Ich“** stellt die Vermittlungsinstanz zwischen den beiden Ebenen dar.

Entscheidend für die Entwicklung dieser drei Instanzen ist die frühkindliche Erziehung: Das Kind wird zwar als asoziales Wesen geboren, durch ausreichende Zuwendung und konsistente Erziehung gelingt es ihm jedoch, die kriminellen Triebe zu verdrängen. Bei frühkindlichen Fehlentwicklungen ist die Herstellung des Gleichgewichts der Instanzen nicht mehr möglich.

Zur Kriminalität kommt es entweder bei einem zu starken oder zu schwachen Über-Ich. Bei einem zu starken Über-Ich spricht man von einer *neurotisch bedingten Kriminalität,* ein zu schwaches Über-Ich kann zur *verwahrlosungsbedingten Kriminalität* führen.

1915 beschreibt FREUD den *„Verbrecher aus Schuldbewusstsein“*. Nach diesem Konzept verursacht der in jedem Menschen vorhandene Ödipuskomplex ein Gefühl der Schuld, welches in der Straftat und der darauffolgenden Strafe Entlastung sucht.

Kritisiert wird an diesen Theorien, dass die Existenz der Instanzen nicht nachweisbar und empirisch überprüfbar ist.

*Sündenbockhypothese*

Später entwickelten REIWALD (1948/1973), BAUER (1957) und andere auf der Basis des FREUDschen Persönlichkeitsmodells die sog. *Sündenbockhypothese*[23]: Die Gesellschaft braucht den Verbrecher, um ihre Schuld auf ihm abzuladen und ihr Strafbedürfnis zu befriedigen. Die Bestrafung solcher Randgruppen stellt nach OSTERMEIER die „psychologische Hygiene des Nichtverbrechers“ dar. Diese Theorie bietet zwar einige interessante Aspekte zur Erklärung kollektiver Gewalt, wie z.B. Verfolgung religiöser oder ethnischer Minderheiten. Sie differenziert jedoch nicht zwischen den einzelnen Kriminalitätsarten und vermag nicht zu erklären, warum die gesellschaftlichen Selektions- und Kontrollprozesse gerade so und nicht anders ablaufen.

### b) Psychologische Lerntheorien

*Psychologische Lerntheorien*

Grundaussage der Lerntheorien ist die Tatsache, dass kriminelles Verhalten erlernt wird wie jedes andere Verhalten.[24] 18

Auch hier gibt es psychologische und sozialpsychologische Erklärungsansätze, je nachdem, welche Bedeutung der sozialen Interaktion für den Lernprozess beigemessen wird.

21 Schwind/Scwind, § 6, Rn. 5 ff.; Kaiser/Schöch/Kinzig, Fall 1, Rn. 24 ff.

22 Bock, Kriminologie, Rn. 143 ff.

23 Schwind/Scwind, § 6, Rn. 40 f. Diese Theorie lässt sich auch unter den sozialpsychologischen Ansätzen einordnen; ihre Darstellung erfolgt an diesem Ort aufgrund des engen Zusammenhangs mit dem Freudschen Persönlichkeitsmodell.

24 Bock, Rn. 159 ff.

### aa) Klassische und operante Konditionierung

*Konditionierung*

PAWLOW[25] untersuchte in seinem bekannten Versuchsaufbau den Zusammenhang zwischen Reiz und Reflex. Bevor er seine Versuchshunde fütterte, läutete er jedes Mal eine Glocke, bis die Hunde auch auf diesen, an sich neutralen Reiz mit Speichelabsonderung reagierten. Daraus schloss Pawlow, dass Reflexe durch Lernbedingungen beeinflusst werden können (sog. klassische Konditionierung). 19

Die operante Konditionierung (SKINNER, 1973) basiert dagegen auf der aktiven Mitwirkung des Versuchstiers (lat. operare = handeln). In der sog. Skinnerbox erhält die Ratte eine Portion Futter, indem sie - zunächst zufällig - einen Hebel drückt. Sobald sie den Zusammenhang begreift, betätigt sie den Hebel zielgerichtet.

Dieses „Lernen am Erfolg" wird auf das menschliche delinquente Verhalten insofern übertragen, als ein Verbrecher den Erfolg seiner Tat als Anreiz zur Wiederholung begreift.

Nach dem persönlichkeitspsychologischen Konzept EYSENCKS[26] (1977) bilden extravertierte[27] Menschen im Verhältnis zu introvertierten weniger leicht konditionierte Reaktionen aus. Aufgrund dieser verminderten Konditionierbarkeit werden die sozialen Normen von Extravertierten weniger bereitwillig und dauerhaft übernommen. Normverstöße in Form von Kriminalität beruhen daher auf misslungener Konditionierung.

Der von EYSENCK behauptete Zusammenhang ließ sich allerdings empirisch nicht nachweisen. Außerdem ist das menschliche Verhalten aufgrund der Vielschichtigkeit nicht ausschließlich durch Reflexe erklärbar. Zweifel bestehen auch an der Möglichkeit, Personen eindeutig in extravertierte oder introvertierte einzuteilen.

**hemmer-Methode: Was jedoch statistisch erwiesen ist, ist die Tatsache, dass die erhöhte Entdeckungsgefahr einen Delinquenten stärker abschreckt als die Androhung einer höheren Strafe. Faustformel: Gelegentliche Misserfolge hemmen Kriminalität nicht so sehr, wie Erfolge sie begünstigen.** 19a

### bb) Frustrations-Aggressions-Hypothese

*Frustrations-Aggressions-Hypothese*

Dieser von DOLLARD1939 entwickelte behavioristische[28] Ansatz geht davon aus, dass jede erlebte Frustration Ursache für eine neue Aggression ist, die zu kriminellem Verhalten führen kann. 20

> ***Bsp.:***[29] *Sportzuschauer reagieren aggressiver, wenn die eigene Mannschaft verloren hat und der Sieg nicht gefeiert werden kann.*

DOLLARDS Behauptung muss dahingehend modifiziert werden, dass sie nicht für alle Arten von Aggressionen gelten kann und nicht ohne die Betrachtung anderer Faktoren (wie z.B. die Lebensgeschichte des Täters) auskommt.[30]

---

25 Schwind/Scwind, § 6, Rn. 34.

26 Vgl. Kaiser/Schöch/Kinzig, Fall 1, Rn. 44.

27 Die Unterscheidung zwischen extravertierten und introvertierten Persönlichkeiten geht auf C.G. Jung zurück.

28 Unter Behaviorismus versteht man eine amerikanische Richtung in der Psychologie, die versucht, das Verhalten von Lebewesen auf rein objektive Bedingungen zurückzuführen.

29 Schwind/Scwind, § 6, Rn. 46.

30 Mergen, S. 109.

#### cc) Sozialkognitive Lerntheorie

*Sozialkognitive Lerntheorie*

Eine weitere Lerntheorie begründete der amerikanische Psychologe BANDURA (1973, 1977). Der Schwerpunkt dieser Theorie liegt auf dem Lernen am Modell. Menschliches - auch kriminelles - Verhalten wird durch Beobachtung und Nachahmung erlernt.[31] 21

Besondere Bedeutung gewann BANDURAS Theorie im Zusammenhang mit Gewalt in den Medien. Sein Experiment mit der Clownpuppe Bobo sollte zeigen, dass Kinder aggressives Verhalten imitieren (in diesem Fall das Verprügeln einer Clownpuppe, nachdem ihnen vorher ein entsprechender Film gezeigt wurde).[32]

*Gesellschaftsbezogene Theorien*

## III. Gesellschaftsbezogene Kriminalitätstheorien

### 1. Sozialpsychologische Theorien

#### a) Theorie der differentiellen Assoziation

*Theorie der differentiellen Assoziation*

Die von SUTHERLAND[33] 1924 entwickelte und von CRESSEY 1974 fortgeführte Theorie der differentiellen Assoziation ist eine sozialpsychologische Lerntheorie, die von Akers fortentwickelt worden ist.[34] Sie besagt, dass kriminelles Verhalten erlernt wird, und zwar 22

- ⇨ in Interaktion mit anderen Personen
- ⇨ meist in kleinen Gruppen, wobei
- ⇨ das Erlernte sowohl die Motive als auch die Techniken kriminellen Verhaltens umfasst.

> **Bsp.:** *Ein geselliger, aktiver Junge wird in einer Gegend mit vielen anderen Kriminellen leichter „einsteigen" als in einem weniger belasteten Umfeld, in dem er vielleicht Pfadfinder wird.*

Problematisch an dieser Theorie ist, dass aufgrund ihrer Weite eine empirische Überprüfung nur schwer möglich ist. Außerdem fehlen Aussagen darüber, warum einige Personen Kontakte zu Kriminellen knüpfen, andere unter den gleichen Bedingungen aber nicht. Zudem passt die Lerntheorie nicht auf Affekt- oder Triebtaten.

#### b) Theorie der differentiellen Identifikation

GLASER entwickelte die Theorie der differentiellen Assoziation dahingehend weiter, dass nach seiner Ansicht kriminelles Verhalten nicht nur durch Interaktion in kleinen Gruppen erlernt werden kann, sondern auch durch die Imitation von Einzelpersonen entsteht. Aufgrund der Identifikation mit Vorbildern werden deren Verhaltensmuster übernommen. 22a

Diese Theorie sieht sich allerdings der gleichen Kritik ausgesetzt wie SUTHERLANDS Theorie der differentiellen Assoziation (s.o.).

31 Bock, Rn. 162 f.

32 Genauere Beschreibung bei Schwind/Scwind, § 14, Rn. 26.

33 Vgl. Kaiser/Schöch/Kinzig, Fall 1, Rn. 46.

34 Bock, Rn. 166.

## c) Theorie der Neutralisierungstechniken

Erlernt werden nach SYKES/MATZA (1957) auch die sogenannten Neutralisierungstechniken.[35] Ihre diesbezügliche Theorie geht davon aus, dass insbesondere jugendliche Täter zwar grundsätzlich die gesellschaftlich anerkannten Normen kennen und bejahen, ihr delinquentes Verhalten jedoch durch bestimmte Techniken rechtfertigen: 23

*Neutralisierungstechniken*

- ⇨ Der Täter macht sein ungünstiges soziales Umfeld für seine Tat verantwortlich.
- ⇨ Der Täter schiebt vor, es gäbe gar kein wirkliches Opfer.

  **Bsp.:** *„Die Versicherung zahlt ja, deswegen entsteht sowieso kein Schaden."*

- ⇨ Der Täter fühlt sich als „Rächer", der das Opfer bestrafen muss.
- ⇨ Der Täter dehumanisiert das Opfer.

  **Bsp.:** *Die Dehumanisierung der „Untermenschen" im NS-Regime.*

- ⇨ Der Täter beruft sich auf höherstehende Maßstäbe, denen er gehorchen muss.

  **Bsp.:** *Der wegen Totschlags angeklagte X gibt in seiner Vernehmung an, seit zwei Jahren höre er die Stimme Gottes, die ihm befehle, seine Mutter zu töten.*

Neuerdings werden Mechanismen der Neutralisation herangezogen für die Erklärung kollektiver Gewaltaktionen, z.B. für die Ausschaltung des Tötungstabus während der nationalsozialistischen Gewaltherrschaft oder für rechtsextremistische Gewalttätigkeiten gegen Ausländer.

In beiden Fällen spielen die Dehumanisierung des Opfers und die Berufung auf rechtfertigende Ideologien eine entscheidende Rolle.

Durch die Theorie der Neutralisationstechniken erklärt sich eine der wesentlichen Bedeutungen der Figur des Täter-Opfer-Ausgleichs. Es sollen dem Täter die Tatfolgen vor Augen geführt werden.

Fraglich bleibt allerdings, worauf die Motivation zur Straftatenbegehung beruht, ferner, wie es überhaupt zum Neutralisierungsprozess kommt. Auch ist keine Erklärung dafür ersichtlich, wer welche Neutralisierungstechnik wählt.

## d) Halt- und Kontrolltheorien

*Kontrolltheorien*

Eine umgekehrte Perspektive wählen REISS (1951), RECKLESS (1961), HIRSCHI (1969), HIRSCHI/GOTTFREDSON (1990) und TITTLE (1995) mit den sog. Halt- und Kontrolltheorien:[36] Statt nach der Ursache der Kriminalität fragen sie, aus welchem Grund sich jemand normgerecht verhält.[37] 24

Im Wesentlichen wirken ihrer Ansicht nach folgende Faktoren „kriminalitätshemmend":

- ⇨ Emotionale Bindungen

---

35 Kaiser/Schöch/Kinzig, Fall 1, Rn. 49 ff.

36 Schwind/Scwind, § 6, Rn. 16-19.

37 Kunz/Singelnstein, § 11, Rn. 4 ff.

⇨ Rationale Kalkulation

⇨ Einbindung in normkonforme Aktivitäten

⇨ Glauben an die moralische Gültigkeit der sozialen Normen

Den Kontrolltheorien ist insoweit beizupflichten, als ein festes Netz sozialer Bindungen und Verantwortlichkeiten den Anreiz und die Notwendigkeit kriminellen Verhaltens senkt. Möglicherweise lässt sich auch die verstärkte Kriminalität in Ostdeutschland nach der Wiedervereinigung mit dem Wegfall der entsprechenden sozialen Eingebundenheit erklären.

Zu bemerken ist aber auch, dass Einzelne trotz der genannten Bindungen straffällig werden bzw. nicht straffällig werden, obwohl derartige Bindungen fehlen. Auch vermögen die Kontrolltheorien nicht zu erklären, warum jugendliche Bandenzugehörigkeit delinquenzfördernd wirkt, und warum sich manche Jugendliche Banden anschließen und andere nicht.

### e) Labeling-Approach

*labeling-approach*

25 Der aus den USA stammende Etikettierungsansatz oder labeling-approach[38] (z.B. SHOHAM, BECKER zwischen 1938 und 1973, in Deutschland: SACK, 1968) geht zunächst davon aus, dass Kriminalität gleichmäßig in der Gesellschaft verteilt ist (so genannte Ubiquität). Dadurch, dass die Justiz aber nicht jeden mit gleicher Intensität verfolgt (sog. Selektion), kommt es zu einem verzerrten Bild der Kriminalitätsverteilung. Insbesondere untere soziale Schichten seien einer stärkeren Verfolgung ausgesetzt.

> ***Bsp.:*** *Ein junger arbeitsloser Ausländer wird von der Polizei eher verfolgt als eine 50-jährige Deutsche.*

Auch durch die Gesetzgebung würden obere Schichten privilegiert. Da die Gesetze von dem mächtigeren Teil der Bevölkerung erlassen werden, kann dieser seine Interessen durchsetzen; es kommt zu einer „Klassengesetzgebung“.

Seiner Zielrichtung nach ist der labeling-approach weniger eine Kriminalitäts-, als vielmehr eine Kriminalisierungstheorie: Kriminalität sei nicht die Eigenschaft einer Person, sondern das Ergebnis eines Definitionsprozesses durch die strafrechtlichen Kontrollorgane. Als „interaktionistische Theorie“ wird dieser Ansatz bisweilen bezeichnet, weil er die Wechselwirkungen zwischen dem Verhalten des Individuums, der Gesellschaft und den strafrechtlichen Kontrollinstanzen untersucht.

An dieser These wird kritisiert, dass sich eine gleichmäßige Verteilung der Straftaten in der Gesellschaft gerade nicht nachweisen lässt. „Normal“ ist allenfalls die Kriminalität im Bagatellbereich. Zudem führt der Ansatz dazu, dass die Diskussion über die Ursachen der Kriminalität abgeschnitten wird. Legitim bleibt allerdings die aufgeworfene Frage nach der Gleichheit der Rechtsanwendung im Straf- und Strafprozessrecht. Hier ist zu beachten, dass die meisten Verfahren auf eine private Strafanzeige/Strafantrag hin eingeleitet werden. Das Opfer lenkt somit die Tätigkeit der Strafverfolgungsorgane bereits in eine bestimmte Richtung.

---

38 Vgl. Kaiser/Schöch/Kinzig, Fall 1, Rn. 84 ff. In Deutschland wurde die Theorie hauptsächlich von Sack (1968), einem Vertreter der sog. „kritischen Kriminologie“, aufgegriffen und radikalisiert; Kunz/Singelnstein, § 13, Rn. 6 ff.

### f) Theorie der sekundären Abweichung

*Theorie der sekundären Abweichung*

Die Theorie der sekundären Abweichung von LEMERT (1951) beschäftigt sich ebenfalls mit der Rolle der Strafverfolgungsinstanzen. Wenn das erste Delikt (primäre Abweichung) bestraft wird, kommt es bei dem Betroffenen durch die Stigmatisierung zu der sog. sekundären Abweichung.[39] Je häufiger sanktioniert wird, desto ablehnender verhält sich der Täter gegenüber der Gesellschaft, um seine Rolle zu rechtfertigen. Bei weiteren Delikten und Bestrafungen nimmt der Täter immer mehr die Identität eines Kriminellen in sein Selbstkonzept auf. Die offizielle Reaktion auf das delinquente Verhalten hat insoweit den Charakter einer „self-fulfilling prophecy". 26

Dass soziale Reaktion auf Straftaten auch Hilfe im Sinne von Spezialprävention bedeuten kann, berücksichtigt LEMERT erst in seinen späteren Veröffentlichungen.

An der Theorie der sekundären Abweichung ist auszusetzen, dass die Frage nach den Ursachen der Ersttat (primäre Abweichung) nicht untersucht wird und keine Aussagen zu Einmaltätern getroffen werden. Auch ist ein empirischer Nachweis noch nicht gelungen.

*Soziologische Theorien*

## 2. Soziologische Theorien

### a) Theorie der strukturell funktionalen Bedingtheit von Kriminalität (= Anomietheorie i.w.S.)

*Theorie der strukturell funktionalen Bedingtheit von Kriminalität*

DURKHEIM vertrat die Auffassung, dass Kriminalität eine normale Erscheinung in der Gesellschaft sei. Sie habe sogar funktionale Bedeutung, da durch die auf das Verbrechen folgende Strafe das Normbewusstsein bei der Bevölkerung gestärkt werde. Ungesund wird die Entwicklung erst dann, wenn sie zugunsten der Kriminalität umschlägt und sich gesellschaftliche Werte und Normen auflösen. Ein solcher Zustand der **Anomie** kann nach DURKHEIM vor allem aus raschem sozialem Wandel entstehen, wenn die Befriedigung der Bedürfnisse auf legale Weise nicht mehr möglich ist. Die nach DURKHEIM existierende „organische Solidarität" der Gesellschaft sei dann zerstört. Diese These versuchte DURKHEIM durch seine Selbstmordstudien zu belegen, aus denen hervorging, dass die Selbstmordrate in einer Gesellschaft in Zeiten der von ihm als Anomie bezeichneten Zustände am höchsten ist.[40] 27

Dieser Ansatz bietet eine Erklärung für das gesellschaftliche Phänomen der Kriminalität, nicht aber für die Straffälligkeit eines einzelnen Menschen. Offen bleibt auch, wo die Schwelle zur Anomie anzusiedeln ist. Kriminalität in ruhigen Zeiten, die aufgrund der Ubiquität immer gegeben ist, lässt sich mit der Anomietheorie nicht erklären.[41]

### b) Anomietheorie i.e.S.

*Anomietheorie i.e.S.*

Die von MERTON entwickelte Anomietheorie stützt sich auf die Erkenntnisse DURKHEIMS, konzentriert sich jedoch speziell auf die Struktur der nordamerikanischen Einwanderergesellschaft. MERTON sieht den anomischen Zustand im Auseinanderfallen der angestrebten Ziele (bspw. Wohlstand) und der zur Verfügung stehenden Mittel (bspw. geringer Lohn).[42] 28

---

39 Kaiser/Schöch/Kinzig, Fall 1, Rn. 78 ff.

40 Kunz/Singelnstein, § 9, Rn. 6 ff.

41 Schwind/Scwind, § 7, Rn. 6.

42 Kunz/Singelnstein, § 9, Rn. 10 ff.

Dem Menschen stehen nun verschiedene Reaktionsmöglichkeiten auf diesen sogenannten *Anomiedruck* offen:[43]

- **Konformität:** Die Ziele werden bejaht und nur mit legalen Mitteln erreicht.
- **Ritualismus:** Die Ziele werden heruntergeschraubt.
- **Rebellion:** Ziele und Mittel werden bekämpft (Bsp.: Terrorismus).
- **Rückzug:** Ziele und Mittel werden nicht weiterverfolgt (Bsp.: Sekteneintritt, Drogenkonsum etc.).
- **Innovation:** Die Ziele werden bejaht, allerdings werden illegale Mittel eingesetzt.

*Bsp.:[44] Ein arbeitsloser Jugendlicher stiehlt ein Motorrad, um in seiner Clique „mithalten" zu können.*

Die Anomietheorie scheitert jedoch, wenn es um die Frage geht, warum die meisten Menschen trotz angestrebter Ziele nicht zu illegalen Mitteln greifen. Weiterhin ist problematisch, dass es bspw. Personen gibt, die sich bestimmte Güter leisten könnten, aber dennoch diese stehlen. Welche der oben aufgeführten Reaktionen durch welchen Umstand ausgelöst wird, bleibt also unklar. Darüber hinaus ist menschliches Verhalten zu komplex, als dass man es auf fünf Formen reduzieren könnte. Im Übrigen findet Kriminalität, die mit der Erreichung gesellschaftlicher Ziele nichts zu tun hat (bspw. die Gewaltkriminalität), keine Beachtung.

### c) Ökologische Theorien

*Ökologische Theorie*

Insbesondere die Chicagoer Schule[45](Shaw 1929, Meckay 1942) untersuchte die Abhängigkeit der Kriminalität vom Wohnort. Das besondere Augenmerk gilt der Entstehung jugendlicher Bandenkriminalität. Hiernach gibt es in Gegenden mit ungünstiger Sozialstruktur (sog. delinquency areas) - wie etwa Stadtkerne und Gewerbegebiete - eine erhöhte Kriminalitätsquote.[46] 29

An den ökologischen Theorien wird kritisiert, dass sie lediglich simplifizieren, aber keine konkrete Lösung anbieten.

### d) Subkulturtheorien

*Subkulturtheorie*

Die Subkulturtheorien[47] (Whyte 1943, Cohen 1955, ebenfalls Vertreter der Chicagoer Schule)[48] befassen sich ebenfalls mit der Delinquenz jugendlicher Banden, insbesondere untersuchen sie die innere Struktur dieser Gruppen.[49] 30

Whyte stellt fest, dass Werte und Sozialstruktur in den Slums von den Lebensverhältnissen der Mittelschicht abweichen. Die Bandenmitglieder verhalten sich im Rahmen ihrer Normen durchaus „konform", z.B. indem Konflikte mit Gewalt gelöst werden.

---

43 Vgl. Kunz/Singelnstein, § 9, Rn. 16.

44 Schwind/Scwind, § 7, Rn. 8.

45 Schwind/Scwind, § 7, Rn. 15 ff.

46 Zum Einfluss des Wohnraums auf die Kriminalität vgl. Schwind/Scwind, §§ 15 bis 18.

47 Der Begriff Subkultur ist an sich nicht negativ, sondern meint eigentlich Untergruppen einer Gesellschaft (bspw. Techno-Szene, Rocker-Szene etc.).

48 Schwind/Scwind, § 7, Rn. 25 ff.

49 Kunz/Singelnstein, § 10, Rn. 28 ff.

COHEN dagegen sieht in den Banden selbst ein subkulturelles System. Die Wertvorstellungen der Mittelschicht werden von den Jugendlichen als erstrebenswert, aber unerreichbar empfunden. Auf dieses ambivalente Gefühl reagieren sie mit Verletzungshandlungen wie Diebstahl und Vandalismus, um der wohlhabenden Bevölkerung Schaden zuzufügen.

Diese Theorien beinhalten sowohl lerntheoretische als auch anomie- und kulturkonflikttheoretische Gesichtspunkte.

**hemmer-Methode: Die Mitgliedschaft in einer Subkultur ist der Versuch des Einzelnen, sich an die Realität anzupassen (vgl. auch Anpassungsformen bei MERTON!), also eine kollektive Reaktion auf Anpassungsprobleme. Typisch für Subkulturen ist *negativistisches* und *nicht utilitaristisches* Handeln!**

Da die Subkulturtheorien auf die spezielle amerikanische Sozialstruktur zugeschnitten sind, können sie auf Deutschland nur mit Vorsicht übertragen werden. Nicht erklärt wird auch, warum sich ein großer Teil der Unterschicht nicht kriminell verhält.

### e) Kulturkonfliktstheorie

*Kulturkonfliktstheorie*

Nach der von SELLIN[50] 1938 entwickelten Kulturkonfliktstheorie entsteht Kriminalität bei Ausländern durch den Widerspruch zwischen dem Werte- und Normensystem des Heimatlandes und dem neuen Land. Je stärker die Unterschiede, desto eher kann es zu kriminellem Verhalten kommen. Auch SELLIN stützt seine Erkenntnisse auf die Beobachtung der amerikanischen Einwanderergesellschaft. 31

Die Kulturkonfliktstheorie hat sich jedoch gerade bei der ersten Gastarbeitergeneration in Deutschland nicht bestätigt, da keine höhere Kriminalitätsbelastung im Vergleich zu Deutschen vorliegt. Allerdings weist die zweite Generation eine überproportionale Belastung auf. Dies wird mit dem „inneren Kulturkonflikt" erklärt, der durch die Orientierungslosigkeit (Hin- und Hergerissensein zwischen Elternhaus und sonstigem sozialen Umfeld) entstehen soll.

## IV. Mehrfaktorenansätze

*Mehrfaktorenansätze*

Mehrfaktorenansätze haben zum Ziel, vielschichtiger als die bisher genannten Theorien zu arbeiten. Sie basieren auf der Erkenntnis, dass es die Ursache für kriminelles Verhalten nicht gibt. Daher berücksichtigen sie nicht nur einen Faktor, sondern eine Vielzahl von Merkmalen, die den Täter und sein Umfeld beschreiben (Familie, Arbeit, Freizeit etc.). 32

Einen Vorläufer der heutigen Mehrfaktorenansätze schuf bereits FRANZ V. LISZT mit seiner Anlage-Umwelt-Formel.[51]

KAISER[52] verbindet in seiner Theorie unterschiedlicher Sozialisation und Sozialkontrolle (1990) die Kontrolltheorien mit einem allgemeinen Sozialisierungskonzept. Wenn im Rahmen der Sozialisation (in der Familie etc.) die Verinnerlichung der gesellschaftlich vorherrschenden Normen misslingt, kann dies zu kriminellem Verhalten führen.

---

50 Kaiser/Schöch/Kinzig, Fall 1, Rn. 73 ff.

51 Vgl. oben Rn. 11.

52 Schwind/Scwind, § 8, Rn. 21 ff.

GLUECK/GLUECK gewannen aus der Beobachtung von 500 männlichen Jugendlichen drei Faktoren für delinquentes Verhalten:

⇨ Beaufsichtigung des Jugendlichen durch die Mutter

⇨ Strenge der Erziehung

⇨ Zusammenhalt in der Familie

GÖPPINGER[53] entwickelte diesen Ansatz weiter. Er untersuchte den „Täter in seinen sozialen Bezügen" (1973). Zu diesem Zweck verglich er 200 straffällige mit 200 nicht straffälligen Jugendlichen und unterschied dabei kriminovalente und kriminoresistente Faktoren. Zu den kriminovalenten (das heißt kriminelles Verhalten begünstigenden) Faktoren zählen bspw.:

⇨ die Vernachlässigung des Leistungs- und Arbeitsbereichs,

⇨ das fehlende Verhältnis zu Geld und Eigentum,

⇨ ein unstrukturiertes Freizeitverhalten,

⇨ eine geringe Belastbarkeit,

⇨ eine paradoxe Anpassungserwartung,

⇨ und die Forderung nach Ungebundenheit.

Mit der Methode der idealtypisch-vergleichenden Einzelfallanalyse kommt er zu einer Unterscheidung zwischen kriminovalenten und kriminoresistenten Konstellationen.

Die Mehrfaktorenansätze sind primär empirisch ausgerichtet, weswegen ihnen häufig Theorielosigkeit und die Schaffung von „Datenfriedhöfen" vorgeworfen wird.[54]

**hemmer-Methode: Die Kriminalitätstheorien spielen sowohl im schriftlichen als auch im mündlichen Examen eine Rolle, sie sind sozusagen das kleine Einmaleins der Kriminologie! Auch wenn nicht ausdrücklich danach gefragt ist, gibt es doch Punkte, wenn eine Theorie im passenden Zusammenhang kurz (!) erläutert wird! Meist werden die Kriminalitätstheorien nicht abstrakt, sondern im Zusammenhang mit einem bestimmten kriminologischen Problemfeld abgefragt.**

*Neuere Ansätze*

Seit Beginn des 21. Jahrhunderts haben sich weitere neue Erklärungsansätze entwickelt und zunehmend auch innerhalb der Kriminologie etabliert. Zunehmend steht auch die Integration verschiedener etablierter Theorien im Vordergrund.[55] Neben dem bereits angesprochenen Ansatz von GOTTFREDSON und HIRSCHI über die niedrige Selbstkontrolle[56] ist die von AGNEW vertretene allgemeine Drucktheorie zu sehen, wonach kriminelles Verhalten aus dem Nichterreichen von positiv besetzten Zielen sowie dem Entfernen positiver Stimuli (wie z. B. Job- oder Partnerverlust) und schließlich dem Einwirken negativer Stimuli (z.B. Viktimisierung) hervorgehen kann.[57] WIKSTRÖM hat zudem die Situational Action Theory (SAT) begründet, wonach (kriminelle) Handlungen zunächst Folge eines Wahrnehmungs- und Entscheidungsprozesses sind, in dem eine Person-Umwelt-Interaktion stattfindet. Dabei wirken auf das Individuum interne Kontrollmechanismen (Selbstkontrolle) und externe Kontrollmechanismen (Abschreckung) ein.[58]

53 Göppinger, Kriminologie, § 3, Rn. 1 ff.

54 Anders Kaiser/Schöch/Kinzig, Fall 1, Rn. 89.

55 Meier, § 3 Rn. 123 ff.

56 Vgl. Neubacher, Kriminologie, Kap. 9, Rn. 1 ff.

57 Vgl. Neubacher, Kriminologie, Kap. 9, Rn. 3 ff.

58 Vgl. Neubacher, Kriminologie, Kap. 9, Rn. 10 ff.

## § 2 STATISTIK

Ein wesentliches Hilfsmittel der kriminologischen Forschung ist die Statistik.[59]

### A. Polizeiliche Kriminalstatistik (PKS)

#### I. Inhalt

*Polizeiliche Kriminalstatistik*

Die jährlich erscheinende PKS[60] enthält alle von der Polizei bearbeiteten (Straf-)Taten (auch mit Strafe bedrohte Versuche) mit Ausnahme der Staatsschutz- und Verkehrsdelikte (enthalten sind jedoch die §§ 315, 315 StGB und § 22a StVG sowie der Zoll- bzw. Steuerstraftaten. 33

**hemmer-Methode: Die Verkehrsdelikte tauchen in der PKS deswegen nicht auf, weil ihre Anzahl sehr stark von äußeren Faktoren abhängig ist (bspw. steigende Anzahl von Kfz, stärkere Verkehrskontrollen). Da die Verkehrsdelikte einen großen Teil aller Straftaten ausmachen (ca. 50%), würde die PKS bei Schwankungen innerhalb der Verkehrsdelikte insgesamt verzerrt. Es käme dann zu einem erschreckenden Anstieg der Gesamtkriminalität, obwohl lediglich die Verkehrsdelikte zugenommen haben.**

#### 1. Absolute und Häufigkeitszahlen

Die PKS nennt insbesondere 34

*Absolute Zahl*

⇨ die absolute Zahl der registrierten Straftaten

*Bsp.: Im Jahr 2020 wurden 5.310.621 Fälle registriert.*

*Häufigkeitszahl (HZ)*

⇨ die Häufigkeitszahl, d.h. die registrierten Straftaten pro 100.000 Einwohner

*Bsp.: Im Jahr 2020 kamen auf 100.000 Einwohner (historisch niedrige) 5.446 Fälle.*

*Die Aussagekraft der Häufigkeitszahl wird dadurch beeinträchtigt, dass nur ein Teil der begangenen Straftaten der Polizei bekannt wird, und dass Stationierungskräfte, ausländische Durchreisende, Touristen, Besucher und grenzüberschreitende Berufspendler sowie Nichtdeutsche, die sich illegal im Bundesgebiet aufhalten, in der Einwohnerzahl der BRD nicht enthalten sind, Straftaten, die von diesem Personenkreis begangen wurden, aber in der PKS gezählt werden.*

*Tatverdächtigenzahl*

⇨ die Tatverdächtigenzahl, d.h. die ermittelten Tatverdächtigen

**hemmer-Methode: Tatverdächtiger ist jeder Täter/Teilnehmer/Anstifter, der nach den polizeilichen Ermittlungen hinreichend tatverdächtig ist (= wenn überwiegende Wahrscheinlichkeit für eine spätere Verurteilung spricht, vgl. § 170 StPO).**

*Bsp.: Im Jahr 2020 zählte die PKS 1.969.617Tatverdächtige.*

*Tatverdächtigenbelastungszahl (TVBZ)*

⇨ die Tatverdächtigenbelastungszahl, d.h. die ermittelten Tatverdächtigen pro 100.000 Einwohner ohne Kinder unter 8 Jahren

---

59 Zur Bevölkerungs- und Kriminalitätsentwicklung zwischen 1960 und 2060 Hunsicker, Kriminalistik 2013, 228 ff.

60 Polizeiliche Kriminalstatistik, Herausgeber Bundeskriminalamt, im Internet unter www.bka.de.

**Bsp.:** *Im Jahr 2020 waren von 100.000 Deutschen 1.695 Personen Tatverdächtige.*

Für die nichtdeutschen Tatverdächtigen können zuverlässige Tatverdächtigenbelastungszahlen nicht errechnet werden, weil in der Bevölkerungsstatistik die amtlich nicht gemeldeten Ausländer fehlen, die sich hier legal (z.B. als Touristen, Geschäftsreisende, Besucher, Grenzpendler) oder illegal aufhalten.

Die Häufigkeitszahl und die Tatverdächtigenbelastungszahl gestatten es, Schwankungen in der Bevölkerungszahl zu berücksichtigen.

⇨ die Opferbelastungsziffer, d.h. die Zahl der Opfer von Straftaten, errechnet auf je 100.000 Einwohner.

## 2. Aufklärungsquote

*Aufklärungsquote*

Ebenfalls in der PKS erscheint die *Aufklärungsquote,* d.h. der Anteil der aufgeklärten an den bekannt gewordenen Fällen im Berichtszeitraum. Ein Fall ist dann aufgeklärt, wenn ein hinreichend Tatverdächtiger ermittelt wurde, der mit großer Wahrscheinlichkeit später verurteilt wird. Die Aufklärungsquoten sind je nach Delikt unterschiedlich. 35

**Bsp.:** *Im Jahr 2020 wurden 58,4% aller registrierten Taten aufgeklärt. Bei Mord lag die Aufklärungsquote bei 93,5%, bei Diebstahlsdelikten unter erschwerenden Bedingungen (z.B. Wohnungseinbruchsdiebstahl, Fahrraddiebstahl, Diebstahl unbarer Zahlungsmittel) hingegen bei nur 41,7%.*

## II. Fehlerquellen der PKS

*Fehlerquellen*

Zunächst einmal ist naturgemäß das Dunkelfeld in der PKS nicht erfasst. Zudem handelt es sich um eine reine Eingangsstatistik, welche keine Aussagen darüber macht, wie das Verfahren weiterläuft, d.h. Einstellungen oder Freisprüche bleiben unberücksichtigt. Im Übrigen wird die Tat von der Polizei meist als schwerwiegender eingeschätzt als später vom Gericht, so dass eine strafrechtliche Überbewertung in der PKS stattfindet. Zudem wird nicht jede Straftat im selben Jahr begangen, entdeckt und registriert, was zu gewissen Verzerrungen führt. Ebenso werden eventuelle Gesetzesänderungen nicht berücksichtigt. Eine Schwäche liegt weiterhin darin, dass über die Art der Tatausführung (bspw. Gruppendelinquenz) keine Angaben gemacht werden. Auch wird die Verkehrsdelinquenz in der PKS nicht erfasst.[61] 36

**Bsp.:** *Selbst wenn sich ein Delikt nachträglich als Totschlag herausstellt, ermittelt die Polizei zunächst wegen Mordes.*

Demgegenüber hat man die Mehrfachzählung von Tätern weitgehend in den Griff bekommen, da jeder Täter nur noch einmal pro Jahr erfasst wird, unabhängig von der Anzahl seiner Straftaten. Auch wurde der Zeitpunkt der Erfassung der Straftat auf das Ende der polizeilichen Ermittlung gelegt, so dass eine realistische Bewertung möglich ist.[62]

**hemmer-Methode: Es lohnt sich, die PKS einmal durchzublättern. Zum einen merken Sie sich dann die hier dargestellten Punkte besser. Außerdem enthält die PKS viele Erläuterungen und Bemerkungen zu möglichen Ursachen der aktuellen Kriminalitätsentwicklung!**[63]

61 Vgl. auch Kunz/Singelnstein, Kriminologie, § 16, Rn. 11.

62 Schwind/Scwind, § 2, Rn. 4 ff.

63 Lesenswert zur Entwicklung vom 19. Jahrhundert bis heute Antholz, MschrKRim 2014, 115 ff.

### III. Kriminalitätsverteilung nach der PKS 2020

#### 1. Straftaten insgesamt

Die Verteilung der Straftaten, beispielsweise gegen Vermögensdelikte (z. B. Diebstahl, Sachbeschädigung, Betrug) lässt sich grob nach der PKS 2020 dahingehend unterteilen, dass 31,7 % auf Diebstahlstaten, 15,2 % auf Betrugstaten und 10,9 % auf Sachbeschädigungen entfallen sind. Straftaten gegen die persönliche Freiheit machen dagegen etwa „nur" 3,8 % aller Fälle aus, wohingegen Körperverletzungsdelikte 10 % erreichen.

#### 2. Sonstige Verteilung

*Räumliche Verteilung*

**a)** Bei der Betrachtung der *räumlichen Verteilung* fällt ein Stadt-Land-Gefälle auf, d.h. in Großstädten ist die Kriminalität höher als in kleineren Gemeinden. Ebenso bestehen in Deutschland ein Nord-Süd- und ein Ost-West-Gefälle, das sich aber in den letzten Jahren verringert hat. Nach der PKS 2020 weisen die niedrigsten Häufigkeitszahlen (HZ) Bayern (4.528), Baden-Württemberg (4.852), Hessen (5.446) und Rheinland-Pfalz (5.626) auf. Allerdings ist beim Ländervergleich zu beachten, dass ein erheblicher Teil der Täter und auch der Opfer nicht zur Wohnbevölkerung des jeweiligen Tatortlandes gehört. 38

Hinzu kommen Touristen, Wohnsitzlose und auch andere Gruppen, die nicht zur Wohnbevölkerung des Tatortlandes gehören, deren Taten jedoch diesem Land angelastet werden. Allerdings bleibt dennoch insgesamt ein Nord-Süd und ein Ost-West-Gefälle der Kriminalität erkennbar, das z.B. auf günstigere Tatgelegenheiten oder größere sozioökonomische Probleme zurückzuführen ist.

*Verteilung nach Altersstufen*

**b)** Untersucht man die verschiedenen *Altersstufen,* so werden nach der PKS 2020 3,2 % der Straftaten durch Kinder (unter 14 Jahre), 8,3 % durch Jugendliche, 8,4 % durch Heranwachsende (bis 21 Jahre) und 80,1 % durch Erwachsene begangen.

*Verteilung nach Geschlecht*

**c)** Nimmt man eine Einordnung nach *Geschlecht* vor, so zeigt sich, dass laut PKS 2020 lediglich 24,8 % der Tatverdächtigen weiblich sind.

## B. Andere Statistiken

*Strafverfolgungsstatistik*

Neben der PKS existiert die Strafverfolgungsstatistik, die vom Statistischen Bundesamt herausgegeben wird.[64] Sie umfasst die von den Gerichten bearbeiteten Fälle. Hierunter fallen sämtliche Verurteilungen, Freisprüche und Einstellungen durch das Gericht (nicht durch die Staatsanwaltschaft). Die begrenzte Aussagekraft dieser Statistik ergibt sich wiederum aus der Nichterfassung des Dunkelfelds. Zudem werden die bereits durch die Staatsanwaltschaft eingestellten Verfahren nicht erfasst. 39

*Strafvollzugsstatistik*

Weiterhin gibt es die Strafvollzugsstatistik (erstellt von den Justizverwaltungen der Länder)[65], die Angaben über die Vollzugsanstalten und die Strafgefangenen enthält.

64 Hierzu Göppinger, § 23, Rn. 18, 37 ff.

65 Hierzu Göppinger, § 23, Rn. 53.

## C. Auswertung der Statistik

**hemmer-Methode: Nicht selten wird in der Klausur (und auch in der mündlichen Prüfung!) eine Statistik angefügt, die es dann zu bewerten gilt. Wichtig ist dabei, dass man den Zahlen „nicht auf den Leim geht" - kaum eine Statistik wird das halten, was sie auf den ersten Blick auszusagen scheint!**

*Auswertung von Statistiken*

Die Zahlen einer Statistik können aus unterschiedlichen Gründen eine große oder nur geringe Aussagekraft haben. Bei einer Statistik über die Kriminalitätsrate kann bspw. die intensivere Verfolgung durch die Polizei für einen Anstieg verantwortlich sein. Das gleiche gilt auch für die Bewertung der Aufklärungsquote, die bei einer Verstärkung der Polizei steigen wird. 40

***Bsp.:***[66] *Eine Tabelle enthält Zahlen über die Umweltdelikte der letzten fünf Jahre im Ländervergleich. Die Statistik weist in Berlin eine Steigerung um 13% auf, in Hamburg dagegen eine um 216%. Es ist wohl kaum anzunehmen, dass die tatsächliche Anzahl der Umweltdelikte derart unterschiedlich gestiegen ist. Vielmehr liegt hier der Rückschluss auf eine verstärkte Verfolgungspraxis in Hamburg nahe.*

Auch eine Veränderung der Anzeigebereitschaft der Bürger hat Einfluss auf die Kriminalitätsstatistiken.

***Bsp.:*** *Um die Versicherungssumme zu erlangen, müssen bestimmte Delikte jetzt angezeigt werden. Die Zahl der registrierten Fälle wird sich erhöhen.*

Andere Einflüsse sind z.B. erhöhte Zuwanderströme, der Pillenknick oder die Wiedervereinigung.

## D. Das Dunkelfeld

*Dunkelfeldforschung*

Das Dunkelfeld spielt bei der Erforschung des wirklichen Umfangs der Kriminalität eine wesentliche Rolle. Zudem ist die Überprüfung einiger Kriminalitätstheorien (insbesondere des labeling-approach durch Bestätigung der Ubiquitätsthese) ohne Dunkelfeldforschung nicht möglich. 41

### I. Begriff

*Begriff*

Nach dem herrschenden engen[67] Dunkelfeldbegriff werden hierunter die begangenen im Verhältnis zu den bekannt gewordenen Taten verstanden (sog. Dunkelzifferrelation).[68] 42

***Bsp.:*** *Eine Dunkelzifferrelation von 1:3 bedeutet, dass auf eine registrierte Tat drei nicht bekannt gewordene Fälle kommen.*

---

66 Vgl. Bayerische Examensklausur 1990/II.

67 Die weite Definition meint die begangenen im Verhältnis zu den aufgeklärten bzw. zu den verurteilten Taten.

68 Bock, Rn. 833 ff.

## II. Methoden der Dunkelfeldforschung

### 1. Experiment und teilnehmende Beobachtung

*Experiment*

Ein *Experiment* ist das planmäßige Herbeiführen eines Geschehens zum Zwecke seiner Beobachtung. Für die Dunkelfeldanalyse ist das Experiment jedoch insofern ungeeignet, als die Originalsituation nur schwerlich nachgestellt werden kann und somit das Ergebnis nicht verlässlich genug ist. Außerdem ist das Experiment nur bei bestimmten Delikten möglich.[69] 43

*Teilnehmende Beobachtung*

Bei der *teilnehmenden Beobachtung* betrachtet ein Außenstehender das Geschehen, ohne von den Mitmenschen als Beobachter erkannt zu werden. Hier kann jedoch - wie auch beim Experiment - nur eine jeweils kleine Gruppe untersucht werden.

### 2. Befragung

*Befragung*

Die gängigste Methode ist die *Befragung*, bei der die Testperson Angaben über (meist innerhalb eines abgrenzbaren Zeitraums) begangene oder erlittene Straftaten machen soll.[70] 44

#### a) Arten der Befragung

*Arten der Befragung*

Man unterscheidet zunächst zwischen schriftlichen, persönlichen oder telefonischen Befragungen. Bei den persönlichen Befragungen besteht die Möglichkeit der Einzel- oder Gruppenbefragung. Bezüglich der zu befragenden Personen kommen sowohl die Täter als auch die Opfer in Betracht.

#### b) Fehlerquellen

*Fehlerquellen bei Befragungen*

Ungenauigkeiten entstehen bei der Befragung aus mehreren Gründen:

⇨ fehlende Erinnerung an Taten

⇨ fehlende Aufrichtigkeit oder Übertreibung (Prahlerei)

⇨ Falschverstehen des Fragebogens bzw. der darin abgefragten Delikte

⇨ keine repräsentative Stichprobe: randständige Gruppen (Rotlichtmilieu, Ausländer) werden selten befragt

⇨ bei Opferbefragungen: Taten ohne oder ohne personales Opfer (Bsp.: Kaufhäuser, Versicherungen) können nicht erfasst werden.

*„Doppeltes“ Dunkelfeld*

Summieren sich die Fehlerquellen derart, dass sie nicht einmal von der Dunkelfeldforschung vollständig erfasst werden können, spricht man vom „absoluten“ (oder „doppelten“) Dunkelfeld.[71] 44a

---

69 Bock, Kriminologie, 2013, Rn. 853 ff; Kunz/Singelnstein, Kriminologie, § 17, Rn. 19 ff.

70 Schwind/Scwind, § 2, Rn. 44 ff.

71 Schwind/Scwind, § 2, Rn. 53c, vgl. PKS 2017, Bd. 1, S. 6.

Meist handelt es sich um Straftaten, über die das Opfer nicht einmal im Rahmen von Interviews oder psychologischen Befragungen reden will, weil es eine Verschlechterung seiner Lage befürchtet (interfamiliäre Gewalttätigkeiten, Partner- und Pflegegewalt, sexuelle Nötigung, Schutzgelderpressung).

## III. Abhängigkeiten zwischen Hell- und Dunkelfeld

*Verhältnis Hell- und Dunkelfeld*

Fraglich ist, wie sich Hellfeld und Dunkelfeld zueinander verhalten.[72] 45

Man kann behaupten, dass bei einer Erhöhung des Hellfeldes sich auch das Dunkelfeld vergrößert (Konstanz von Hell- und Dunkelfeld).

> **Bsp.:** *In einem Jahr tauchen mehr Sachbeschädigungen als im Vorjahr in der PKS, also im Hellfeld auf. Daraus wird geschlossen, dass die Gesamtzahl der Sachbeschädigungen zugenommen hat und damit auch das Dunkelfeld.*

Andererseits könnte man von einem additiven Zusammenhang von Hell- und Dunkelfeld ausgehen: Wenn die Zahlen im Hellfeld steigen, heißt das nur, dass mehr Taten polizeibekannt werden. Das Dunkelfeld verkleinert sich; die Gesamtkriminalität bleibt gleich.

Die Annahme der Konstanz ist wohl herrschende Meinung, allerdings gilt dies nur, wenn bei den Veränderungen ein enger geographischer und zeitlicher Zusammenhang besteht.

> **Bsp.:** *Ein konstantes Hell- und Dunkelfeld kann man nicht erwarten, wenn man die Zahlen von 1950 und 2014 vergleicht, da sich hier Faktoren wie die Anzeigebereitschaft verändert haben können.*

Wichtig in diesem Zusammenhang sind die *Rückkopplungen* zwischen Hell- und Dunkelfeld. Je höher die Aufklärungsquote, desto stärker vertraut der Bürger auf die Strafverfolgungsbehörden, und desto eher zeigt er das Delikt an. Dadurch sinken die Dunkelfeldzahlen und die Gefahr, entdeckt zu werden, steigt. Dies wiederum führt zur Abschreckung der Täter, wodurch die Kriminalität sinkt. Dadurch wird erneut eine hohe Aufklärungsquote erreicht usw. Selbstverständlich funktioniert dieser Prozess auch in der Gegenrichtung.

## IV. Ergebnisse

*Ubiquität der Kriminalität?*

Die Dunkelfeldforschung[73] hat feststellen können, dass die Begehung von leichten Straftaten in gewisser Weise „normal" ist.[74] Nicht ubiquitär (also nicht allgemein verbreitet) sind jedoch Straftaten mit größerem Unrechtsgehalt (Raub, schwerer Diebstahl usw.). 46

In allen Gesellschaftsschichten gibt es Kriminalität, allerdings ist die Unterschicht auch im Dunkelfeld überrepräsentiert.

*Unterschiedliche Dunkelfelder*

Das Dunkelfeld ist immer größer als das Hellfeld. Unterschiedliche Delikte haben auch unterschiedliche Dunkelfelder: So ist es bei Ladendiebstahl besonders hoch, bei Einbruchsdiebstählen besonders niedrig (da diese fast alle entdeckt und angezeigt werden).[75]

72 Schwind/Scwind, § 2, Rn. 67 ff.

73 Kritisch zu den Erfolgen: Mergen, S. 280 f. Einführend Bock, Kriminologie, Rn. 853 ff.; zu den Grenzen auch Kunz/Singelnstein, Kriminologie, § 17, Rn. 3 ff.

74 Schöch (in: Göppinger/Kaiser, Kriminologie und Strafverfahrensrecht, S. 211 [213]) fand heraus, dass in seiner Testreihe 99% der Personen mindestens eine - in der Regel geringfügige - Straftat begangen hatten.

75 Schwind/Scwind, § 2, Rn. 66a.

**hemmer-Methode: Genau umgekehrt verhält es sich mit der Aufklärungsquote: Ist ein Ladendiebstahl erst einmal entdeckt, so wird der Täter „gleich mitgeliefert“, die Aufklärungsquote ist hoch. Dagegen können Einbruchsdiebstähle zwar leichter entdeckt, aber seltener aufgeklärt werden.**

*Dunkelfeld bei Kindern/Jugendlichen*

Zu beachten ist weiterhin, dass das Dunkelfeld bei der Kinder- und Jugendkriminalität sehr groß ist, da hier eher informelle Sanktionen (bspw. durch die Schule) eingreifen, bevor es zur Anzeige kommt.

*Frauen im Dunkelfeld*

Mädchen und Frauen sind auch im Dunkelfeld weniger kriminell belastet.

## E. Exkurs: Durchführung einer empirischen Untersuchung[76]

*Durchführung einer empirischen Untersuchung*

Im Folgenden soll kurz dargestellt werden, wie empirische Ergebnisse überhaupt zustande kommen, d.h. wie der Forscher vorgeht, wenn er eine bestimmte Theorie oder Hypothese überprüfen will. 47

### I. Auswahl des Forschungsgegenstands und Hypothese

#### 1. Thema der Untersuchung

*Thema der Untersuchung*

Zunächst muss überlegt werden, was Thema der Untersuchung sein soll. 48

**Bsp.:** *Kriminologe Karl möchte wissen, ob zwischen dem Verhalten einer Mutter und dem Verhalten ihres Kindes ein Zusammenhang besteht.*

*Sammeln des vorhandenen Wissens*

Zu diesem Thema wird nun das vorhandene Wissen (z.B. aus der Literatur) gesammelt und geordnet.

#### 2. Formulierung der Hypothese

*Formulierung der Hypothese*

Nun muss eine Hypothese formuliert werden. Eine Hypothese ist die Behauptung über den Zusammenhang von (mindestens) zwei Merkmalen. 49

**Bsp.:** *Die Hypothese von Karl lautet: „Es besteht ein Zusammenhang zwischen dem Verhalten der Mutter und dem ihres Kindes.“*

*Nur Wahrscheinlichkeitsaussagen*

**hemmer-Methode: Selbst wenn sich die Hypothese bestätigt, so gilt sie nicht zwingend für jeden auftretenden Fall. Anders als in der Naturwissenschaft sind empirische Ergebnisse in der Kriminologie nie „Allaussagen“, sondern bloße „Wahrscheinlichkeitsaussagen“. Eine Hypothese kann daher nur falsifiziert, nie positiv „bewiesen“ werden.**

*Widerspruchsfrei und überprüfbar*

Eine Hypothese muss immer *widerspruchsfrei* und *überprüfbar* sein.

**Bsp.:**[77] *Nicht widerspruchsfrei ist die Aussage: Jedes Motorrad ist ein gelbes Auto. Nicht überprüfbar ist die These: Alle Hexen können fliegen.*

*Abhängige und unabhängige Variablen*

Die Merkmale einer Hypothese nennt man auch abhängige bzw. unabhängige Variablen. Die abhängige (veränderliche) Variable ist das, was untersucht werden soll (im obigen Beispiel: das Verhalten des Kindes). Dagegen ist die unabhängige (konstante) Variable der Faktor, der die abhängige Variable beeinflusst (im Bsp.: das Verhalten der Mutter soll das Verhalten des Kindes beeinflussen).

76 Zum Ganzen siehe Schwind/Scwind, § 9.

77 Schwind/Scwind, § 9, Rn. 12.

Man unterscheidet sog. Kausalhypothesen (eine abhängige, eine unabhängige Variable) von Korrelationshypothesen, bei denen der Zusammenhang der Merkmale noch nicht klar ist.

Keine eigentliche Hypothese stellt die „Existenzhypothese“ dar, die rein beschreibend ist.

## II. Methodenwahl

*Methodenwahl*

Der Forscher muss sich nun für eine bestimmte Methode entscheiden, wobei es folgende Möglichkeiten gibt, eine Durchsuchung durchzuführen: 50

- ⇨ das Experiment[78],
- ⇨ die Beobachtung[79],
- ⇨ die Befragung[80],
- ⇨ die Dokumentenanalyse (bspw. durch Auswertung von Strafakten) oder
- ⇨ psychologische Tests.

## III. Operationalisierung der Variablen

*Operationalisierung*

Bevor das Experiment, die Beobachtung etc. durchgeführt wird, muss sich der Forscher noch einmal mit den Variablen (Merkmalen) aus seiner Hypothese beschäftigen.[81] 51

Viele Variablen sind eindeutig (bspw. „Alter“, „Geschlecht“, etc.). Schwieriger wird es bei unbestimmten Begriffen („Schichtzugehörigkeit“, „Rückfalltäter“ oder im obigen Beispiel „Verhalten von Mutter/Kind“). Diese Variablen müssen wiederum durch neue Merkmale definiert werden, man spricht hierbei von der Operationalisierung der Variablen.

> ***Bsp.:*** *Das Merkmal der Schichtzugehörigkeit wird bestimmt (operationalisiert) nach*
>
> - ⇨ *manueller oder non-manueller Arbeitsweise oder nach*
> - ⇨ *Selbsteinschätzung des Probanden oder nach*
> - ⇨ *mehreren Stufen (Schulausbildung plus Stellung im Beruf plus Einkommen).*

*Validität*

Die Operationalisierung ist wichtig, um die „Güte“ der Ergebnisse zu gewährleisten, das Ergebnis darf nicht willkürlich sein. Hierzu gehört zum einen die sog. *Validität*, d.h. die Treffsicherheit der Ergebnisse. Es muss im Ergebnis eine Aussage darüber getroffen werden können, was Ziel der Untersuchung war.

> ***Bsp.:***[82] *Der - inzwischen abgeschaffte - Medizinertest für Studenten ist dann valide, wenn anschließend diejenigen mit den besten Testergebnissen die besten Ärzte werden.*

---

78 Siehe Rn. 43.

79 Siehe Rn. 43.

80 Siehe Rn. 44.

81 Schwind/Schwind, § 9 Rn. 19 ff.

82 Vgl. Schwind/Scwind, § 9, Rn. 28.

*Reliabilität*

Ebenso umfasst die „Güte“ des Ergebnisses die *Reliabilität*, also die Zuverlässigkeit. Diese ist gegeben, wenn die Untersuchung wiederholbar ist (wenn sich also auch nach der 10. Durchführung nichts Wesentliches im Ergebnis ändert) und wenn sie objektiv ist (d.h. die Untersuchung ist unabhängig vom Untersuchungsleiter).

**hemmer-Methode: Lassen Sie sich nicht von den vielen Fachbegriffen verwirren! Gehen sich noch einmal folgende Begriffe durch und versuchen Sie, diese zu erklären:**
**- Variable**
**- Operationalisierung**
**- Reliabilität**
**- Objektivität**
**- Validität!**

## IV. Auswahl der Stichprobe

*Stichprobe*

In der Regel wird nur eine begrenzte Anzahl von Personen untersucht, d.h. es wird nun eine Stichprobe gebildet. 52

*Bsp.: Jede einhundertste Karte des Einwohnermeldeamtes wird gezogen, diese Personen gehören zur Stichprobe.*

## V. Durchführung der Untersuchung

*Eigentliche Durchführung*

Nachdem meistens ein Vorlauf (Pilotstudie) vorgeschaltet wird, kommt man nun zur Durchführung der eigentlichen Untersuchung (bspw. des Experiments). 53

## VI. Auswertung und Schlussfolgerungen

*Auswertung*

Nachdem die gewonnenen Daten ausgewertet worden sind (meist über elektronische Datenverarbeitung und anschließender Erstellung von Statistiken), muss die oben aufgestellte Hypothese anhand der gefundenen Zahlen überprüft werden. 54

Zur Überprüfung der Hypothese gibt es statistische Hilfsmittel, u.a. den sog. *Signifikanztest*: Ein Signifikanzniveau von bspw. 0,3% bedeutet, dass das Ergebnis mit einer Wahrscheinlichkeit von 99,7% „stimmt“ - die Wahrscheinlichkeit, dass der Zusammenhang rein zufällig ist, beträgt lediglich 0,3%.

Die Stärke des Zusammenhangs zwischen der unabhängigen und der abhängigen Variablen wird durch den *Korrelationskoeffizienten,* eine Zahl zwischen +1 und -1, ausgedrückt: Bei einem Korrelationskoeffizienten von +1 wurde die Ausgangshypothese bestätigt, bei 0 ist das Ergebnis „neutral“, bei -1 wurde gerade der umgekehrte Zusammenhang bestätigt.

Aus der Auswertung der gewonnenen Daten muss der Wissenschaftler theoretische und praktische (u.a. rechtspolitische) Schlussfolgerungen ziehen.

**Exkurs Ende**

## § 3 VIKTIMOLOGIE

*Viktimologie*

Die Viktimologie (*lat.*: victima = Opfer) beschäftigt sich mit der Rolle des Opfers. Als Opfer ist jede natürliche oder juristische Person zu verstehen, die durch eine Straftat einen Schaden erlitten hat. Erfasst werden von dieser weiten Definition auch Kollektivopfer, Organisationen und Rechtsgemeinschaften. Die Untersuchungsbereiche der Viktimologie sind: 55

- ⇨ das Vorfeld der Viktimisierung (Täter-Opfer-Beziehung, personengebundene/verhaltensgebundene Faktoren),
- ⇨ Viktimisierung (Rechtfertigungstechniken/Neutralisierungstechniken, Verhalten des Opfers während der Tat),
- ⇨ Reaktionsprozess auf die Viktimisierung (Anzeigeverhalten des Opfers, Primär-/Sekundärviktimisierung),
- ⇨ Verbrechensfurcht/Kriminalitätsparadoxon.

### A. Vorfeld der Viktimisierung/verschiedene Opfertypen

Immer wieder wird versucht, die Opfer von Straftaten zu klassifizieren, um weitere Aufschlüsse über das „Opferwerden" zu erhalten.[83] 56

#### I. Opfereinteilung nach persönlichen Merkmalen

*Opfertypen nach persönlichen Merkmalen*

v. HENTIG unterschied die Opfer nach ihrer familiären, beruflichen, biologischen Situation usw. Dabei ist zwischen personen- und verhaltensgebundenen Risikofaktoren (sog. „Opferpräzipitation") zu unterscheiden.[84] 56a

***Bspe:***

- ⇨ *Kinder und alte Menschen sind aufgrund biologischer Schwächen wehrloser und werden daher leichter zu Opfern.*
- ⇨ *Eine Prostituierte ist aufgrund ihres beruflichen Umfelds, welches den Kontakt zu Kunden und Zuhältern einschließt, stärker gefährdet.*

Auch das Verhalten des Opfers kann die Anfälligkeit für eine Straftat erhöhen. 56b

***Bspe:***

- ⇨ *Autofenster offen lassen / Schlüssel stecken lassen.*
- ⇨ *„Trampen" mit Unbekannten.*

Aus einem solchen Opferverhalten wird zum Teil ein Mitverschulden des Opfers an der Straftat konstruiert:

#### II. Opfereinteilung nach Mitverschulden

*Opfertypen nach Mitverschulden*

Dahingegen stellte MENDELSOHN auf den Grad des Mitverschuldens des Opfers ab (kein Mitverschulden bis Alleinschuld des Opfers). 56c

83 Vgl. hierzu Mergen, S. 332.

84 Kritisch hierzu Dollinger, ZJJ 2014, 237 ff.

Diese Unterscheidung ist nicht nur theoretischer Natur. Berücksichtigt wird das Verschulden des Opfers u.a. bei der Strafzumessung[85] oder sogar bereits in der Rechtswidrigkeit, bspw. bei Vorliegen von Notwehr.

Diese Opfereinteilung - auch Lifestyle-Modell genannt - ist jedoch mit Vorsicht zu genießen. Dem Opfer können keine moralischen Vorschriften für seine Lebensführung gemacht werden, bei deren Verstoß der Täter entlastet wird!

> ***Bsp.:*** *Die Tatsache, dass ein junges Mädchen nachts alleine trampt, kann nicht im Falle einer Vergewaltigung die Tat in einem milderen Licht erscheinen lassen!*

## B. Beziehungsdelikte

*Beziehungsdelikte*

Wenn Täter und Opfer sich bereits vor der Tat kennen, spricht man von Beziehungsdelikten. *57*

Diese sind bei Gewaltverbrechen besonders häufig anzutreffen (Mord und Totschlag, Straftaten gegen die sexuelle Selbstbestimmung). Bei den Sexualstraftaten (insbesondere beim sexuellen Missbrauch von Kindern) ist jedoch zu beachten, dass diese wegen der starken Tabuisierung und Stigmatisierung häufig nicht angezeigt werden und so erst gar nicht in der Kriminalstatistik auftauchen.

Betrug hingegen ist kein typisches Beziehungsdelikt, ebenso wenig die sog. Massenstraftaten wie Ladendiebstahl, Beförderungserschleichung etc. Auch beim Raub besteht in zwei Dritteln der Fälle keine Vorbeziehung zum Opfer.

## C. Massenstraftaten

*Massenstraftaten*

Das Opferverhalten spielt auch bei den sog. Massenstraftaten wie etwa beim Ladendiebstahl oder bei der Leistungserschleichung eine Rolle. *57a*

> ***Bsp.:*** *Wenn ein Geschäft auf Selbstbedienung umgestellt wird, ist das Diebstahlrisiko im Vergleich zu Geschäften, die auf persönliche Beratung und Betreuung Wert legen, größer.*

## D. Viktimisierung/Neutralisationstechniken

*Neutralisationstechniken*

Die bereits oben[86] dargestellte Theorie der Neutralisierungstechniken hängen ebenfalls mit dem Opfer zusammen. Indem der Täter beispielsweise versucht, sein Opfer zu entpersonalisieren, rechtfertigt er sein kriminelles Verhalten. *58*

> ***Bsp.:*** *Im Rahmen von Sexualstraftaten rechtfertigt sich der Täter häufig mit der Behauptung, dem Verhalten des weiblichen Opfers (z.B. Make-Up und aufreizende Kleidung) sei eine gewisse Bereitschaft zu sexuellen Handlungen zu entnehmen gewesen (vergleiche auch hierzu die i.E. abzulehnende Theorie der geschlechtsspezifischen Situationsverkennung).*

---

85 Siehe unten Rn. 187 ff.

86 Vgl. Rn. 23.

## E. Reaktionsprozess auf die Viktimisierung/Primär - und Sekundärviktimisierung

Die Folgen einer Straftat kann man in die Primär- und die Sekundärviktimisierung unterteilen.[87] 59

### I. Primärviktimisierung

Unter der Primärviktimisierung versteht man den unmittelbar physischen und psychischen Einfluss der Straftat an sich auf das Opfer. Von Bedeutung sind dabei die Dauer bzw. Häufigkeit der Tat, die Täter-Opfer-Beziehung, das Alter des Opfers, die Gefühle des Opfers während der Tat sowie die Begehensweise der Tat. 59a

*Bsp.: A wurde eines Abends auf ihrem Nachhauseweg sexuell belästigt. Seitdem hat sie Angstgefühle in der Dunkelheit und lässt sich nach der Arbeit von einem Kollegen nach Hause fahren. Außerdem hat sie mehrere Prellungen, Kratzer und Schürfwunden davongetragen.*

### II. Sekundärviktimisierung

*Sekundäre Viktimisierung*

Die Sekundärviktimisierung beschreibt die Reaktionen Dritter auf die Straftat. Von Bedeutung ist hierbei insbesondere das Verhalten der Verwandten und Bekannten des Opfers, der Strafverfolgungsbehörden sowie der Öffentlichkeit. Durch Negativreaktionen des privaten Umfelds, der Strafverfolgungsbehörden und der Presse werden die Folgen der Straftat noch verstärkt. 59b

*Bspe:*

- ⇨ *Der Ehemann glaubt bis heute noch nicht an die körperliche Misshandlung seiner Frau durch ihren Vater.*
- ⇨ *Die vergewaltigte B wird häufig von der Polizei und der Staatsanwaltschaft verhört. Im Gerichtssaal muss sie erneut von den Misshandlungen berichten.*
- ⇨ *Die Presse berichtet über B, dass sie „stark geschminkt und im Minirock abends noch die Straße entlang lief", bevor sie vergewaltigt wurde.*
- ⇨ *Die Lehrer bzw. Eltern des ständig in der Schule von seinen Mitschülern gehänselten Jugendlichen glauben ihm nicht bzw. schenken ihm keine Aufmerksamkeit (sog. „Peer-Viktimisierung").*

### III. Tertiärviktimisierung

*Tertiäre Viktimisierung*

Die Folgen der Primär- und Sekundärviktimisierung können gravierende Züge annehmen: von einfachen Gedächtnisstörungen (Denkblockaden) bis zum Verlust der Selbstachtung, dem Erlöschen der Lebensfreude, Angst, Panik, Gereiztheit und Wut. Diese, sowie die physisch hinzutretenden Beelnträchtigungen (Müdigkeit, Stress, Zittern, Magenschmerzen) lassen sich als tertiäre Viktimisierung bezeichnen. 59c

**hemmer-Methode: Die Tertiärviktimisierung kann ihrerseits fatale Folgen für (evtl. unbeteiligte) Dritte haben, bspw. wenn das Opfer beschließt, „den Spieß umzudrehen". Sog. „Hassverbrechen" und Amokläufe werden häufig von Personen begangen, die den beschriebenen Viktimisierungsprozess durchlaufen haben.**

87 Göppinger, § 11 Rn. 6 ff. Anschaulich zum Verlauf vom Erlebnis zur dokumentierten Viktiminiserung Kunz/Singelnstein, Kriminologie, § 17, Rn. 25.

## F. Anzeigeverhalten des Opfers

*Anzeigeverhalten des Opfers*

Das Opfer hat praktisch nur durch die Möglichkeit einer Anzeige bei der Polizei Einfluss auf die Verfolgung von Straftaten. Je nach Anzeigefreudigkeit werden mehr Straftaten registriert, das Dunkelfeld wird kleiner. 60

Da die Dunkelfeldforschung von großen Massen an unbekannten Taten ausgeht, muss man sich fragen, warum so viele Delikte nicht angezeigt werden.

An erster Stelle steht die geringe Schadenshöhe, die nach Meinung des Opfers eine Anzeige nicht lohnt. Hierauf folgt der Glaube an die Ineffektivität der Behörden („Die Polizei findet den Täter sowieso nicht."). Dies ist insbesondere dann ein Grund, wenn bereits früher Anzeigen erstattet wurden. Die Angst vor dem Täter spielt hingegen eine nur sehr untergeordnete Rolle.

Hingegen wird die an eine Anzeige geknüpfte Versicherungssumme als Motiv für gesteigerte Anzeigefreudigkeit angenommen (str.).[88] Bei Sexualdelikten spielen aber auch andere Faktoren eine Rolle: Das Opfer fühlt sich manchmal mitschuldig an der Tat, aus Scham- und Schuldgefühlen möchte es sich zu der Tat nicht äußern, sondern diese vielmehr verdrängen.

**hemmer-Methode: Hier besteht eine Schnittstelle zur Statistik: Durch eine hohe Aufklärungsquote von Straftaten steigt das Vertrauen der Bevölkerung in die Strafverfolgungsbehörden. Die Anzeigebereitschaft steigt. Somit verringert sich das Dunkelfeld. Durch das so gestiegene Entdeckungsrisiko sinkt die Kriminalitätsrate (vgl. Rn. 19a). Dieser Kreislauf vollzieht sich in umgekehrter Richtung, wenn die Aufklärungsquote sinkt!**

## G. Kriminalitätsfurcht

### I. Ursachen

*Ursachen der Kriminalitätsfurcht*

Die Viktimologie beschäftigt sich weiterhin mit der Kriminalitätsfurcht innerhalb der Bevölkerung. 61

Diese wird geschürt durch eigene Erfahrung als Opfer oder durch Berichte und Erfahrungen von Bekannten, denen etwas zugestoßen ist. Ebenso spielt das selbst erlebte Straßenbild eine Rolle (steigende Anzahl von Obdachlosen, Drogenabhängigen).[89]

*Staatliches Gewaltmonopol*

Mit dem Gewaltmonopol des Staates korrespondiert seine Schutzpflicht gegenüber dem Bürger. Sie beinhaltet zum einen die Verpflichtung, reale Gefahren einzudämmen, zum anderen die Notwendigkeit, das - möglicherweise ungerechtfertigte - Bedrohtheitsgefühl der Bevölkerung durch Aufklärung zu verringern.

Eine erhöhte Polizeipräsenz lässt häufig das Sicherheitsgefühl der Bürger anwachsen und schreckt potentielle Täter ab (Bsp.: New York).

88 Schwind/Scwind, § 20, Rn. 8 ff.; Kaiser/Schöch/Kinzig, Fall 3, Rn. 24 ff.

89 Schwind/Scwind, § 20, Rn. 16.

Das Gefühl der Bedrohtheit hat drei Komponenten:[90]

- die *affektive*, d.h. gefühlsbezogene Komponente,
- die *kognitive*, also die rationale Einschätzung der Kriminalitätsentwicklung,
- die *konative* (verhaltensbezogene). Diese bezieht sich auf das Abwehr- oder Vermeidungsverhalten, das eine bestimmte Person oder eine Personengruppe an den Tag legt, um sich vor Kriminalität zu schützen.

*Einfluss der Medien*

Entscheidend für das allgemeine Sicherheitsgefühl ist vor allem die Darstellung von Kriminalität durch die Medien. Zu der Berichterstattung in den Medien muss gesagt werden, dass sie die wahre Kriminalitätsverteilung verzerrt darstellt. Der Anteil an Gewaltkriminalität (in Wirklichkeit ca. 3% aller Straftaten) macht einen Großteil der Berichte über Kriminalität aus (in der Presse ca. ein Drittel).[91]

Hierdurch kann es zu einer gesteigerten Furcht der Bürger vor Gewalttaten kommen, obwohl die tatsächliche Gefahr des Opferwerdens gering ist.

## II. Kriminalitätsfurcht-Paradoxon

*Kriminalitätsfurcht - Paradoxon*

Verschiedene Bevölkerungsgruppen haben ein unterschiedliches Sicherheitsgefühl. Obwohl junge Männer nach der Statistik am ehesten gefährdet sind, Opfer zu werden, haben ältere Menschen und Frauen die größte Kriminalitätsangst. Dieses widersprüchliche Verhalten wird Kriminalitätsfurcht - Paradoxon genannt.[92] Dabei ist zu beachten, dass die furchtsamen Personengruppen ihrerseits auch mehr Vermeidungsverhalten betreiben, d.h. sich seltener in viktimogene Situationen begeben. Ihre statistisch geringe Opferanfälligkeit kann hierdurch beeinflusst sein. 62

Auffällig ist auch das „Verbrechen-auf-Distanz-Phänomen“: Tendenziell fühlen sich die meisten Menschen in ihrer eigenen Stadt bzw. Wohngegend eher sicher, glauben aber durchaus an den allgemeinen Anstieg der Kriminalität im Bundesgebiet.[93] Betrachtet man wiederum den Einfluss der Medien, mag die realitätsnähere Berichterstattung in den Lokalteilen der städtischen und ländlichen Zeitungen ebenfalls zu einem höheren Sicherheitsgefühl beitragen: Diese berichten nämlich nur zu 1 bis 2% von Raub-, Wirtschafts- und Gewaltdelikten.

## III. Abwehrverhalten

*Abwehrverhalten*

Aus der Kriminalitätsfurcht folgen verschiedene Abwehrmechanismen. Hierzu gehören bspw. das Installieren von Alarmanlagen, Selbstverteidigungskurse und das Vermeiden von gefährlichen Orten, nicht zuletzt aber auch Selbst- und Prangerjustiz.[94] 63

90 Schwind/Scwind, § 20, Rn. 18.

91 Kaiser/Schöch/Kinzig, Fall 3, Rn. 33 ff.

92 Schwind/Scwind, § 20, Rn. 24b; Kaiser/Schöch/Kinzig, Fall 3, Rn. 31.

93 Schwind/Scwind, § 20, Rn. 22.

94 Zur Abgrenzung von zulässiger Selbsthilfe und illegaler Selbstjustiz vgl. Kaiser/Schöch/Kinzig, Fall 3, Rn. 71 ff.

## H. Einflussmöglichkeiten und Schutz des Opfers

### I. Strafrechtlicher Schutz des Opfers

*Strafrechtlicher Schutz des Opfers*

Das Opfer wird bereits im Strafprozess gegen Erwachsene einbezogen (siehe die Anzeigeberechtigung, die Möglichkeit der Privat- und Nebenklage gem. §§ 374 ff. bzw. 395 ff. StPO). Dabei ist jedoch zu beachten, dass der Opferschutz hinter den Erziehungsgedanken im Jugendstrafrecht in vielfältiger Weise zurücktritt: Gem. §§ 80 I, III JGG ist die Privat- und Nebenklage im Verfahren gegen Jugendliche unzulässig. Dem Schutz der Privatsphäre dienen Vorschriften, die die Öffentlichkeit und die Anwesenheit des Angeklagten ausschließen (§ 171b GVG, § 247 S. 2 StPO), sowie Fragen aus dem persönlichen Lebensbereich des Opfers verbieten (§ 68a StPO). Weiterhin: §§ 406f II, III, 247a, 241a, 406g, 68b S. 1, 58a I S. 2 Nr. 1, 168e, 255a II StPO, 26, 74b, 172 Nr. 4 GVG. Dabei ist jedoch zu beachten, dass vor dem Hintergrund des Erziehungsgedankens im Jugendstrafrecht ebenfalls die Geltung der §§ 406f, 406g StPO umstritten ist und wohl von der h.M. abgelehnt wird. 64

Aber auch im materiellen Strafrecht hat das Opfer seinen Platz: Das Opferverhalten wird u.a. in den §§ 32, 199, 213, 216, 228 StGB berücksichtigt. Darüber hinaus dient dem Opferschutz auch die Erhöhung der Strafrahmen z.B. der §§ 176a, 212 II, 224, 244, 250 StGB.

*Wiedergutmachung*

Besonders stark wird das Opfer im Rahmen des *Täter-Opfer-Ausgleichs* und der *Schadenswiedergutmachung* (vgl. § 46a StGB, §§ 10 I S. 3 Nr. 7, 45 II S. 2 JGG) involviert, da hier sogar eine Versöhnung erreicht werden soll. Hierin ist eine neue Form der Sanktionierung zu sehen, die in geeigneten Fällen sowohl für den Täter als auch für das Opfer sozial erwünschte Wirkungen hat. Die Schadenswiedergutmachung lässt das Opfer - z.B. bei Eigentumsdelikten - nicht schlechter stehen als in einem regulären Verfahren, und die Vorteile für den Täter, der sich mit dem Opfer auseinandersetzen muss, liegen auf der Hand. Allerdings ist zu beachten, dass § 46a StGB nicht für alle Straftaten geeignet ist. Insbesondere schwerere Delikte (z.B. schwere Vergewaltigung) sind wohl kein Anwendungsgebiet für den Täter-Opfer-Ausgleich. In diesen Fällen erwarten die Opfer meist eine stärkere Reaktion der Justiz oder wollen mit dem Täter nicht mehr konfrontiert werden.

Kritisiert wird an ihr u.a., dass die Wiedergutmachungsbestrebungen des Täters häufig nur aus prozesstaktischen Gründen vorgenommen werden.

Auch das Adhäsionsverfahren gem. §§ 403 ff. StPO bezweckt die Sicherung der Opferansprüche. Gem. § 81 JGG findet es jedoch im Verfahren gegen Jugendliche bzw. Heranwachsende, auf die gem. § 105 JGG Jugendstrafrecht Anwendung findet (§ 108 II S. 1 JGG), keine Anwendung.

**hemmer-Methode: Diskutiert wird auch über die Einführung der Wiedergutmachung neben der Strafe und der Maßregel als „dritte Spur" des Strafrechts[95] (zur momentanen Zweispurigkeit des Strafrechts siehe unten Rn. 146). Damit soll die Anwendung dieses Instituts erweitert werden und die Wiedergutmachung einen gleichwertigen Stellenwert erhalten!**

95 Roxin, Strafrecht AT Bd. I, § 3 III.

## II. Opfergesetze

*Opferentschädigungsgesetz*

Zur Besserstellung des Opfers wurde 1976 das Opferentschädigungsgesetz (OEG) erlassen, welches dem Opfer erlaubt, Entschädigungsanträge zu stellen. Kritisiert wird an diesem Gesetz, dass es mit den Opfern vorsätzlicher Gewaltdelikte nur einen relativ kleinen Personenkreis erfasst. Auch werden die Möglichkeiten dieses Gesetzes aufgrund seiner geringen Bekanntheit noch relativ selten genutzt. Zumeist gehen die Entschädigungsansprüche des Opfers ohnehin auf die Krankenversicherungen über. 65

*Opferschutzgesetz*

1986 folgte das Opferschutzgesetz (OSG). Es umfasst die Stärkung des Persönlichkeitsschutzes des Opfers, die Möglichkeit der Nebenklage, das Akteneinsichtsrecht und die effektivere Geltendmachung von Schadensersatzansprüchen im Rahmen der Wiedergutmachung.[96]

*Opferrechtsreformgesetze*

Nach der ersten Reform im Jahr 2004 ist am 01.10.2009 das zweite Opferrechtsreformgesetz in Kraft getreten. Das zweite Reformgesetz sieht vor, die Rechte von Opfern und Zeugen im Strafverfahren zu erweitern. Es bringt einen verständlicheren sowie erweiterten Nebenklagekatalog mit sich. Nach § 395 III StPO sollen von nun an alle Straftaten nebenklagefähig sein, wenn der Anschluss wegen der schweren Folgen der Tat zur Wahrnehmung der Interessen des Verletzten geboten ist (insofern müssen diese Gesichtspunkte von der Rechtsprechung konkretisiert werden). Auch die Informationsrechte der Verletzten werden durch Änderungen der §§ 201 und 406d ff. StPO erweitert. Zu beachten bleibt, dass mit jeder Erweiterung der Opferrechte eine Einschränkung der Beschuldigtenrechte einhergehen kann, weswegen eine von nun an etwas restriktivere Vorgehensweise bei der Erweiterung des Opferschutzes angemahnt wird.[97]

*Opferschutzrichtlinie*

Mit der Richtlinie 2012/29/EU des Europäischen Parlaments und des Rates vom 25. Oktober 2012 über Mindeststandards für die Rechte, die Unterstützung und den Schutz von Opfern von Strafverfahren sowie zur Ersetzung des Rahmenbeschlusses 2001/220/JI vom 15. März 2001 (Opferschutzrichtlinie)[98] sind auf europäischer Ebene neue Impulse zu einer Verstärkung des bisherigen Opferschutzes gesetzt worden.

Die Umsetzungsfrist lief am 16. November 2015 ab. Mit dem 3. Opferrechtsreformgesetz sind die Vorgaben umgesetzt worden.[99] Darin sind eine Reihe besonderer Rücksichtnahmepflichten, etwa bei Zeugen als Opfer einer Straftat (§ 48 Abs. 3 StPO), eine psychosoziale Prozessbegleitung(§ 406g StPO) sowie Mitteilungs- und Unterrichtungspflichten, etwa über den Eingang einer Strafanzeige (§ 158 Abs.3, 406i, 406j StPO), vorgesehen.

*Vermögensabschöpfung zum Opferschutz bei Vermögensdelikten*

In Umsetzung der Richtlinie über die Sicherstellung und Einziehung von Tatwerkzeugen und Erträgen aus Straftaten in der Europäischen Union (RL 2012/42/EU) hat das Gesetz zur Reform der strafrechtlichen Vermögensabschöpfung zum 01.07.2017 ein neues Instrumentarium zum Schutz der Opfer von Vermögensstraftaten geschaffen.

---

96 Schwind/Scwind, § 20, Rn. 38; Kaiser/Schöch/Kinzig, Fall 3, Rn. 10.

97 Zum Ganzen Hilger GA 2009, 657 ff.; Celebi, ZRP 2009, 110; Bittmann, ZRP 2009, 212.

98 ABl. EU Nr. L 315 vom 14.11.2012, S. 57.

99 Vgl. BGBl 2015 I S. 2525 ff.

An die Stelle des bisherigen Verfalls nach §§ 73 ff. StGB a.F., der erst mit der strafrechtlichen (rechtskräftigen) Verurteilung eingetreten ist, sieht die nunmehr in den §§ 73 ff. StGB n.F. geregelte Einziehung ein auch zeitlich deutlich vorgelagertes Reaktionsinstrumentarium vor.

Flankiert wird die bereits während des Ermittlungsverfahrens durch Einziehung (§§ 111b-111d StPO), Einziehung des Wertersatzes (§ 73c StGB) sowie des Vermögensarrestes (§§ 111e-111g StPO) vorbereitbare Einziehung der Befriedigung der Interessen der durch eine Vermögensstraftat Geschädigten im direkten Nachgang zum Strafverfahren, in dem im Vollstreckungsverfahren erlangte Gegenstände zurückübertragen werden (§ 459h I StPO) oder, soweit möglich, Wertersatz ausgekehrt wird (§ 459h II StPO).

# § 4 EINZELNE KRIMINALITÄTSARTEN

**hemmer-Methode: Kriminalität ist „ein weites Feld“. Daher ist es notwendig, die verschiedenen Bereiche (Wirtschafts-, Drogen-, Gewaltkriminalität usw.) getrennt voneinander zu untersuchen, um die jeweils spezifischen Merkmale herauszufiltern! Dabei darf nicht vergessen werden, dass es selbstverständlich Überschneidungen gibt, die eine klare Trennung unmöglich machen![100]** 66

## A. Gewaltkriminalität

### I. Begriff

**hemmer-Methode: Über wenige Begriffe wird so sehr gestritten wie über den der Gewalt. Dies liegt bereits an der Vielfalt der Lebensbereiche, in denen Gewalt eine Rolle spielt; so gibt es die körperliche Gewalt, die Staatsgewalt, die strukturelle Gewalt[101] usw. Auch im Strafrecht hält die Diskussion über die Definition von Gewalt an.[102] Unterscheiden Sie im Folgenden sorgfältig den strafrechtlichen von dem kriminologischen Gewaltbegriff!** 67

*Kriminologischer Gewaltbegriff*

Der kriminologische Gewaltbegriff umfasst primär die vorsätzliche Kraftanwendung gegenüber Personen. Somit gehören hierher die vorsätzlichen Tötungs- und Körperverletzungsdelikte, Raub und Erpressung, Sexualdelikte und Straftaten gegen die persönliche Freiheit. Mit Ausnahme der einfachen Körperverletzungen fasst auch die PKS[103] die genannten Delikte unter dem Stichwort Gewaltkriminalität zusammen. Nicht eingeschlossen ist die Gewalt gegen Sachen, was häufig im Hinblick auf Brandstiftung und Vandalismus kritisiert wird.[104]

**hemmer-Methode: Ein in der Öffentlichkeit brisantes Thema ist die Sexualdelinquenz.[105] Verfolgen Sie die höchst aktuelle Diskussion über die Möglichkeiten der Sicherung von Sexualtätern und der Vermeidung von Rückfällen!**

### II. Umfang

*Umfang*

Die Gewaltkriminalität hat einen relativ geringen Anteil an der Gesamtkriminalität (ca. 3,1%). Die Fallzahlen sind seit einem Höchststand im Jahr 2007 insgesamt leicht rückläufig. Auffällig ist, dass insbesondere Jugendliche und Heranwachsende - bezogen auf ihren Bevölkerungsanteil - überproportional häufig gewalttätig werden.[106] 68

---

100 Kritisch hierzu Mergen, S. 328.

101 Unter struktureller Gewalt versteht man gesellschaftliche Zwangsmerkmale wie Hierarchien, die Schul- und Steuerpflicht etc., vgl. Schwind/Scwind, § 2, Rn. 27.

102 Hierzu die neuen Entwicklungen bzgl. der Nötigung, siehe u.a. BVerfG, NStZ 95, 275 ff. = **juris**byhemmer. (Wenn dieses Logo hinter einer Fundstelle abgedruckt wird, finden Sie die Entscheidung online unter „juris by hemmer“: www.hemmer.de).

103 Vgl. PKS 2017, Bd. 1, S. 8, 14.

104 Schwind/Scwind, § 2, Rn. 26; Kaiser/Schöch/Kinzig, Fall 10, Rn. 10.

105 Hierzu bitte unbedingt lesen: Kaiser, S. 452 ff.; Göppinger, S. 509 ff.

106 Neubacher, Kriminologie, Kap. 5 Rn. 2.

**hemmer-Methode: Immer wieder wird die - angeblich - zunehmende Brutalisierung unserer Gesellschaft diskutiert (Stichwort: Kriminalitätsfurcht). Zeigen Sie dem Korrektor, dass Sie das Problem vernünftig durchdacht haben: Gewaltkriminalität ist ein ernstzunehmendes Phänomen. Wie jedoch die Statistiken zeigen, kann von einer „in höchstem Maße gewaltbereiten Gesellschaft" und dem Bevorstehen „amerikanischer Verhältnisse" keine Rede sein!**

## III. Ursachen

*Ursachen*

Natürlich stellt sich auch bei der Entstehung von Gewaltkriminalität die Frage nach dem „Warum". Hier wurde teilweise das ethologische Modell von LORENZ herangezogen, der von einem angeborenen Aggressionstrieb ausging. Ebenso diente die Frustrations-Aggressions-Hypothese zur Erklärung, wonach eine einmal erlebte Frustration eine aggressive Reaktion zur Folge hat. Beide Ansätze sind jedoch starker Kritik ausgesetzt.[107] Eine monokausale Erklärung ist im Übrigen unzureichend, da Gewalt offensichtlich ein sehr komplexes Phänomen ist. 69

**hemmer-Methode: Schwarz-Weiß-Malerei ist in der Kriminologie selten. Zeigen Sie dem Korrektor, dass Sie herkömmliche Ansätze kennen und setzen Sie sich dann kritisch damit auseinander, indem Sie z.B. die Monokausalität der Theorie angreifen. Eine endgültige Lösung des Problems kann von Ihnen nicht erwartet werden, wohl aber, dass Sie darüber schon einmal nachgedacht haben!**

Warum sich Gewalttätigkeiten in unserer Gesellschaft immer stärker ausbreiten, versucht KAISER mit dem sogenannten sozialen Wandel (größere Belastungssituation durch sich verändernde Werte-, Arbeits- und Familienstrukturen, steigende Orientierungs- und Zukunftslosigkeit) zu begründen.[108]

Eine einheitliche Erklärung von Gewaltkriminalität scheitert schon daran, dass Gewalt in gänzlich verschiedenen Bereichen auftaucht und jeweils andere Umstände zu ihrer Entstehung führen können.[109] So untersucht man z.B. die Gewalt in der Familie[110] und in der Schule[111], die Gewalt gegen Ausländer[112] und Gewalt in den Medien.

## IV. Kindesmisshandlung

*Kindesmisshandlung*

Gewalt in der Familie tritt oft in Form der Kindesmisshandlung (§ 225 StGB) auf.[113] 70

### 1. Umfang

Wegen des großen Dunkelfeldes ist der wahre Umfang der Gewalt gegenüber Kindern in der eigenen Familie schwer feststellbar. Pro Jahr werden ca. 2.000 Fälle registriert. Allerdings erstatten die Kinder, Eltern, Ärzte oder Nachbarn oft keine Anzeige, so dass von einer Dunkelzifferrelation von ca. 1:20 ausgegangen wird.

107 Siehe Rn. 14 ff.

108 Kaiser, Kriminologie, 10. Auflage, S. 472.

109 Schwind/Scwind, § 19, Rn. 19 f.

110 Sehr interessant zur Familie insgesamt: Schwind/Scwind, § 10.

111 Schwind/Scwind, § 11, Rn. 21 ff.; Göppinger, S. 486.

112 Unbedingt nachlesen: Schwind/Scwind, § 28, Rn. 26 ff.; zum Rechtsextremismus Meier/Verrel, Der praktische Fall, JuS 94, 1039 ff.

113 Eisenberg, § 45, Rn. 25.

### 2. Täter

Täter sind fast ausschließlich die Eltern oder nahe Verwandte. Zumeist geht die eigentliche Gewaltanwendung nur von einem Elternteil aus, der andere trägt aber beinahe immer durch Passivität oder aktive Unterstützung dazu bei.

### 3. Erklärungen

*Verschiedene Erklärungsansätze*

Die Eltern handeln nur selten aus bloßer Böswilligkeit, sondern fühlen sich oftmals mit dem Kind (und einer eventuellen Berufstätigkeit oder anderen Stresssituationen) überfordert. Zur kriminologischen Erklärung der Kindesmisshandlung werden verschiedene Ansätze herangezogen. 71

Nach dem *psychoanalytischen Ansatz*[114] von FREUD und FROMM sind es Fehlentwicklungen des Ich und Über-Ich, die zur Gewalt führen, indem das Es die Oberhand gewinnt. Beim sog. „neurotischen Konflikttäter" wirkt ein unbewältigter frühkindlicher Konflikt in emotionalen Defiziten fort. Verhält sich das Kind beispielsweise trotzig, fühlt sich der Täter in seinem eigenen Bedürfnis nach Zuwendung enttäuscht und reagiert aggressiv.

Auch die *Frustrations-Aggressions-Hypothese*[115] lässt sich in diesem Sinne heranziehen: Eine Frustration - die nicht notwendig durch das Kind verursacht wurde - löst beim Täter Aggressionen aus.

Die verbreitete These, „Kindesmisshandler waren einmal selbst misshandelte Kinder", kann durch lerntheoretische Ansätze untermauert werden. Zu nennen ist insbes. die sog. *Zyklusthese:*[116] Der Mensch lernt am Modell und gibt das Gelernte in einer entsprechenden Situation wieder, u.U. in abgewandelter, der Situation angepasster Weise.

## V. Gewalt in den Medien

### 1. Begriff Massenmedien

*Massenmedien*

Unter Massenmedien versteht man Kommunikationsmittel, die sich an eine unbestimmt große Zahl von Personen richten und zugleich zahlreich vorkommen. 72

### 2. Auswirkungen

Eine heutzutage viel diskutierte Frage betrifft den Einfluss der Gewaltdarstellung in den Medien auf die Gewaltkriminalität. Hierzu wurden verschiedene Theorien entwickelt:[117]

- ⇨ Katharsistheorie (FESHBACH): Das Betrachten von Gewalt hat Ventilfunktion; der Zuschauer reagiert seine Aggressionen während der Betrachtung ab. Diese Hypothese wird heute so gut wie nicht mehr vertreten.
- ⇨ Stimulationstheorie (HUESMANN/MILLER): Da Aggressionen erlernt werden, tritt auch bei der Betrachtung von Gewaltszenen ein Lerneffekt ein, der zur Nachahmung anregt.

114 Vgl. Rn. 17.

115 Vgl. Rn. 20.

116 Vgl. Rn. 21.

117 Schwind/Scwind, § 14, Rn. 20 ff.

**hemmer-Methode: In diesem Zusammenhang ist auch auf die sozial-kognitive Lerntheorie von BANDURA einzugehen. Sein Experiment mit der Clownpuppe Bobo sollte gerade belegen, dass aggressives Verhalten am Modell erlernt wird.**[118]

- ⇨ Inhibitionstheorie (BERKOWITZ): Der Zuschauer entwickelt beim Betrachten von Gewalt eine Aggressionsangst, die eigenes aggressives Verhalten verhindert.
- ⇨ Habitualisierungstheorie (CLINE): Die ständige Konfrontation führt zur Abstumpfung und Gleichgültigkeit gegenüber Gewalt.

Sichere Erkenntnisse konnten durch die Untersuchungen, die den Theorien zugrunde lagen, nicht gewonnen werden. Fest steht nur, dass die Gewaltdarstellung in den Medien nicht als alleinige Ursache ausreicht. Dies scheint man v.a. bei den medienträchtigen Vorkommnissen, wie dem „Amoklauf von Erfurt" oder dem von Emsdetten[119], zu vergessen: Oft wird dann der Medieneinfluss als Hauptursache für die Tat vorangestellt, weil die Täter ihre Freizeit mit gewaltverherrlichenden Computerspielen bzw. indizierten Filmen verbracht haben.[120] Weithin wird angenommen, dass insbesondere bei jüngeren Konsumenten die massenmediale Gewaltdarstellung zur Entstehung von Gewaltbereitschaft beitragen kann, wenn ansonsten schon ungünstige Bedingungen (besonders im familiären Bereich) bestehen.[121]

## VI. Rechtsextremistische Gewalt

### 1. Begriff

*Rechtsextremistische Gewalt*

Unter rechtsextremistischer Gewalt ist eine Einwirkung auf einen anderen Menschen oder eine andere Sache durch Entfaltung körperlicher Gewalt zu verstehen, die auf der Ideologie der Ungleichheit von Menschen basiert, wobei diese auf die Abwertung bestimmter Personen und Gruppen anderer Nationalität oder Rasse und deren Ausgrenzung abzielt. *72a*

### 2. Kriminologische Ansätze zur Erklärung rechtsextremistischer Gewalt

Vorab gilt es im Rahmen fremdenfeindlicher Gewalt festzuhalten, dass hier in besonderem Maße konstellative bzw. situationsgebundene Faktoren wie erhöhter Alkoholkonsum sowie gruppendynamische Prozesse tatauslösend auswirken können. Dies gilt umso mehr, als es sich in der Mehrzahl der Fälle um zwischen 13- und 25-jährige Täter handelt.[122] Herangezogen werden zur Erklärung rechtsextremistischer Gewalt neben den klassischen Kriminalitätstheorien (Frustrations-Aggressions-Hypothese, Differenzielle Assoziation) folgende Spezialansätze:[123]

---

118 Vgl. Rn. 21.

119 Schwind/Scwind, § 11, Rn. 38.

120 Aktuell zur Jugendgewaltkriminalität Baier/Pfeiffer/Rabold, Kriminalistik 2009, S. 323.

121 Kaiser/Schöch/Kinzig, Fall 3, Rn. 43; Göppinger, § 28, Rn. 34.

122 Schwind/Scwind, § 28, Rn. 26 ff.

123 Zur rechtsextremistischen Gewalt Göppinger, § 28, Rn. 60 ff.

WILHELM REICH:

⇨ REICH setzte sich umfangreich mit der Massenpsychologie des Faschismus auseinander. Der Grund für Rechtsextremismus und das Sehnen nach einem starken Führer liegt in einer Charakterschwäche des Menschen, der sein Seelenheil außerhalb des Ichs in seinem Volk, geleitet durch einen Übervater, sucht. Warum dies aber gerade zum Ausbruch von Gewalt führt, kann aus diesen Ausführungen nicht gewonnen werden.

WILHELM HEITMEYER:

⇨ HEITMEYER dagegen betrachtet rechtsextremistisch orientierte Gewalt als das Ergebnis der Erfahrungen von Desintegration. In einer Gesellschaft, die sich durch zunehmende Individualisierung, Ausweitung der Konkurrenzbeziehungen und einer zunehmenden sozialen und geographischen Mobilität auszeichnet, lösen sich traditionelle Weltbilder auf. Ebenso nimmt die Teilnahme an gesellschaftlichen Institutionen ab. Die Jugendlichen stehen unter erheblichem Erwartungsdruck nach Anschluss und Aufstieg. Erfahren die Jugendlichen in der Gruppe eine angebotene Legitimation für gewalttätiges Verhalten, so wächst die Attraktivität der Gewalt.

Der Gedanke, dass Ausländer dem Staat Schaden zufügen, liefert nun die Legitimation für Gewalt. Es handelt sich um eine Neutralisationstechnik, durch welche ein angebliches Fehlverhalten des Opfers als Rechtfertigung für das eigene Verhalten herangezogen wird.

Die speziellen Theorien bieten einen schlüssigen Ansatz zur Erklärung rechtsextremer Gewalt, liefern aber im Vergleich mit den anderen soziologischen und psychodynamischen Konzepten keine wesentlich darüberhinausgehenden Erkenntnisse.

## B. Organisierte Kriminalität

*Organisierte Kriminalität*

Die Organisierte Kriminalität bereitet unserer Gesellschaft zunehmend Probleme und rückt immer weiter ins öffentliche Blickfeld. 73

### I. Begriff

*Begriff*

Unter Organisierter Kriminalität versteht man 74

⇨ den Zusammenschluss mehrerer Beteiligter

⇨ auf Dauer

⇨ zur planmäßigen und arbeitsteiligen Begehung von Straftaten

⇨ mit Gewinnstreben

⇨ unter Anwendung von Gewalt oder anderen Einschüchterungsmethoden

⇨ mit dem Ziel der Einflussnahme auf Politik, Wirtschaft, Medien usw.

Weiterhin herrschen typischerweise ein straffer Führungsstil und die völlige Abschottung nach außen. Die Organisation zeichnet sich durch erhebliche Mobilität (Nutzung der Infrastruktur, große Flexibilität hinsichtlich der Verbrechensmethoden und -technologien) und Internationalität aus.[124]

124 Schwind/Scwind, § 29, Rn. 4 ff.; v. Lampe, Parl Beilage 2013, Nr. 38-39, 3 ff.

## II. Abgrenzung zur Bande

*Unterschiede zur Bande*

**1.** Die Bande erfüllt zumindest die ersten drei Merkmale des oben genannten Organisierten Verbrechens und ist ebenfalls hierarchisch aufgebaut. 75

Allerdings unterscheidet sich die Bande durch eine sehr viel persönlichere und überschaubare Gruppenstruktur, der die Beziehungen in die Politik o.ä. fehlen. Zudem bestimmen bei der Bande nicht der Kunde (so in der Organisierten Kriminalität), sondern die Bandenmitglieder selbst, welche Straftaten begangen werden.[125]

> ***Bsp.:*** *Die Jugendbande beschließt eines Abends Autos aufzubrechen, um die Radios irgendwie weiterzuverkaufen. Im Gegensatz dazu gibt ein krimineller Kunstliebhaber einem Kontaktmann den Auftrag, einen wertvollen „van Gogh" stehlen zu lassen, was durch die Mafia erledigt wird.*

### 2. Exkurs: Die Bande

*Mitglieder*

**a)** In der Regel besteht die Bande aus drei bis fünf Mitgliedern[126], wobei es sich meistens um Jugendliche und Heranwachsende handelt. Die Bande kann zudem als Großstadtphänomen bezeichnet werden. 76

*Straftaten*

**b)** Die Aktivitäten umfassen zum einen Vermögensdelikte (Diebstahl, Raub). Andere Banden sind primär gewaltorientiert, hierunter fallen bspw. Skinheads und Hooligans. Hiervon sind die Drogen- oder Ausländerbanden zu unterscheiden.

*Ursachen*

**c)** Die Ursachen für Bandenkriminalität wurden u.a. durch Kriminalitätstheorien zu erklären versucht, wobei die Anomietheorie, die Kulturkonfliktstheorie, die Theorie der differentiellen Assoziation und die Ökologische Schule eine besondere Rolle spielen. Ein einzelner Erklärungsversuch ist jedoch nicht ausreichend, kausal ist wohl ein ganzes „Motivbündel".[127]

*Merkmale*

**d)** WHYTE und TRASHER (Angehörige der Chicagoer Schule) sammelten einige typische Merkmale einer Bande. Diese sind zwar vorrangig auf amerikanische Großstadt-Gangs ausgerichtet, können jedoch in zunehmendem Maße auch für deutsche Großstadt-Banden herangezogen werden:

- ⇨ Spontane, ungeplante Entstehung
- ⇨ Persönliche Kontakte der einzelnen Mitglieder
- ⇨ Häufige Treffen der Mitglieder nötig, sonst droht die Auflösung der Gruppe
- ⇨ Betonung von Aktivität und Konflikt
- ⇨ Entwicklung gemeinsamer Codes, Corpsgeist, Normen und Werte

### Exkurs Ende

125 Schwind/Scwind, § 28 Rn. 5, 9 ff.

126 Vgl. BGH Life&LAW 2001, 634. 

127 Schwind/Scwind, § 28, Rn. 35d.

## III. Delikte

*Straftaten der OK*

Zu den typischerweise begangenen Straftaten des Organisierten Verbrechens gehören 77

- ⇨ der Drogen- und Waffenhandel,
- ⇨ die Prostitution, der Menschenhandel und das Glücksspiel,
- ⇨ die Fälschung von Scheck- und Kreditkarten,
- ⇨ das Produzieren von Falschgeld und die Geldwäsche,
- ⇨ der Kfz- und Kunstdiebstahl sowie
- ⇨ die Schutzgelderpressung und die Korruption.

## IV. Folgen

Die Folgen der Organisierten Kriminalität sind zum einen

- ⇨ unmittelbare Schäden (Verletzung von Rechtsgütern)

  **Bsp.:** *Vermögensschäden bei Einzelpersonen oder dem Staat als Opfer; Verletzung der körperlichen Integrität, psychischer Druck bei Opfern von Erpressung oder dergleichen*

und zum anderen

- ⇨ mittelbare Schäden

  **Bsp.:** *Verbrechensfurcht, Unterwanderung der Staatswirtschaft, Vertrauensverlust der Bevölkerung (bspw. bei Korruption).*

## V. Organisierte Kriminalität im Ausland

*OK im Ausland*

Ihren Ursprung hat das organisierte Verbrechen in Italien, dem Entstehungsort der *Mafia* (Sizilien) und der *Camorra* (Neapel). Die Mafia in den USA ist die *Cosa Nostra,* die jedoch nicht so sehr familiär, sondern wirtschaftlich strukturiert ist. Aber auch im Osten haben sich mafiaähnliche Strukturen gebildet (*Russenmafia* oder die japanische *Yakuza*). Wichtig ist, dass es sich nicht um jeweils eine einzige geschlossene Organisation handelt, sondern eher um viele kleine Gruppen und damit um eine Art Netzwerk.[128] Von den ehemals eher lokalen oder regionalen Ursprüngen aus hat sich mittlerweile eine transnationale organisierte Kriminalität herausgebildet.[129] 78

## VI. Organisierte Kriminalität in Deutschland

*OK im Inland*

Dass es in der Bundesrepublik Organisierte Kriminalität gibt, ist unbestritten. 79

**Bsp.:**[130] *Symptome für das organisierte Verbrechen in Deutschland sind bspw. die Tätigkeiten von Vietnamesen-Gangs, die Konzentration von Prostitution und Spielhöllen in Frankfurt a.M., die Verschiebung von Autos nach Polen etc.*

128 Der stärkste Zusammenhalt besteht wohl in der Cosa Nostra, die in Familien, Syndikate und Kartelle eingeteilt ist.

129 Jäger, Parl Beilage 2013, Nr. 38-39; Neubacher, Kriminologie, Kap. 23, Rn. 1 ff.

130 Schwind/Scwind, § 29, Rn. 22 ff.

Darüber, wie stark die Ausbreitung bereits fortgeschritten ist, herrscht allerdings Unklarheit. Einerseits bestehen lose Verbindungen von Straftätern, die sich zweckmäßigerweise zusammenschließen, jedoch keine derartig strenge Hierarchie aufweisen. Daneben existieren mafiaähnliche Verbunde, deren Mitglieder aus dem Ausland stammen und von dort aus kontrolliert werden.

## VII. Bekämpfung der Organisierten Kriminalität

*Bekämpfung der OK*

Die Ausweitung der Organisierten Kriminalität hat nicht nur enorme wirtschaftliche Schäden zur Folge, sondern führt auch zu einer zunehmenden Verängstigung der Bevölkerung. Daher sind die Bemühungen um die Bekämpfung in den letzten Jahren verstärkt worden.[131] 80

*OrgKG*

**1.** Das Augenmerk richtet sich im Kampf gegen das organisierte Verbrechen primär auf den Gesetzgeber. Somit wurde 1992 das „Gesetz zur Bekämpfung des illegalen Rauschgifthandels und anderer Erscheinungsformen der Organisierten Kriminalität" *(OrgKG)* erlassen. Neu gefasst wurden hierin die Rasterfahndung (siehe §§ 98a ff. StPO), Lauschangriffe (§§ 100a ff. StPO) und der Einsatz von verdeckten Ermittlern (§§ 110a ff. StPO).

Ebenfalls in diese Gruppe gehören die sog. „Kronzeugenregelungen", die dem Betroffenen Vorteile hinsichtlich seiner eigenen Strafverfolgung und Zeugenschutzprogramme versprechen. Hiermit soll dem Staat Zugang zu den internen Strukturen der Organisierten Kriminalität verschafft werden.

**hemmer-Methode: Mit dem "Gesetz zur Änderung des Strafgesetzbuches - Strafzumessung bei Aufklärungs- und Präventionshilfe" ist wieder eine „große Kronzeugenregelung" im StGB zu finden. Der neue § 46b StGB ermöglicht es den Strafgerichten, von Strafe abzusehen oder die Strafe zu mildern, wenn ein Täter "durch freiwilliges Offenbaren seines Wissens wesentlich dazu beigetragen hat, dass eine Tat nach § 100a Abs. 2 StPO aufgedeckt werden konnte" oder "freiwillig sein Wissen so rechtzeitig einer Dienststelle offenbart, dass eine Tat nach § 100a Abs. 2 StPO, von deren Planung er weiß, noch verhindert werden kann". Zur Kronzeugenregelung im Einzelnen (insbesondere zu den Bedenken) *König,* NJW 2009, 2481 ff.**

Materiellrechtlich wurden die Vermögensstrafe (§ 43a StGB) und der Erweiterte Verfall (§ 73d StGB) eingeführt. Dadurch sollte dem Staat die Zugriffsmöglichkeit auf das illegal erworbene Vermögen erleichtert werden. Allerdings erklärte das Bundesverfassungsgericht § 43a StGB mit Art. 103 II GG unvereinbar und nichtig.[132] Als Straftatbestände, die sich (u.a.) gegen die Organisierte Kriminalität wenden, sind § 261 StGB (Geldwäsche), § 129 StGB (Bildung krimineller Vereinigungen) und die Delikte des Betäubungsmittelgesetzes zu nennen (§ 29 ff. BtMG).

*Geldwäschegesetz*

**2.** Weiterhin ist das 1993 erlassene *Geldwäschegesetz* zu nennen, welches die Verfolgung des Tatbestands der Geldwäsche (§ 261 StGB) erleichtern soll. Dies geschieht durch eine Mitteilungspflicht der Banken bei bestimmten Geldflüssen.

*Korruptionsbekämpfungsgesetz*

**3.** Das Korruptionsbekämpfungsgesetz von 1997 sollte zur verbesserten Verfolgung der Straftatbestände der §§ 331 ff. StGB führen, indem diese verschärft wurden.

131 Schwind/Scwind, § 29, Rn. 34 ff.

132 BVerfGE vom 20.03.2002 - 2 BvR 794/95 (BGBl. I, S. 1340) = jurisbyhemmer.

**4.** Am 19.02.2005 trat das 37. Strafrechtsänderungsgesetz (BGBl I, 239) in Kraft, das neue Vorschriften zur Bekämpfung des Menschenhandels als Teil der Organisierten Kriminalität (§§ 232, 233, 233a StGB) enthält[133] und Folgeänderungen im Rahmen der §§ 100a, 100c StPO mit sich brachte.

*Europol/Eurojust*

**5.** Zudem wurde durch die Schaffung von Europol im Jahr 1998 und durch die Schaffung von Eurojust im Jahr 2002 ein supranationales Instrumentarium zur Bekämpfung der organisierten Kriminalität geschaffen. Auch wenn Europol eigene exekutive Befugnisse fehlen, werden Daten und kriminalitätsrelevante Informationen gesammelt und analysiert und an die nationalen Behörden weitergegeben. Eurojust als Vorreiter einer europäischen Staatsanwaltschaft hingegen verfügt darüber hinaus über eine eigene Rechtspersönlichkeit und gehörte zum ehemaligen Bereich der Polizeilichen und Justiziellen Zusammenarbeit in Strafsachen (PJZS) gem. Art. 29 ff. EUV a.F., die durch den Vertrag von Lissabon in die Art. 82 ff. AEUV überführt worden ist.

Eurojust soll die Arbeit der nationalen Justizbehörden Europas im Bereich der grenzüberschreitenden organisierten Kriminalität koordinieren und den Informationsaustausch zwischen den nationalen Justizbehörden fördern. Rechtlich ermöglicht wird dies u.a. mit dem „europäischen Haftbefehl" (EUHB)[134] oder der Einrichtung von zentralen Ermittlungs- und Kooperationsstellen für Delikte des Finanzwesens (OLAF = Office de Lutte Anti-Fraude). Nach einem Bericht von OLAF wurden allein im Jahre 2014 234 Untersuchungen eröffnet und 196 Unersuchungen abgeschlossen, wobei Rückforderungen im Umfang von 0,9 Milliarden Euro festgestellt werden konnten.[135]

**hemmer-Methode: Der Kampf gegen das organisierte Verbrechen bedeutet nicht nur eine finanzielle Mehrbelastung von Polizei und Staatsanwaltschaft. Denken Sie auch an die viel diskutierten verfassungsrechtlichen Probleme (Beeinträchtigung der Wohnungs- und Eigentumsgarantie sowie rechtsstaatliche Bedenken)!**

## C. Terrorismus

### I. Begriff

Nach den Vorkommnissen des 11.09.2001 und den ersten terroristisch motivierten Sachverhalten in Deutschland („libanesischer Kofferbomber") ist die Diskussion um die Bekämpfung des - internationalen - Terrorismus wieder neu entflammt. Es existieren verschiedene Formen des Terrorismus:[136] *80a*

- ⇨ *Staatsterrorismus* („von oben"), der zur Verteidigung etablierter Ordnungen dient (Diktaturen, NS-Regime, Todesschwadronen in Brasilien, Ku-Klux-Klan)
- ⇨ *Revoltierender Terrorismus* („von unten"), der etablierte Ordnungen angreift (RAF, IRA, ETA)
- ⇨ *Religiös motivierter Terrorismus* (Al-Qaida, AUM-Sekte)

*Definition des Terrorismus*

Allein schon wegen dieser verschiedenen Erscheinungsformen des Terrors ist es schwierig, den Begriff abschließend zu definieren.

133 Vgl. hierzu Schroeder, NJW 2005, 1393 ff.

134 Zum europäischen Haftbefehl Heintschel-Heinegg/Rohlff, Der Europäische Haftbefehl, GA 2003, 44 ff.

135 Meier, Kriminologie, § 12, Rn. 24.

136 Zu den verschiedenen Erscheinungsformen des Terrorismus: Schwind/Scwind, § 30, Rn. 1 ff.; Neubacher, Kriminologie, Kap. 22, Rn. 1 ff.

Da für die Bekämpfung des Terrorismus aber zumindest Eckpfeiler existieren müssen, um den terroristischen Charakter einer Straftat bejahen zu können, wurde in einem EU-Rahmenbeschluss festgelegt, dass ein Delikt als terroristisch zu qualifizieren ist, wenn

- die Bevölkerung auf schwerwiegende Weise eingeschüchtert,
- öffentliche Stellen oder internationale Organisationen rechtswidrig zu einem Tun oder Unterlassen genötigt
- oder die politische, verfassungsrechtliche, wirtschaftliche oder soziale Grundstruktur eines Landes erheblich destabilisiert bzw. zerstört

werden soll.[137]

Im Unterschied zur Organisierten Kriminalität verfolgen Terroristen ein ideelles Ziel, das sie mit besonders gewaltträchtigen Handlungen gegen die Allgemeinheit und symbolischen Akten der Zerstörung erreichen wollen. Im Übrigen kann eine terroristische Gruppe allerdings auch die typischen Eigenschaften der Organisierten Kriminalität aufweisen (Hierarchie, Anonymität etc.).[138]

## II. Ursachen des Terrorismus

*Gesellschaftspolitische Situation*

Die Ursachen für den Terrorismus sind vielschichtig: Die Struktur, sowie innenpolitische Situation der Gesellschaft (Protestbewegungen, Emanzipationspädagogik) hat maßgeblichen Einfluss auf den Prozess der Entstehung von Terrorismus. **80b**

*Werte- und Kulturkonflikt*

Speziell in Bezug auf den islamistischen Terror wird vermutet, dass die fundamentalen Differenzen zwischen den Glaubensvorstellungen der muslimischen Welt und den westlichen Werten den Grundstein für den Aufschaukelungs- bzw. Radikalisierungsprozess liefern. In den Entwicklungsländern treten Armut, Hunger und Krankheiten hinzu. Weiterhin ist der Einfluss der Medien (früher der des anarchistischen Schrifttums, nun der Diskussionsshows im Fernsehen) nicht zu unterschätzen. Außerdem braucht der Terror zumindest ein Minimum an Unterstützern bzw. eine „Basis“, von und mit der er operieren kann.

*Ideologie = „Neutralisierungstechnik“*

Da die Anhänger des Terrorismus eine Grundidee verfolgen, somit Überzeugungstäter sind, fungiert die Ideologie als Neutralisation für das begangene Unrecht. **80c**

## III. Bekämpfung des Terrorismus

### 1. Strafrechtliche Bekämpfung

*Strafrecht als Mittel zur Prävention?*

Bereits im Jahr 1976 hat der Gesetzgeber mit dem Antiterrorgesetz § 129a StGB eingefügt (Bildung terroristischer Vereinigungen). Die erhöhte Terrorgefahr nach dem 11.09.2001 brachte zahlreiche Änderungspakete mit sich, die auch zu einer wesentlichen Verschärfung des § 129b StGB führten.[139] § 129a StGB erfasst im Wesentlichen Handlungen im Vorfeld von geplanten Straftaten, wenn diese im Zusammenhang mit einer terroristischen Vereinigung stehen. **80d**

137 ABl.EG Nr. L 164, S. 3, zu den verschiedenen Definitionsversuchen Schrader, Kriminalistik 2002, 570; Hetzer, StraFo 2007, 397; Schulz, DRiZ 2014, 54 f.

138 Lesen Sie hierzu Terrorgefahr und Gesetzgebung, Zabel, JR 2009, 453; siehe auch Niewald/Kasecker, Kriminalistik, 2008, S. 4.

139 Vgl. hierzu Schwind/Scwind, § 31, Rn. 20 ff.

Trotz der heftigen Kritik wurde über eine weitere Verschärfung der Vorschriften und Ausweitung auf weitere Vorfeldhandlungen (Teilnahme an Terrorcamps etc.) diskutiert.[140]

Diese Diskussion führte zu dem Gesetz zur Verfolgung der Vorbereitung von schweren staatsgefährdenden Gewalttaten vom 30.07.2009, mit dem in Zukunft besonders gewaltträchtige, terroristisch motivierte Handlungen unter Strafe gestellt werden sollen. Durch die neuen §§ 89a, 89b und 91 StGB werden insbesondere typische Vorbereitungshandlungen (Ausbildung zum Terroristen, Verschaffen von Grundstoffen zur Herstellung von Bomben) sowie das Verbreiten und Anpreisen terroristischer „Anleitungen" (bspw. im Internet[141]) sanktioniert. Die praktische Bedeutung der Vorschriften bleibt abzuwarten.

In diesem Zusammenhang ist auch das am 18.06.2004 in Kraft getretene Luftsicherheitsgesetz zu nennen, das dem Verteidigungsminister das Recht einräumte, in Notfällen den Abschuss entführter Flugzeuge anzuordnen. Allerdings wurde es am 15.02.2006 durch das Bundesverfassungsgericht für verfassungswidrig erklärt.

**hemmer-Methode: Diesbezüglich sollte man sich den Begriff des sog. „Feindstrafrechts" in Erinnerung rufen: Der Begriff Feindstrafrecht ist eine von Jakobs vorgeschlagene Bezeichnung für ein Strafrecht, das bestimmten Gruppen von Menschen (sog. Staatsfeinden) die Bürgerrechte versagt, da sie aus der Sicht des Staates Feinde der Gesellschaft sind und deshalb außerhalb des für die Gesellschaft geltenden Rechts stehen. Das Feindstrafrecht bekämpft die als Feinde bezeichneten Menschen (insbesondere eben auch Terroristen) mit allen zur Verfügung stehenden Mitteln. Es ist deshalb kein Strafrecht im herkömmlichen Sinn, sondern ein von rechtsstaatlichen Bindungen befreites Instrument zur Gefahrenabwehr, in dem keine Beschuldigtenrechte existieren. Wegen der massiven rechtsstaatlichen Bedenken wird dieses Modell von der absolut herrschenden Meinung zu Recht zurückgewiesen.**

## 2. Prozessrechtliche Folgen

*Verdacht wegen Straftat nach § 129a StGB eröffnet §§ 100 ff. StPO*

Die materiell-rechtlich enorme Vorverlagerung der Strafbarkeit eröffnet wiederum zu einem frühen Zeitpunkt die Möglichkeit, (repressive) Ermittlungsmaßnahmen einzuleiten. Telefon- und Wohnraumüberwachungsmaßnahmen nach den §§ 100 ff. StPO, Observierungen und Einsätze verdeckter Ermittler gem. §§ 110a ff. StPO können somit bereits bei einfachen Vergehen erfolgen (vgl. § 100a II Nr. 1d StPO i.V.m. §§ 129a II Nr. 2, 303b StGB). Strafprozessual sowie datenschutzrechtlich nicht unproblematisch ist auch die beim BKA eingerichtete Indexkartei sowie eine sog. Anti-Terror-Datei, in der Personen erfasst werden, die in irgendeiner Form bei der Bekämpfung des Terrorismus bereits aufgefallen sind. Dagegen soll die Überwachung einzelner Verdächtiger mit dem GPS-Ortungssystem keinen verfassungsrechtlichen Bedenken begegnen.[142] 80e

Trotz dieser Möglichkeiten wird auch hier über eine Erweiterung der Ermittlungsbefugnisse diskutiert, so bspw. über eine Regelung zur derzeit noch unzulässigen Online-Durchsuchung, einer Modifikation der Vorratsdatenspeicherung bzw. einer Einfügung biometrischer Daten in Passbilder. Zu diesem Themenbereich gehört auch die umstrittene Einführung eines „Nacktscanners" an Flughäfen.

140 Zum Ganzen Weißer, Der Kampf gegen den Terrorismus - Prävention durch Strafrecht?", JZ 2008, 388 ff.

141 Zu Präventionsmöglichkeiten Willems, FK 2013, 3, 3 ff.

142 Vgl. BVerfG, Az 2 BvR 581/01 = jurisbyhemmer.

### 3. Außerstrafrechtliche Präventionsmaßnahmen

Außerstrafrechtlich wurde im Jahr 2004 ein gemeinsames Terrorismusabwehrzentrum (GTAZ) des Bundes und der Länder eingerichtet, das eine behördenübergreifende Zusammenarbeit gewährleisten soll. Jedoch birgt die Schaffung zahlreicher Über- und Unterorganisationen (Task Force, Arbeitsgruppe Terror Interpol, TREVI-Organisation etc.) immer die Gefahr eines im Ergebnis substanzlosen Aktionismus. Präventiv sollen auch zahlreiche Integrations- und Aufklärungsprojekte v.a. bezüglich des islamistisch motivierten Terrors wirken. Mit Blick auf die nach wie vor relativ geringe Bedeutung terroristischer Straftaten darf aber die hiervon ausgehende Gefahr nicht überbewertet werden. *80f*

## D. Wirtschaftskriminalität

### I. Begriff

In den USA prägte E.H. SUTHERLAND bereits 1945 den Begriff von der „White Collar Crime".[143] Die herrschende Literaturmeinung in Deutschland spricht heute von Wirtschaftskriminalität, wenn *81*

⇨ ein tatsächlicher oder vorgetäuschter wirtschaftlicher Bezug vorliegt,

⇨ die Tat in Ausübung des Berufs erfolgt und

⇨ durch die Tat Vertrauen missbraucht wird (str.).[144]

> ***Bsp.:** Damit gehören zur Wirtschaftskriminalität u.a. die Steuerhinterziehung, Betrug und Untreue, sowie Konkursstraftaten und Kartellabsprachen. Aber auch Waffenschiebereien, Zollstraftaten und die sogenannte Computer-Kriminalität sind Teil dieses Kriminalitätszweigs.*

*Katalog des § 74c GVG*

Die Rechtsprechung hält sich an den Straftatenkatalog des § 74c GVG, der die Zuständigkeit der Wirtschaftsstrafkammern begründet, da somit eine leichtere Abgrenzung möglich ist. Die PKS orientiert sich ebenfalls am Straftatenkatalog des § 74c I Nr. 1 - 6b GVG mit Ausnahme des Computerbetrugs (Nr. 6a), definiert aber weiter den Begriff der Wirtschaftskriminalität[145] als alle Delikte, die im Rahmen tatsächlicher oder vorgetäuschter wirtschaftlicher Betätigung begangen werden und über eine Schädigung des Einzelnen hinaus das Wirtschaftsleben beeinträchtigen oder die Allgemeinheit schädigen können und/oder deren Aufklärung besondere kaufmännische Kenntnisse erfordert.[146] *82*

**hemmer-Methode: Ähnlich wie bei der Organisierten Kriminalität fällt auch die Definition von Wirtschaftskriminalität nicht leicht, da es sich um äußerst dynamische Zusammenhänge handelt. Für die Klausur ist es jedoch ausreichend, wenn man die wesentlichen Merkmale nennt und dann entsprechend subsumiert: Niemand verlangt von Ihnen Detailwissen!**

143 Neubacher, Kriminologie, Kap. 20 Rn. 1.

144 Kaiser/Schöch/Kinzig, Fall 9, Rn. 7 ff.

145 Zu den jüngeren Entwicklungen im Wirtschaftsstrafrecht Achenbach, JURA 2007, 342.

146 Schwind/Scwind, § 21 Rn. 18.

## II. Täterpersönlichkeit

*Täterpersönlichkeit*

Der Wirtschaftsstraftäter entspricht i.d.R. nicht „dem sozialen Stereotyp eines Kriminellen“.[147] Meistens handelt es sich um männliche Personen um die 40 Jahre, die eine gute Ausbildung genossen haben und der Mittelschicht angehören. Wichtig ist, dass sie voll in die Gesellschaft integriert sind und ihnen die soziale Achtung viel bedeutet.[148] 83

## III. Umfang

*Umfang*

Die Wirtschaftskriminalität findet sich zwar in der PKS wieder, jedoch ist über das Dunkelfeld nur wenig bekannt. Außerdem ist zu beachten, dass die Fälle, die von anderen Behörden als der Polizei bearbeitet werden (Finanzbehörden und sog. Schwerpunktstaatsanwaltschaften), nicht in der PKS erscheinen. Ebenso unsicher sind die Aussagen über den wirtschaftlichen Schaden. Die entdeckten Delikte verursachen pro Jahr einen Schaden von ca. 7 Milliarden Euro. 84

Schätzungen bezogen auf Hell- und Dunkelfeld zusammen schwanken zwischen 5 und 27,5 Milliarden Euro.[149]

*Sogwirkung*

Bei der Entwicklung der Wirtschaftskriminalität wird häufig auf die sogenannte *Sogwirkung* hingewiesen.

> ***Bsp.:*** *Ein Unternehmen muss, um konkurrenzfähig zu bleiben, zu den gleichen kriminellen Methoden greifen wie seine Mitbewerber.*

Diese Sogwirkung ist jedoch empirisch noch nicht nachgewiesen.[150]

*Spiralwirkung*

Weiterhin wird auf die Spiralwirkung der Wirtschaftskriminalität aufmerksam gemacht. Sie besagt, dass Wirtschaftskriminalität eine typische Folgekriminalität Dritter hervorruft, wie beispielsweise Urkundenfälschung, Bestechung etc.

## IV. Bekämpfung

### 1. Strafrechtliche Bekämpfung

*Bekämpfung*

Von gesetzlicher Seite her wurde 1976 das Erste Gesetz zur Bekämpfung der Wirtschaftskriminalität (1. WiKG) erlassen, welches u.a. den Subventions- und Kreditbetrug einfügte und die Konkurs- und Wucherstraftaten abänderte. Das 1986 folgende 2. WiKG schaffte im Wesentlichen neue Tatbestände für die Computerkriminalität und den Missbrauch von Scheck- und Kreditkarten im StGB.[151] 85

### 2. Prozessrechtliche Regelungen

Verfahrensrechtlich kam es 1970 zu der Einrichtung von Wirtschaftsstrafkammern bei den Landgerichten (vgl. § 74c GVG) und dazu passenden Schwerpunktstaatsanwaltschaften, mit denen eine effektivere und sachnähere Verfolgung ermöglicht werden sollte. 85a

147 Kaiser/Schöch/Kinzig, Fall 9, Rn. 11.

148 Zur Wirtschaftskriminalität Kölbel, MKS 2008, 22; Maurer, Kriminalistik 2014, 254 ff.

149 Schwind/Scwind, § 21, Rn. 7 ff.

150 Kaiser/Schöch/Kinzig, Fall 9, Rn. 27.

151 In das StGB wurden neu eingefügt die §§ 263a, 269, 303a, 202b, 266b, 264a, 266a StGB.

Dieser Entwicklung ist die Polizei im letzten Jahrzehnt durch die Bildung von Spezialeinheiten zu intensivierten Finanzermittlungen gefolgt, um die Effektivität gewinnabschöpfender Maßnahmen zu erhöhen.[152] Dadurch wurde es ermöglicht, einen wachsenden Anteil der Vermögenswerte gem. §§ 73 ff. StGB a.F., § 111b StPO a.F. abzuschöpfen und den Verbrechensopfern als sog. Rückgewinnungshilfe zur Verfügung zu stellen. Über die Wirksamkeit der seit dem 01.07.2017 in Kraft getretenen neuen Instrumente der Einziehung sind noch keine validen Erkenntnisse vorhanden.

### 3. Außerstrafrechtliche Konzepte

Daneben wird auch auf außergerichtlichem Weg versucht, die Wirtschaftskriminalität zu bekämpfen. Die Ansicht, die zu diesem Zweck ein stärker dirigistisch geprägtes Wirtschaftssystem fordert, ist jedoch abzulehnen, da dies unserer freien Marktwirtschaft widerspricht und neue Formen der Wirtschaftskriminalität provoziert. Auch die öffentliche Verwaltung versucht, durch stärkere Kontrollen bei der Vergabe von Subventionen ihren Teil zur Verringerung der Wirtschaftskriminalität beizutragen. *85b*

### 4. Probleme bei der Bekämpfung

Die strafrechtliche Verfolgung von Wirtschaftskriminellen erweist sich als außerordentlich schwierig. Dies liegt zum einen an der Komplexität der Materie: Meist wird der Täter unter dem Deckmantel der Legalität gehandelt haben und durch komplizierte Transaktionen die Rückverfolgung erschweren. Dem Gericht bzw. der Staatsanwaltschaft liegen in der Regel große Mengen an zu untersuchendem Material (Akten, Bilanzen etc.) vor. *86*

Diese sind wegen ihres stark wirtschaftlichen Bezuges nur schwer auszuwerten, viele Handlungen liegen im Graubereich der Kriminalität. Problematisch ist neben der Durchforstung der Unterlagen auch der Nachweis des Schädigungsvorsatzes, da die Abwälzung der Verantwortung in einem Unternehmen leichtfällt.

Daher verwundert es nicht, dass die Verfahrensdauer (etwa ein bis anderthalb Jahre) über dem Durchschnitt liegt und es nicht selten zu Absprachen zwischen Verteidigung und Staatsanwalt kommt.

**hemmer-Methode: Wichtig ist bei den einzelnen Kriminalitätsarten, einige Schlagworte im Gedächtnis zu behalten, an denen man sich in der Klausur „entlanghangeln“ kann. Ein grober Überblick reicht aus. Im Zusammenhang mit der Wirtschaftskriminalität sollte im Übrigen die Umweltkriminalität beachtet werden, lesen Sie hierzu das entsprechende Kapitel in: Schwind, § 22!**

### Exkurs: Kriminalität im vereinten Europa

*Grenzöffnung als kriminalpolitisches Problem*

Der Wegfall der Grenzkontrollen innerhalb der EU und die daraus resultierenden Folgen werfen einige kriminalpolitische Probleme auf.[153] *87*

So vermindert die Grenzöffnung[154] das Entdeckungsrisiko für Verbrecher, eröffnet zusätzliche Fluchtmöglichkeiten und erleichtert die Verbreitung von Falschgeld, gestohlenen Kfz, Drogen, Waffen, etc.

152 Kaiser/Schöch/Kinzig, Fall 9, Rn.17.

153 Vgl. zu diesem Thema Schwind/Scwind, § 31.

154 Der Amsterdamer Vertrag von 1997 sah innerhalb von fünf Jahren eine Ausdehnung der Schengener Abkommen auf alle EU-Staaten vor, Schwind/Scwind, § 31, Rn. 27.

Es wird befürchtet, dass Deutschland wegen seiner zentralen Lage in der EU und seiner Wirtschaftskraft zu einem Anziehungspunkt für das organisierte Verbrechen werden wird.

Um dieser Besorgnis zu begegnen, wäre es erforderlich, den veränderten Sicherheitsbedingungen durch entsprechende Möglichkeiten in der Strafverfolgung zu begegnen.

Die in Art. 67 AEUV formulierten Zielvorstellungen wurden praktisch bislang kaum realisiert. Einen frühen Ansatz hierzu stellte das auf dem EU-Gipfeltreffen in Tampere 1999 beschlossene Aktionsprogramm dar (damals waren die Ziele der sogenannten Dritten Säule, der Polizeilichen und Justiziellen Zusammenarbeit auf dem Gebiet des Strafrechts - PJZS - noch in den Art. 29 ff. EUV a.F. geregelt): Neben der Stärkung der Befugnisse des europäischen Polizeiamtes EUROPOL soll die Zusammenarbeit in den Bereichen Justiz und Inneres verbessert werden. Dessen rechtliche Grundlage war das 1994 vorgelegte, 1995 unterzeichnete und bis 1998 von allen Mitgliedstaaten ratifizierte EUROPOL-Übereinkommen.[155]

*EUROPOL-Übereinkommen*

EUROPOL befand sich zunächst in einer längeren Entstehungsphase. In Art. 30 II EUV a.F. hieß es, dass es EUROPOL bis zum Jahr 2002 ermöglicht werden müsse, die „Vorbereitung spezifischer Ermittlungsmaßnahmen der zuständigen Behörden der Mitgliedstaaten in unterstützender Funktion zu erleichtern (sowie) sich an die zuständigen Behörden der Mitgliedstaaten mit dem Ersuchen zu wenden, Ermittlungen in speziellen Fällen vorzunehmen und zu koordinieren". Allerdings wurden EUROPOL noch keine operativen Handlungsbefugnisse, d.h. eigene Ermittlungszuständigkeiten, zugestanden.[156]

*Eurojust*

Im Zuge des Haager Programms von 2004 rückte Europol weiter in das Zentrum einer EU-weiten Kooperation auf dem Gebiet der Strafverfolgung, nachdem kurz zuvor bereits ein Kooperationsabkommen mit der 2002 eingerichteten „Europäischen Einheit für justizielle Zusammenarbeit" (Eurojust) unterzeichnet worden war.

*EUROPOL-Beschluss*

Im Jahre 2009, nach dem Inkrafttreten des Reformvertrags von Lissabon und der Überführung der bisherigen intergouvernementalen Zusammenarbeit in der Dritten Säule in die „neue" EU, verschaffte der Rat der Europäischen Union mit Beschluss vom 6. April 2009[157] EUROPOL eine neue Rechtsgrundlage, welche zum 1. Januar 2010 das EUROPOL-Übereinkommen abgelöst hat. Rechtsgrundlage für diesen Beschluss sind die Art. 30 und 34 EUV. Wesentliche Neuerungen brachte der EUROPOL-Beschluss durch die Festschreibung der Funktion EUROPOLs als Zentralstelle für die Bekämpfung der Geldfälschung im Hinblick auf die Unionswährung Euro, die Möglichkeit zur Erschaffung neuer Datenbanken sowie die parlamentarische Kontrolle durch das Europäische Parlament. Zugleich ist EUROPOL zu einer Agentur der Europäischen Union geworden.

*Zuständigkeiten EUROPOL*

Nach gegenwärtiger Rechtslage ist Europol für typischerweise grenzüberschreitende Delikte wie Betäubungsmittelhandel, Geldwäsche, organisierte Kriminalität, Schleuserkriminalität, Waffenhandel und Terrorismus zuständig.

**Exkurs Ende**

155 ABl. EG Nr. C 316 vom 27. November 1995, S. 2 ff.

156 Schwind/Scwind, § 31, Rn. 52.

157 ABl. EU Nr. L 121 vom 15. Mai 2009, S. 37 ff.

## E. Verkehrskriminalität

### I. Begriff und Umfang

**hemmer-Methode: Verkehrskriminalität fällt aus dem Rahmen der sonstigen Kriminalitätsbereiche, da die Teilnahme am Verkehr jeden betrifft und jeder potentieller Täter und Opfer ist. Zudem ist sie nicht in der PKS enthalten.[158]**

#### 1. Delikte

Die häufigsten Delikte sind Trunkenheit im Verkehr, fahrlässige Körperverletzung, Fahren ohne Fahrerlaubnis und Unfallflucht. Damit lassen sich die Taten in zwei Gruppen einteilen: die fahrlässigen Straftaten und die vorsätzlich begangenen wie Fahren ohne Fahrerlaubnis oder Unfallflucht. 88

#### 2. Besonderheiten

*Empirische Zusammenhänge*

Bei der Betrachtung der Verkehrskriminalität sind einige empirische Fakten von großer Bedeutung:[159] 89

- Ca. ein Drittel aller abgeurteilten Straftaten wurden im Straßenverkehr begangen.
- Unfälle mit Pkws sind seltener als mit Lkws, Straßenbahnen oder Zweirädern.
- Es besteht ein Zusammenhang zwischen der Anzahl der Kraftfahrzeuge und der Unfallrate.
- Die Verkehrsauffälligkeit nimmt zwar ab, liegt jedoch in Deutschland höher als in den USA, England, Dänemark, usw.

Schwankungen der registrierten Taten sind auf unterschiedlich intensive Strafverfolgung zurückzuführen, nicht unbedingt auf tatsächliche Veränderungen.

### II. Täterpersönlichkeit

*Täterpersönlichkeit*

Insbesondere bei den Fahrlässigkeitstaten ist der „typische Verkehrsdelinquent" kaum herauszukristallisieren. Bedeutsam ist jedoch, dass fehlende Fahrerfahrung zu einem gesteigerten Unfallrisiko führt, daher sind Verkehrsteilnehmer (und hier die männlichen) zwischen 18 und 25 Jahren überrepräsentiert.[160] Ansonsten kann festgestellt werden, dass mehrfach straffällig gewordene Personen auch wiederum im Straßenverkehr auffallen (sogenannte Mehrfach- oder Vielfachtäter). Als dritter Punkt muss der Zusammenhang zwischen Alkoholkonsum und Verkehrsdelinquenz angeführt werden.[161] 90

158 Vgl. Rn. 33.

159 Kaiser, Kriminologie, 3. Aufl., § 77, Rn. 6 ff.

160 Kaiser, Kriminologie, 3. Aufl., § 77, Rn. 17.

161 Göppinger, § 27, Rn. 48.

### III. Alkohol und Verkehrskriminalität

*Alkohol und Verkehrsdelikte*

Die Alkoholisierung von Verkehrsteilnehmern hat wesentlichen Einfluss auf die Begehung von Straftaten. So war bei ca. 60% der wegen Straßenverkehrsdelikten Verurteilten Alkohol im Spiel; ca. 6,5% der Unfälle mit Personenschäden gehen auf Trunkenheit zurück.[162] Nicht zu unterschätzen ist hierbei die Rolle der Alkoholiker, die im Gegensatz zu den Gelegenheitstrinkern noch mit sehr hohem Promillegehalt fahren. 91

Die Personen, die durch Trunkenheit im Verkehr auffällig werden, haben eine hohe Rückfallquote. Eine Einstellung des Verfahrens ist bei ihnen die Ausnahme, hauptsächlich werden Geldstrafen verhängt.

### IV. Bekämpfung

*Bekämpfung*

Immer wieder wird über eine Herabsetzung der Promillegrenze auf null diskutiert.[163] Dieser Ansatz ruft jedoch folgende Bedenken hervor: Das Verbot, betrunken Auto zu fahren, stößt auf eine sehr große Akzeptanz innerhalb der Bevölkerung. Wird diese von der Gesellschaft verinnerlichte Norm derartig verschärft, kann dies dazu führen, dass das Verbot nicht mehr ernstgenommen wird und sich eine „Pechvogel-Mentalität" herausbildet. Dass trotz der akzeptierten Regel mit Alkohol gefahren wird, liegt also nicht an der zu laxen Norm.[164] 92

Vielmehr ist an eine Ausweitung der Nachschulungen und Verkehrskontrollen zu denken. Auch wird die Ausgestaltung des Fahrverbots als Hauptstrafe diskutiert.

Für alkoholkranke Verkehrsteilnehmer besteht die Möglichkeit, eine Weisung bzgl. einer Entziehungskur oder Heilbehandlung anzuordnen (§ 56c III StGB, wobei hier die Einwilligung des Täters notwendig ist).

## F. Ausländerkriminalität

### I. Umfang

### 1. Statistik

Der Anteil der Nichtdeutschen an der Gesamtzahl der Tatverdächtigen liegt über ihrem Anteil an der Gesamtbevölkerung. 93

> ***Bsp.:*** *2020 waren 28,5% aller erwachsenen Tatverdächtigen Nichtdeutsche, ihr Anteil an der Gesamtbevölkerung lag zum 31.12.2020 bei 26,7%.*

Neben den Verstößen gegen das Ausländer- und Asylverfahrensgesetz gibt es Deliktsbereiche, in denen Nichtdeutsche überrepräsentiert sind.[165] Hierzu gehören Urkundenfälschung, Glücksspiel, Taschendiebstahl, Geldwäsche und Drogenhandel.[166]

---

162 Göppinger, § 27, Rn. 47.

163 BVerfG, NJW 95, 125 = **juris**byhemmer, zur Herabsetzung der absoluten Fahruntüchtigkeit von 1,3 auf 1,1 Promille!

164 Schöch, NStZ 91, 11; Kaiser, Kriminologie, § 78, Rn. 5.

165 Neubacher, Kriminologie, Kap. 5 Rn. 2 f.

166 Vgl. PKS Jahrbuch 2013, S. 114.

Aber auch bei Raub, Vergewaltigung und Mord liegt eine überdurchschnittliche Beteiligung vor. Unterrepräsentiert sind Nichtdeutsche demgegenüber bei Delikten wie Beteiligungs- und Anlagebetrug, Untreue, Insolvenzstraftaten sowie Volksverhetzung.[167]

**hemmer-Methode: Vorsicht! Die Zahlen scheinen eindeutig zu sein. In der Klausur kommt es nun darauf an, die Statistik zu hinterfragen![168]**

### 2. Korrektur der Statistik

*Korrektur der Statistik*

Es gilt jedoch einige Fakten zu beachten, die die Statistik möglicherweise verzerren können: 94

- gewisse Straftaten (Verstöße gegen das Ausländer- oder Asylverfahrensgesetz) können nur von Nichtdeutschen begangen werden,
- Touristen und illegal Eingereiste finden sich zwar in der PKS, nicht aber in der Bevölkerungsstatistik wieder,
- Nichtdeutsche leben überwiegend in Ballungszentren, in denen die Anfälligkeit für Kriminalität höher ist als auf dem Land (vgl. ökologische Kriminalitätstheorien).
- Divergierende Strafverfolgungspraxis der zuständigen Behörden: Diese überprüfen Ausländer (nicht zuletzt im Hinblick auf mögliche Verstöße gegen das AuslG bzw. AsylVfG) relativ häufig. Die verstärkte Kontrolle hat stets eine erhöhte Aufdeckung von Straftaten zur Folge (sog. „Lüchow-Dannenberg-Syndrom")

Nichtdeutsche gehören überwiegend zu den ohnehin kriminalitätsbelasteten Alters-, Geschlechts- und Sozialgruppen (größerer Anteil der männlichen Ausländer aus unterprivilegierten Schichten).

## II. Ursachen für Ausländerkriminalität

Korrigiert man die Statistik entsprechend den genannten Aspekten, so fällt dennoch auf, dass Ausländer unter den Straftätern und Strafgefangenen überproportional vertreten sind. So waren bei den Straftaten insgesamt ohne Straftaten gegen das Ausländergesetz und das Asylverfahrensgesetz im Jahr 2007 dennoch 19,0% der Tatverdächtigen Nichtdeutsche[169], im Jahr 2011 20,8%[170] und 2013 22,6%.[171] 2017 belief sich der Wert sogar auf 30,3%,[172] bevor er 2020 wieder auf 28,5 % sank.[173] 94a

Fragt man nun nach den Ursachen für die überproportionale Kriminalitätsbelastung, ist eine Differenzierung nach der jeweiligen Ausländergruppe und nach dem Grund des Aufenthalts vorzunehmen:

### 1. Ausländergruppen

#### a) Erste Gastarbeitergeneration

*Erste Gastarbeitergeneration*

Die erste Gastarbeitergeneration weist keine besonders erhöhte Kriminalitätsbelastung auf, sondern ist im Arbeitsleben der Gesellschaft integriert.[174] 95

167 Vgl. PKS Jahrbuch 2013, S. 114.
168 Vgl. Bayerische Examensklausur 97/I, 8.
169 Zur Ausländerkriminalität Reuter, Kriminalistik 2008, S. 559.
170 Vgl. BKA, PKS 2011, S. 122.
171 Vgl. BKA, PKS 2013, S. 113.
172 Vgl. BKA, PKS 2017, S. 91.
173 VGl. BKA, PKS 2020.
174 Göppinger, § 24, Rn. 91; Kaiser, Kriminologie, 10. Auflage, S. 348.

### b) Zweite und Dritte Gastarbeitergeneration

*Zweite und Dritte Gastarbeitergeneration*

96 Zur Erklärung der Kriminalität der 2./3. Gastarbeitergeneration wird häufig Sellin`s *Kulturkonfliktstheorie*[175] herangezogen, die in dem inneren Kulturkonflikt der jungen Ausländer die Ursachen sieht. Ebenso wird auf den *labeling-approach* (Etikettierungsansatz)[176] hingewiesen, da Nichtdeutsche einer schärferen Verfolgung durch die Strafverfolgungsbehörden ausgesetzt seien. Zu beachten ist auch die *sozialstrukturelle Benachteiligung*, die sich in der Schichtzugehörigkeit, Sprachschwierigkeiten, Wohnortbedingungen und den Chancen am Arbeitsmarkt niederschlägt.

## 2. Zuwanderer

*Zuwanderer*

97 Eine wesentliche Rolle bei der Ausländerkriminalität spielen die Zuwanderer (Asylbewerber bzw. Wirtschaftsflüchtlinge und Aussiedler). Hier stiegen die Zahlen der Asylbewerber und damit auch der Tatverdächtigen bis zu dem sog. Asylkompromiss im Jahr 1993[177], danach war ein Rückgang zu verzeichnen. Dennoch machen Asylbewerber nach den Illegalen die am stärksten belastete Gruppe unter den Nichtdeutschen aus.

### Exkurs 1: Belastungen der Justizvollzugsanstalten

97a Derzeit sind rund 40% der in Deutschland inhaftierten Untersuchungsgefangenen ausländische Staatsbürger. Der Anteil der Nichtdeutschen im Strafvollzug für Jugendliche betrug noch im Jahr 2007 rund 20%, im Strafvollzug für Erwachsene über 20%. Zum Stichtag 31.03.2013 betrugen diese Anteile bereits 21,19% (Jugendliche) bzw. 23,73% (Erwachsene). Der steigende Anteil an Ausländern in den Justizvollzugsanstalten stellt diese vor erhebliche Probleme, welche sich angesichts der 2017 auf 27,9% Gesamtanteil von Ausländern im Strafvollzug noch weiter verschärfen: 2020 belief sich der Anteil sogar schon auf 34,0 %.

*Verständigungsschwierigkeiten*

**1.** Verständigungsschwierigkeiten: Der Vollzug wird durch Verständigungsschwierigkeiten zwischen Bediensteten und Insassen erheblich erschwert. Bereits die Behandlung des Gefangenen, die mit diesem erörtert werden soll (§ 6 III StVollzG), oder die Erstellung eines Vollzugsplanes (§ 7 StVollzG) bzw. dessen Durchsetzung und die Vermittlung der im Vollzug geltenden Regeln können aufgrund der Sprachbarrieren häufig nicht stattfinden.

*Verschiedene Nationalitäten und Religionszugehörigkeiten*

Verschiedene Nationalitäten und Religionszugehörigkeiten, die Konfliktpotential zwischen den Strafgefangenen darstellen: Hier kommt es zu erheblichen Spannungen, wenn es sich um Angehörige verfeindeter Gruppen handelt (z.B. bei Gefangenen, die aus dem ehemaligen Jugoslawien stammen). Aufgrund fehlender Ausweichmöglichkeiten erscheinen Auseinandersetzungen unvermeidlich. Eine Eindämmung dieses Problems durch Trennung der Gefangenen hat häufig die Bildung sog. Subkulturen zur Folge.

*Ausländerfeindlichkeit*

**2.** Ausländerfeindlichkeit der Vollzugsbediensteten: Weiteres Konfliktpotential entsteht durch ausländerfeindliches Verhalten einiger Bediensteter.

175 Vgl. zur Theorie und Kritik Rn. 31.

176 Vgl. zur Theorie und Kritik Rn. 25.

177 Neu eingeführt wurde Art. 16a GG.

Die zwischen den Inhaftierten und den Vollzugsbediensteten grundsätzlich existierenden Spannungen werden durch Verständigungsschwierigkeiten und den Argwohn bezüglich fremder Kulturen noch verschärft, was häufig zu regelrechten Kleinkriegen zwischen diesen Gruppen führt.

Angeheizt wird dieser Konfliktherd bisweilen auch durch ausländerfeindliches Verhalten deutscher Strafgefangener.

*Abschiebehäftlinge*

**3.** Behandlung der Abschiebehäftlinge (Abschiebehaft gem. § 57 AuslG).

Aufgrund fehlender räumlicher Kapazitäten werden auch Personen, die sich in Abschiebehaft befinden, in Justizvollzugsanstalten untergebracht. Bereits im Hinblick auf die zu wahrende Menschenwürde (Art. 1 I GG) erscheint dies bedenklich, da sie nicht wegen einer Straftat (Strafhaft) oder wegen des Verdachts einer Straftat (Untersuchungshaft) inhaftiert sind, aber sich wie Strafgefangene in Justizvollzugsanstalten befinden. Aber auch die realen Folgen dieser Praxis sollten nachdenklich stimmen, denn die Suizidrate der Abschiebehäftlinge, die sich in JVAs befinden, ist außergewöhnlich hoch.

*Überlastung*

**4.** Überlastung: Die Zunahme von Strafgefangenen ausländischer Staatsangehörigkeit wirkt sich natürlich auch auf die Kapazitäten der Justizvollzugsanstalten aus. Grundsätzlich sind gem. § 18 I S. 1 StVollzG[178] die Gefangenen während der Ruhezeit allein in den Hafträumen unterzubringen. Gem. § 201 Nr. 3 StVollzG dürfen jedoch in Anstalten, mit deren Errichtung vor dem 01.01.1977 begonnen wurde, Gefangene gemeinsam untergebracht werden, solange die räumlichen Verhältnisse es erfordern.

Der Wertung des Gesetzes ist zu entnehmen, dass die gemeinsame Unterbringung nur die ultima ratio darstellen darf, eine Einzelunterbringung aber die Regel sein muss. Die ist jedoch nicht der Fall. Aufgrund faktischer Zwänge sind die Justizvollzugsanstalten erheblich überbelegt. Die daraus resultierenden Spannungen und Konflikte wirken hinsichtlich des Resozialisierungsprozesses kontraproduktiv und lassen eine angemessene Behandlung der Gefangenen kaum zu. Als Folge ist ein gespanntes Verhältnis der Gefangenen untereinander sowie zu den Bediensteten festzustellen.

**Exkurs Ende**

**Exkurs 2: Sozialisationsauftrag/Ausweisung**

Die Aufgaben des Strafvollzugs sind in § 2 StVollzG niedergeschrieben. Primär liegt das Ziel des Vollzugs in der Resozialisierung des Gefangenen. Dies wird durch den in Klammern gesetzten Zusatz noch bekräftigt (vgl. § 2 S. 1 StVollzG). Aus dem klaren Wortlaut des Gesetzes ergibt sich, dass der Gefangene unabhängig von seiner Staatsangehörigkeit resozialisiert werden soll. In der Praxis hingegen sehen die Behörden bei Straftätern, die nicht der einheimischen Wohnbevölkerung angehören, von der Vollstreckung ab, wenn der Straftäter aus der BRD ausgewiesen oder ausgeliefert wird (§ 456a StPO). Allerdings stellt § 456a I StPO eine Ermächtigungsgrundlage dar, die der Behörde einen Ermessensspielraum einräumt. Sieht daher die Behörde pauschal von der Vollstreckung der Freiheitsstrafe ab, wenn der Fall einer Auslieferung oder Ausweisung vorliegt, so liegt ein Fall eines Ermessensdefizits vor. Die Vollstreckungsbehörde handelt ermessensfehlerhaft. 97b

**Exkurs Ende**

178 In Baden-Württemberg (§ 13 I S. 1 JVollzGB III) sowie in Bayern (Art. 20 I S. 1 BayStVollzG) handelt es sich lediglich um Sollvorschriften.

## G. Drogenkriminalität

### I. Begriff

*Drogenbegriff*

Drogen sind natürliche oder chemische Stoffe, die nach Einnahme die physische oder psychische Wahrnehmung verändern. Unter *Drogen* fallen nicht nur die Betäubungsmittel i.S.d. BtMG (bspw. Cannabis, Heroin, Kokain), sondern auch legale Drogen wie Nikotin und Alkohol.[179] 98

**hemmer-Methode: Eine vollständige Besprechung sämtlicher Rauschmittel würde hier den Rahmen sprengen. Verschaffen Sie sich einen Überblick über die wichtigsten Drogen in: Schwind, § 27, Rn. 2 ff.!**

*Definition „Sucht“*

Ein weiterer wichtiger Begriff ist der der *Sucht*. Hierunter versteht man

- ⇨ das übermäßige Verlangen nach der Droge,
- ⇨ verbunden mit dem Verlangen, die Dosis zu erhöhen, wobei
- ⇨ eine psychische oder körperliche Abhängigkeit eintritt und
- ⇨ eine Gefährdung des Individuums oder der Gesellschaft durch die dauernde Einnahme entsteht.[180]

### II. Ursachen

*Ursachen*

Immer schon wurde nach Gründen für die Drogenabhängigkeit gesucht.[181] Wiederum sind einseitige Erklärungsversuche fehl am Platz. Teilweise wird von einem Zusammenspiel der *Persönlichkeit* des Konsumenten, seines sozialen *Milieus* und schließlich der Art der *Droge* selbst ausgegangen.[182] 99

*Schrittmachertheorie*

In diesem Zusammenhang wird auch die *Schrittmachertheorie (stepstone-Theory)* diskutiert, die von Haschisch als der Einstiegsdroge ausgeht, die in der Folge zu einem Verlangen nach härteren Drogen führt. Sie ist allerdings empirisch nicht nachgewiesen, da zwar sicher ist, dass Konsumenten von harten Drogen auch Cannabis rauchten, aber umgekehrt nur wenige Cannabis-Konsumenten auf harte Drogen übergegangen sind.[183]

### III. Drogenkriminalität

#### 1. Einteilung

Die Drogenkriminalität kann in verschiedene Bereiche aufgeteilt werden: 100

179 Zum Thema Alkohol und Kriminalität siehe Schwind/Scwind, § 26.

180 Schwind/Scwind, vor § 26, Rn. 3.

181 Zur Drogenkriminalität Wittke, Kriminalistik, 2009, S. 451.

182 Vgl. zu dieser „Trias des Ursachenmodells“ Schwind/Scwind, § 27, Rn. 12, Übersicht 69.

183 Schwind/Scwind, § 27 Rn. 14 f.

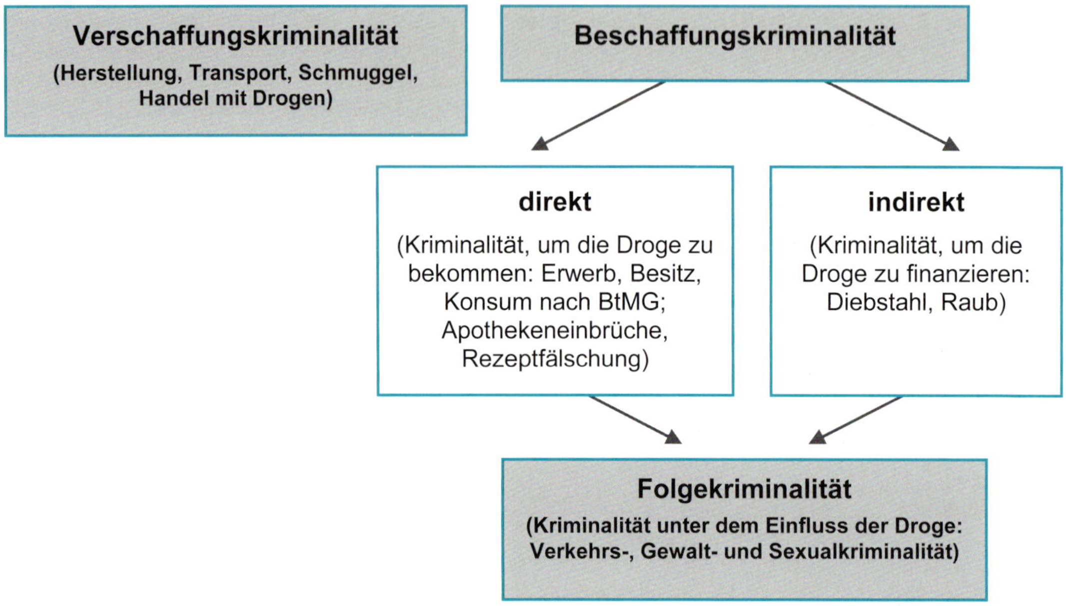


## 2. Umfang

*Umfang*

Die Drogenkriminalität nimmt insbesondere bei den Drogen Cannabis und Heroin zu. Es ist ein Stadt-Land-Gefälle zu beobachten, wobei Frankfurt a.M. im Hinblick auf die Häufigkeitszahl (Fälle pro 100.000 Einwohner) die unangefochtene Spitzenposition einnimmt, gefolgt von Hannover, Bremen und Oberhausen.[184] Die neuen Länder sind vergleichsweise gering belastet, wobei die Tendenz in den letzten Jahren wieder steigend ist (z.B. Thüringen: Häufigkeitszahl im Jahr 1997: 69; im Jahr 2004: 323; im Jahr 2008: 241; im Jahr 2011: 353; im Jahr 2013: 401;[185] im Jahr 2017: 418, im Jahr 2020: 597). Bei der Frage nach dem Anstieg der Drogenkriminalität ist eine verschärfte Vorgehensweise der Polizei und Staatsanwaltschaft als mögliche Ursache zu beachten. 101

## 3. Bekämpfung

*Bekämpfung durch den Gesetzgeber*

**a)** Der Gesetzgeber hat durch die Einführung des BtMG den Kampf gegen die Drogenkriminalität wesentlich verschärft, gleichzeitig aber auch den Therapiegedanken in den Vordergrund gestellt. 102

Zur erleichterten Strafverfolgung von Herstellern, Händlern und Konsumenten hat das „Gesetz zur Bekämpfung des illegalen Rauschgifthandels und anderer Erscheinungsformen der Organisierten Kriminalität“ (OrgKG)[186] beigetragen.

Der Schwerpunkt der öffentlichen Diskussion liegt nach wie vor bei der Frage der Legalisierung des Drogenkonsums, da sich die Befürworter eine Verringerung der Drogenkriminalität erhoffen.[187] Einen „Kompromiss“ stellen diesbezüglich die speziellen Einstellungsvorschriften nach §§ 31a ff. BtMG dar, die speziell beim Erwerb geringer Mengen zum Eigenkonsum Anwendung finden. Die Einstellungspraxis divergiert aber zwischen den Ländern enorm, weswegen das Bundesverfassungsgericht in seinem berühmten Cannabis-Beschluss Korrekturen angemahnt hat.[188]

---

184 Vgl. BKA, PKS 2013, S. 247.

185 Vgl. BKA, PKS 2013, S. 246.

186 Vgl. Rn. 80.

187 Kreuzer, NJW 94, 2400; Quensel, KrimJ 80, 1.

188 BVerfGE 90, 145 = **juris**byhemmer.

*Bekämpfung durch Prävention*

**b)** Auf der anderen Seite gilt es, z.B. durch Prävention in der Öffentlichkeit und in der Schule, vor dem Einstieg in die Drogenwelt zu warnen. Ebenfalls präventiv wirken Therapieprogramme (Stichwort Methadon-Abgabe), die den Rückfall der Konsumenten verhindern helfen (sog. Rückfallprävention). Insofern gilt im BtMG die Maxime „Therapie statt Strafe".

**hemmer-Methode: Natürlich müssen Sie nicht alles auswendig lernen, allgemein Bekanntes fällt Ihnen in der Klausur ohnehin ein. Merken Sie sich ein Schema für alle Kriminalitätsbereiche (Begriff, Umfang, Ursachen, Bekämpfung usw.) und lernen Sie nur die Dinge, die man nicht ohne weiteres herleiten kann (Definitionen, Fachbegriffe, neue Gesetze zur Bekämpfung u.ä.).**

## H. Kriminalität von und an alten Menschen

### I. Kriminalität von Alten

#### 1. Begriff

*Alterskriminalität*

Unter Alterskriminalität versteht man kriminelles Verhalten, das von alten Menschen (Menschen ab 60 Jahre) verübt wird. *103*

#### 2. Ursachen

Die Ursachen für Kriminalität sind im Wesentlichen *103a*

- ⇨ Ausgliederung aus der Gesellschaft
- ⇨ Statusverlust mit Pensionierung, evtl. finanzielle Einbußen
- ⇨ Geringe Sozialkontrolle
- ⇨ Übermaß an Freizeit

Insgesamt ist der Anteil an der Gesamtkriminalität mit ca. 5% sehr gering. Dies liegt zum einen daran, dass mit zunehmendem Alter physische und psychische Abbauerscheinungen die kriminelle Energie reduzieren.

Andererseits haben ältere Menschen in der Regel auch weniger soziale Kontakte, somit auch weniger soziale Konflikte und weniger Gelegenheiten, deliktisch zu handeln.

#### 3. Deliktsarten

Generell ist festzustellen, dass alte Menschen bei keiner bestimmten Deliktsart die dominierende Tätergruppe darstellen und sich in den typischen Delikten widerspiegelt, dass es sich bei Kriminalität von alten Menschen um eine **Kriminalität der Schwäche** handelt. So sind die häufigsten Straftaten: *103b*

- ⇨ Verbale Beleidigung
- ⇨ Straßenverkehrsdelikte, hervorgerufen hauptsächlich durch Leistungsrückgang und Unaufmerksamkeit
- ⇨ Vermögensdelikte ohne Gewaltanwendung (insbesondere Ladendiebstahl)

Das Vorurteil vom „bösen alten Onkel“ als typischem Kinderschänder (sog. „Lustgreistheorie“) ist wissenschaftlich nicht haltbar und widerspricht zudem der Alterskriminalität als einer Kriminalität der Schwäche. *Wenn* ältere Menschen Sexualdelikte begehen, dann in der Regel nur verbal oder durch Exhibitionismus.

## II. Kriminalität an Alten

Grundsätzlich ist festzuhalten, dass ältere Menschen für potentielle Straftäter - sowohl finanziell als auch körperlich (man denke hier an Sexualdelikte) - an Attraktivität verlieren. Die Viktimisierung dieser Altersstufe ist daher unterdurchschnittlich: Ältere Menschen ab 60 Jahren wurden, außer bei vollendetem Mord und Totschlag (aber kleine absolute Zahlen) und bei Raub (meist Handtaschenraub) verhältnismäßig selten als Opfer erfasst. Die Kriminalitätsfurcht hingegen ist bei älteren Menschen sehr hoch, weil sie sich schwach und unsicher fühlen. 104

Faktoren, die ältere Menschen dennoch anfällig für eine Opferrolle machen, sind folgende:

- Soziale Isolation, noch verstärkt durch geringe Mobilität
- Besondere Verletzbarkeit aufgrund körperlicher Schwäche
- Angewiesensein auf andere Menschen

Gerade auf den letzten Punkt soll noch kurz gesondert eingegangen werden. Bisher vernachlässigt wurden Straftaten von Pflegepersonal und Familie an pflegebedürftigen alten Menschen. Erst in letzter Zeit wird die Öffentlichkeit durch schockierende Fernsehberichte und statistische Veröffentlichungen auf diese Problematik aufmerksam gemacht.

Die Dunkelziffer solcher Delikte - es handelt sich im Wesentlichen um körperliche Misshandlungen, Vernachlässigung, finanzielle Ausbeutung, Beschimpfungen und Willensbeeinträchtigungen - ist sehr hoch.

Dies ist vor allem darauf zurückzuführen, dass die Opfer aus Angst vor Abschiebung ins Heim, vor der Rache des Pflegepersonals oder vor noch größerer Einsamkeit keine Anklage erheben. Auch gesellschaftlich war dieses Thema lange Zeit ein Tabu, s.o.

Die Gründe für diese Straftaten sind verschieden. Unter anderem kann auch hier wieder die sog. Zyklusthese als lerntheoretischer Ansatz herangezogen werden (vgl. Rn. 71).

### I. Massenkriminalität

*Definition „Massenkriminalität“*

Auch der Begriff der Massenkriminalität taucht mehrmals in der Kriminologie auf. Die Einordnung als Massendelikt spielt kriminologisch gesehen im Rahmen der Viktimologie sowie der Kriminalpolitik eine Rolle (bspw. bei Entkriminalisierungsbestrebungen durch Einfügen von Antragserfordernissen, Strafmilderungsvorschriften etc.). Wegen der offenen Formulierungsweise kann der Begriff mehrdeutig interpretiert werden.[189] 105

189 Zum Begriff der Massenkriminalität Streng, ZJJ 2008, 148.

*Täterorientierte Begriffserklärung*

Einmal könnte man Massenkriminalität so verstehen, dass sich der Begriff „Masse“ auf den Täter bezieht, er also entweder aus der Masse heraus (also die Begehung als „Mob“, so bei der Gefangenenmeuterei oder dem Landfriedensbruch) agiert, oder der einzelne Täter gemeint ist, der massenhaft delinquent wird.

*Begriff des Massendelikts nach h.A. wohl tatbezogen*

Geläufiger dürfte eine Auslegung dahingehend sein, dass sich der Begriff auf die „Tat“ bezieht, also diejenigen Delikte gemeint sind, die besonders häufig begangen werden. Hierbei kann man sich an der PKS orientieren und wird sogleich erkennen, dass Massendelikte nicht mit Bagatelldelikten gleichzusetzen sind. Zwar zählen zu den Massendelikten insbesondere die Bagatellstraftaten (also Taten mit geringem Schaden) wie Laden- bzw. Fahrraddiebstahl, Betrug und Sachbeschädigung. Allerdings bilden diese nur einen Ausschnitt, da Körperverletzungsdelikte hinzutreten, zumal die eingetretenen Sachschäden ebenfalls nicht immer gering sein müssen. Eine bloße Orientierung an der PKS hilft aber schon deswegen nicht weiter, weil die praktisch massenhaft begangenen Straßenverkehrsdelikte, also insbesondere die Trunkenheitsfahrt, nicht von dieser erfasst werden. Fasst man allerdings die typischen Charakteristika der in der PKS häufig auftretenden Deliktsgruppen zusammen, ergeben sich folgende Merkmale für das Phänomen des Massendelikts:

- ⇨ Signifikante Häufung der Begehung von Straftaten mit vielen Tätern und Einzeldelikten
- ⇨ Getrübtes Unrechtsbewusstsein
- ⇨ Verminderte Missbilligung in der breiten Bevölkerungsmasse

## 2. KAPITEL: SANKTIONSRECHT

Das folgende Kapitel beschäftigt sich mit den Sanktionen im Erwachsenenstrafrecht.[190] 106

**hemmer-Methode: Gerade in diesem Bereich ist nicht auf Lücke zu setzen: Die Basics des Sanktionsrechts werden Sie nämlich (unabhängig vom Schwerpunktbereich) spätestens im zweiten Staatsexamen beherrschen müssen, wenn es neben der Prüfung der Tatbestandsmäßigkeit eines Handelns auch um die richtige Auswahl an Sanktionen sowie um die Strafzumessungsbegründung geht.**

## § 1 STRAFTHEORIEN

*Straftheorien*

Bevor man sich die Art der Bestrafung näher ansieht, muss zunächst gefragt werden, warum und mit welcher Legitimation der Staat überhaupt straft.[191] Hierzu bestehen im Wesentlichen drei Grundansätze sowie einige Mischformen[192]: die Vergeltungstheorie, die Theorie der Spezialprävention und die Theorie der Generalprävention.[193] 107

**hemmer-Methode: Auf die drei Theorien ist bereits in den vorstehenden Kapiteln häufig eingegangen worden. Sie gehören zum „Handwerkszeug" und müssen daher in Fleisch und Blut übergehen!**

### A. Vergeltungstheorie

*Vergeltungstheorie*

Nach der Vergeltungstheorie, die von KANT und HEGEL vertreten wurde, liegt der Zweck der Strafe darin, dass der Täter für das von ihm begangene Unrecht sühnt, dass er die Schuld wieder ausgleicht. HEGEL spricht in diesem Zusammenhang von dem Verbrechen als Negation des Rechts, auf die die Strafe als „Negation der Negation" folgen müsse. Die Vergeltung durch Strafe ist losgelöst von gesellschaftlichen Zielen, man nennt sie daher auch „absolute Straftheorie". 108

> ***Bsp.:*** *Selbst wenn sich die Gesellschaft eines auf einer Insel lebenden Volkes auflöst, indem sämtliche Bewohner die Insel unwiderruflich verlassen, so muss nach der Vergeltungstheorie trotzdem der letzte Mörder noch hingerichtet werden, um dem Sühnegedanken gerecht zu werden.*

*Vorteile*

Der Vorteil dieser Idee liegt in der Möglichkeit, die Strafe durch die Schuld zu begrenzen und damit einen Maßstab für die Höhe der Strafe zu finden. 109

*Nachteile*

Andererseits lässt die Vergeltungstheorie die Folgen der Strafe für den Täter und die Gesellschaft völlig außen vor und führt damit nicht zur Besserung der Gesellschaft im Sinne der Verhinderung von Straftaten. Der Staat ist - als vom Volk und nicht von Gott legitimiert - zum Schutze des friedlichen Zusammenlebens verpflichtet, zu Weitergehendem ist er nicht berechtigt. Auch stellt sich bei alleiniger Berücksichtigung der Schuld die Frage nach ihrer Messbarkeit. 110

*Niederschlag in StGB*

Der Schuldgedanke kommt beispielsweise in § 46 I StGB zum Ausdruck.

---

190 Zur empirischen Wirkung von Sanktionen Bukowski, BewHi 2014, 189 ff.

191 Zu den Strafkonzepten Frisch, GA 2009, 385 ff.

192 Überblickshaft Eisenberg/Bung/Kölbel, Fälle zum Schwerpunkt Strafrecht, Kap. 22 Rn. 5 ff.

193 Sehr lesenswert hierzu Roxin, Strafrecht AT Bd. I, § 3, Rn. 1-53.

## B. Die Theorie der Spezialprävention

*Spezialprävention*

Bei der Spezialprävention geht es um die Vorsorge vor weiteren Straftaten, und zwar in Bezug auf den einzelnen Täter. 111

Dieser soll durch die Spezialprävention zu legalem Verhalten veranlasst werden. Ein wichtiger Vertreter dieser Richtung war FRANZ V. LISZT, der die Spezialprävention[194] in zwei Bereiche aufgliedert:

- die Abschreckung des einzelnen Täters (negative Spezialprävention),
- die Besserung des Täters (positive Spezialprävention).

*Vorteile*

Der Theorie der Spezialprävention gelingt es aufgrund ihrer konstruktiven Zielsetzung, die Schutzaufgabe des Staates einerseits (durch Verhütung neuer Verbrechen) und die Integration des Täters andererseits zu erfüllen. 112

*Nachteile*

Allerdings würde die strikte Durchführung der Spezialprävention dahin führen, dass der Täter - ohne Rücksicht auf seine Schuld - so lange bestraft würde, bis er resozialisiert ist. Im Gegenzug müsste bei Tätern, bei denen eine Wiederholungsgefahr nicht besteht und die damit keiner Resozialisierung bedürfen, auf eine Bestrafung völlig verzichtet werden. Zudem gilt unter Berücksichtigung der Art. 1 I, 2 I GG das Verbot der staatlichen Zwangserziehung. Auch entstehen Probleme bei der praktischen Durchführung, deren Scheitern mit dem resignierten Schlagwort „nothingworks“ zusammengefasst wird. 113

*Niederschlag in StGB*

Die Berücksichtigung spezialpräventiver Aspekte durch den Gesetzgeber erkennt man an Formulierungen wie „zur Einwirkung auf den Täter“ (vgl. § 47 I StGB) bzw. Formulierungen wie in § 46 I S. 2 StGB.

## C. Theorie der Generalprävention

*Generalprävention*

Die Theorie der Generalprävention stellt nicht auf den einzelnen Täter ab, sondern auf die Allgemeinheit. Man unterscheidet zwischen der negativen und der positiven Generalprävention.[195] 114

*Negative Generalprävention*

Die von FEUERBACH in der Theorie des psychologischen Zwangs entwickelte *negative* Generalprävention meint die Abschreckung der Allgemeinheit, die sich durch die Strafandrohung und den Strafvollzug davon abhalten lässt, Verbrechen zu begehen.

*Positive Generalprävention*

Demgegenüber ist unter der *positiven* Generalprävention die Erhaltung und Stärkung des Vertrauens der Gesellschaft in die Durchsetzungskraft der Rechtsordnung zu verstehen. Man kann zwischen dem *Lerneffekt* (die Einübung der Rechtstreue), dem *Vertrauenseffekt* (der Bürger sieht, dass die Rechtsordnung sich durchsetzen kann) und dem *Befriedungseffekt* (das allgemeine Rechtsbewusstsein beruhigt sich angesichts der erfolgten Bestrafung des Täters) unterscheiden. ROXIN spricht insoweit auch von „Integrationsprävention“, da die Gesellschaft den Täter nach erfolgter Bestrafung wieder in ihrer Mitte aufnimmt.

194 Kunz/Singelnstein, § 20, Rn. 26 ff.

195 Kunz/Singelnstein, § 20, Rn. 44 ff.

*Vorteile*

115 Der Vorteil der Generalprävention liegt in ihrer normbekräftigenden Wirkung, schließlich verhält sich der Großteil der Bevölkerung normenkonform.

Zudem ermöglicht der generalpräventive Ansatz die Bestrafung von nicht resozialisierungsbedürftigen Tätern, denn auch deren Bestrafung ist zur Abschreckung der Allgemeinheit erforderlich.

*Nachteile*

116 Die Generalprävention ist jedoch der gleichen Kritik wie die Vergeltungstheorie ausgesetzt: Sie wendet sich nicht dem einzelnen Täter zu und riskiert eine erneute Straffälligkeit. Zudem bietet sie - ebenso wie die Spezialprävention - keinen Schuldmaßstab. Die Gefahr der Generalprävention liegt in der unbegrenzten Verschärfung des Strafrechts, welche in staatlichen Terror umschlagen kann.

*Niederschlag in StGB*

Gesetzgeberische Würdigung fand dieser Aspekt z.B. in §§ 47 I, 56 III StGB („Verteidigung der Rechtsordnung").

## D. Vereinigungstheorien

*Vereinigungstheorien*

117 Da keine Theorie alle Vorteile auf einmal bietet, wurden die sogenannten Vereinigungstheorien entwickelt. Hier gibt es vergeltende und präventive Ausprägungen:

⇨ Bei den vergeltenden Vereinigungstheorien findet sich eine Richtung, die der Vergeltung den Vorrang einräumt und General- und Spezialprävention nur in diesem Rahmen zulässt.[196] Dagegen geht die additive Vereinigungstheorie von einem gleichrangigen Nebeneinander von Vergeltung, General- und Spezialprävention aus.[197]

⇨ JAKOBS vertritt eine generalpräventive Vereinigungstheorie. Er lehnt Vergeltung und negative Generalprävention ab und sieht den Zweck der Strafe in einer positiven Generalprävention mit spezialpräventiven Spielräumen. ROXINS dialektische Vereinigungstheorie stellt auf eine spezial- und generalpräventive Zweckbestimmung staatlicher Strafen ab und greift auf das Schuldprinzip nur zur Begrenzung der Sanktionierung nach oben zurück.[198]

Zu den Strafzwecken der Maßregeln der Besserung und Sicherung siehe unten Rn. 146 ff.

**hemmer-Methode: In den letzten Jahren wird vermehrt von der Wiedergutmachung als einem neuen Strafzweck gesprochen.[199]**

196 Z.B. BGHSt 7, 28 f. = **juris**byhemmer.

197 BVerfGE 45, 187 (253); 39, 1 (57) = **juris**byhemmer.

198 Roxin, Strafrecht AT Bd. I, § 3, Rn. 46 ff.

199 Baumann, J. u. a.: Alternativ-Entwurf Wiedergutmachung 1992.

## § 2 PROGNOSE

*Prognose*

Viele Entscheidungen der Gerichte und der Behörden hängen von einer günstigen Prognose für den Täter ab. Die individuelle Kriminalprognose trifft *Wahrscheinlichkeitsaussagen über das künftige Legalverhalten*[200] des Betroffenen.[201] 118

### A. Arten der Prognose

Die Notwendigkeit einer Prognose ergibt sich in folgenden Fällen:[202]

#### I. Urteilsprognose

*Urteilsprognose*

Das erkennende Gericht muss bereits zum Zeitpunkt des Urteils entscheiden, wie sich der Täter wahrscheinlich weiterhin verhalten wird. 119

***Bspe.:***

- ⇨ *Der Richter überlegt, ob er die Freiheitsstrafe des Angeklagten gem. § 56 StGB zur Bewährung aussetzen soll. Dies ist nur möglich, „wenn zu erwarten ist, dass der Verurteilte sich schon die Verurteilung zur Warnung dienen lassen und künftig auch ohne die Einwirkung des Strafvollzugs keine Straftaten mehr begehen wird“ (§ 56 I S. 1 StGB). Eine solche Prognose setzt voraus, dass eine durch Tatsachen begründete Wahrscheinlichkeit besteht, dass der Täter sich in Zukunft legal verhalten wird.*[203]

- ⇨ *Der vermindert schuldfähige Angeklagte A kann nur in einem psychiatrischen Krankenhaus (§ 63 StGB) untergebracht werden, „wenn die Gesamtwürdigung des Täters und seiner Tat ergibt, dass von ihm infolge seines Zustandes erhebliche rechtswidrige Taten zu erwarten sind ...“.*

*Gefährlichkeitsprognose*

Weitere Urteilsprognosen finden sich in den §§ 46 I S. 2, 47, 59 I Nr. 1 StGB, aber auch im Jugendstrafrecht (bspw. §§ 5, 17, 21, 27 JGG). Von *Gefährlichkeitsprognosen* spricht man bei den Aussagen zur Anordnung von Maßregeln der Besserung und Sicherung (vgl. §§ 61, 63-66a, 68-70 StGB).

#### II. Entlassungsprognose

*Entlassungsprognose*

Bei den Entlassungsprognosen (§§ 57, 57a, 67d II StGB, § 88 I JGG) muss die Strafvollstreckungskammer (§§ 454, 462a, 463 StPO) bzw. das Jugendgericht als Vollstreckungsleiter (§ 82 I JGG) entscheiden, ob der Betroffene bereits eine ausreichend günstige Prognose zur Entlassung aufweist. 120

***Bsp.:*** *Der zu vier Jahren Freiheitsstrafe verurteilte B möchte nach drei Jahren wegen „guter Führung“ entlassen werden. Gem. § 57 I S. 1 Nr. 2 StGB ist hierfür u.a. Voraussetzung, dass „verantwortet werden kann zu erproben, ob der Verurteilte außerhalb des Strafvollzugs keine Straftaten mehr begehen wird, ...“. Diese Formulierung ist großzügiger als die in § 56 StGB („wenn zu erwarten ist ...“), somit reicht aus, dass das Risiko einer Entlassung vertretbar ist.*[204]

---

200 Das Legalverhalten meint nur die Frage nach künftigen Straftaten, es beinhaltet keine Aussagen über sozialadäquates Verhalten.

201 Kaiser, Kriminologie, 3. Auflage, § 86, Rn. 1.

202 Kaiser/Schöch/Kinzig, Fall 6, Rn. 2 ff.

203 BGH, Strafverteidiger 91, 514.

204 Kaiser, Kriminologie, 3. Auflage, § 89, Rn.3.

**Um Entlassungsprognosen handelt es sich auch bei den Entscheidungen über die Anordnung der vorbehaltenen und der nachträglichen Sicherungsverwahrung gem. §§ 66a, 66b StGB, für die allerdings das erkennende Gericht in einer neuen Hauptverhandlung gem. § 275a StPO zuständig ist.**

### III. Vollzugsprognosen

*Vollzugsprognosen*

Eine Art Zwischenstellung nehmen die „Vollzugsprognosen" ein. Sie werden bei der Entscheidung über den Vollzugsplan, die Gewährung von Lockerungen und Urlaub im Strafvollzug gefordert, vgl. §§ 7, 11 II, 13, 14 StVollzG. 121

## B. Methoden

### I. Intuitive, klinische und statistische Prognose

Man unterscheidet zwischen der intuitiven, der klinischen und der statistischen Prognose. 121a

#### 1. Intuitive Methode

*Intuitive Prognose*

Die am häufigsten von Richtern, Staatsanwälten, etc. angewandte intuitive Prognose beruht auf der Berufserfahrung und der Menschenkenntnis des Beurteilenden.[205] 122

#### 2. Klinische Methode

*Klinische Prognose*

Im Gegensatz hierzu wird die klinische Prognose von Fachleuten (Psychiater, Psychologen mit kriminologischer Erfahrung) durchgeführt. Hilfsmittel sind sog. psychodiagnostische Testverfahren und Explorationen (Befragung und Beobachtung), in denen die Lebensverhältnisse des Betroffenen untersucht werden.[206] 123

*Heranziehen eines Sachverständigen*

Die klinische Prognose (durch Heranziehen eines Sachverständigen) ist zwingend, wenn im Urteil die Unterbringung in einem psychiatrischen Krankenhaus, einer Entziehungsanstalt oder in der Sicherungsverwahrung möglich erscheint, § 246a StPO, vgl. ebenfalls §§ 80a, 414 III StPO. Ebenso muss ein Sachverständiger gehört werden, wenn über die Aussetzung der Vollstreckung des Restes einer lebenslangen Freiheitsstrafe entschieden wird, § 454 I S. 5 StPO.

Durch das Gesetz zur Bekämpfung von Sexualdelikten und anderen gefährlichen Straftaten vom 26.01.1998 wurde die obligatorische Begutachtung sogar noch weiter ausgedehnt: Auch bei der Restaussetzung einer zeitigen Freiheitsstrafe von über zwei Jahren ist gem. § 454 II S. 2 StPO ein Gutachten einzuholen, wenn es sich um ein Delikt aus dem Katalog des § 66 III StGB handelt. Über § 463 III S. 3 StPO gilt dieses Erfordernis grds. auch für die bedingte Entlassung aus dem Maßregelvollzug gem. § 57d II StGB. Allerdings trifft § 463 III S. 4 StPO eine gewisse Einschränkung hinsichtlich der Anforderungen an das Gutachten.

205 Kaiser, Kriminologie, 3. Auflage, § 88, Rn. 4.

206 Kaiser, Kriminologie, 3. Auflage, § 88, Rn. 6.

Ansonsten soll der Sachverständige nur in Ausnahmefällen bei schwereren Straftaten und erheblichen Zweifeln des Gerichts beauftragt werden, wenn also das Gericht „völlig im Dunkeln tappt“ und anders seiner Aufklärungspflicht gem. § 244 II StPO nicht genügen kann.[207]

### 3. Statistische Methode

*Statistische Prognose*

Die statistische Prognose arbeitet mit Wahrscheinlichkeitsaussagen, die aufgrund der Häufigkeit bestimmter beim Täter vorliegender Merkmale getroffen werden. Hierzu werden sog. Prognosetafeln herangezogen. 124

> **Bsp.:** *Zunächst werden Rückfällige und Nichtrückfällige auf Merkmale hin untersucht, die bei den Rückfälligen besonders häufig vorkommen (Alkoholmissbrauch bei einem Elternteil, Heimaufenthalte, häufiges Wechseln des Arbeitsplatzes, Anzahl der Straftaten in früher Jugend, etc.). Hierfür wird an den Betroffenen jeweils ein Punkt verteilt: Je mehr Punkte, desto größer die Rückfallgefahr.*

Innerhalb der statistischen Prognose haben sich verschiedene Verfahren herausgebildet:[208]

#### a) Einfaches Punkteverfahren

*Einfaches Punkteverfahren*

Hier werden - ohne die Berücksichtigung von „Gutpunkten“ - sog. „Schlechtpunkte“ verteilt und addiert (siehe Bsp. Rn. 124). 125

#### b) Punktwertverfahren

*Punktwertverfahren*

In dem differenzierteren Punktwertverfahren wird jeder Punkt noch einmal gesondert gewichtet, indem die allgemeine Rückfälligkeitsquote für diesen Punkt festgestellt wird und diese Quoten dann zusammengerechnet werden. 126

> **Bsp.:** *Die Rückfallwahrscheinlichkeit bei dem Punkt „wenig Zusammenhalt in der Familie“ liegt bei 61%. Für einen Betroffenen, auf den dieses Merkmal zutrifft, wird also der Punkt nicht nur einfach gezählt, sondern mit der Gewichtung von 61% berücksichtigt. Dann folgt der nächste Punkt usw.*

#### c) Strukturprognosetafeln

*Strukturprognosetafeln*

Noch ausgefeilter sind die Strukturprognosetafeln konstruiert: Es wird zusätzlich zu der Gewichtung der einzelnen Merkmale auch noch die Abhängigkeit der einzelnen Punkte voneinander miteinbezogen. 127

#### d) Merkmale in Prognosetafeln

*Typische Merkmale*

Folgende Punkte werden typischerweise in Prognosetafeln angesprochen:[209] 128

⇨ Verhalten der Eltern (Kriminalität, Alkoholmissbrauch, Scheidung)

⇨ Verhalten in der Schule (Sitzenbleiben, Schuleschwänzen)

---

207 Kaiser/Schöch/Kinzig, Fall 6, Rn. 43.

208 Göppinger, § 14, Rn. 32 ff.

209 K Kaiser/Schöch/Kinzig, Fall 6 Rn. 38.

- Häufiger Arbeitsstellenwechsel
- Erziehungsheimaufenthalte, Ausreißer
- Früher Beginn der Delinquenz
- Häufigkeit und Rückfallgeschwindigkeit delinquenten Verhaltens

Des Weiteren werden häufig das Erziehungsverhalten der Eltern und der Drogenkonsum als Merkmale aufgeführt.

**hemmer-Methode: Auf diese Merkmale kann in der Klausur zurückgegriffen werden, wenn bspw. nach den passenden Sanktionen für einen Jugendlichen gefragt wird (z.B. Aussetzung der Jugendstrafe zur Bewährung)!**

### 4. Idealtypisch - vergleichende Methode

*Idealtypischer Vergleich*

GÖPPINGER[210] entwickelte die Methode des idealtypischen Vergleichs, die die Elemente der einzelnen Prognosemethoden in sich vereinigt. Der Täter wird in seinen sozialen Bezügen betrachtet, und zwar 129

- im Lebenslängsschnitt (Vergleich von Straffälligen und Nichtstraffälligen hinsichtlich der gesamten Entwicklung von Kind an),
- im Lebensquerschnitt (gesonderte Betrachtung der Zeit unmittelbar vor der Tat),
- unter Herausarbeitung der sog. Relevanzbezüge und der Werteorientierung des Betroffenen (d.h. die Diagnose soll zusätzlich durch die Werte und Prinzipien des Täters gestützt werden).

## II. Vor- und Nachteile der einzelnen Prognosen

### 1. Intuitive Methode

*Vorteile*

Die intuitive Methode ist kostengünstig und zeitsparend. 130

*Nachteile*

Allerdings ist sie nicht objektivierbar und entbehrt daher einer wissenschaftlichen Grundlage. Die Beurteilung divergiert naturgemäß von Richter zu Richter.

### 2. Klinische Methode

*Vorteile*

Durch die besonderen Hilfsmittel und die spezielle Ausbildung bietet die klinische Prognose eine differenziertere Analysemöglichkeit als die intuitive Methode. Auch kann der Beurteilende auf die statistische Prognosetafeln zusätzlich zurückgreifen. Die klinische Prognose lässt insbesondere die Einbeziehung von aktuellen oder vergangenen Lebensphasen (Krisen o.ä.) zu. 131

*Nachteile*

Dagegen sprechen jedoch die hohen Kosten und die relativ zeitaufwendige Erstellung der Prognose. Auch ist die Untersuchung stark vom einzelnen Psychiater oder Psychologen abhängig, so dass keine vollständige Objektivität gegeben ist.[211]

210 Göppinger, Angewandte Kriminologie, S. 32 ff.; Göppinger, § 14, Rn. 50 ff.

211 Kaiser/Schöch/Kinzig, Fall 6, Rn. 9, 42 ff.

Im Übrigen wird, da naturgemäß die klinische Prognose bei Extremfällen angewandt wird, das breite Mittelfeld vernachlässigt.[212]

### 3. Statistische Methode

*Vorteile*

Die statistische Prognose weist einen relativ hohen Grad an Zuverlässigkeit (Reliabilität) auf, d.h. auch bei wiederholter Anwendung bleiben die Ergebnisse gleich. 132

*Nachteile*

Problematisch ist jedoch die Objektivität, also die Gewährleistung von gleichen Ergebnissen trotz unterschiedlicher Prüfer. Da die Merkmale häufig durch unbestimmte Begriffe („wenig Zusammenhalt in der Familie“, „lasche Erziehung des Jungen durch den Vater“) definiert werden, versteht jeder Beurteilende hierunter etwas anderes.

Zum anderen werden in den Prognosetafeln aktuelle Ereignisse (neue Lehrstelle, Heirat, etc.) nicht berücksichtigt. Ebenso wenig wird die *Sanktionswirkung* beachtet: Die Wirkungen, die das Urteil und die eventuelle Vollstreckung haben, bleiben außen vor.[213]

### 4. Grundsätzliche Einwände gegen wissenschaftliche Prognosemethoden

*Verstoß gegen die Menschenwürde?*

Fraglich ist, ob die Prognose nicht gegen die *Menschenwürde* verstößt, da der Betroffene zum bloßen Objekt wissenschaftlicher Kriterien gemacht wird. Hierzu ist jedoch zu sagen, dass die wissenschaftliche Prognose der Individualität des Betroffenen jedenfalls eher gerecht wird als „unwissenschaftliche Zufallsentscheidungen“.[214] Zudem sichert § 136a StPO den Probanden vor unzulässigen Untersuchungsmethoden und dient insofern dem Schutz der Menschenwürde. 133

*Verstoß gegen die Willensfreiheit?*

Ebenfalls wird der Einwand geltend gemacht, die Prognose widerspreche der *Willensfreiheit* des Menschen, das Verhalten des Betroffenen dürfe nicht als feststehend angesehen werden, da er sich frei entscheiden könne. Hierzu merkt SCHÖCH an:[215] „Auch ein Indeterminist kann aber einräumen, dass die freien Willensentscheidungen gewisse Regelmäßigkeiten aufweisen, die es ermöglichen, aus vergangenem Verhalten mit statistischer Wahrscheinlichkeit Vorhersagen für künftige Ereignisse zu formulieren.“

*„Self-fulfilling-prophecy“*

Letztendlich wird kritisiert, dass die Prognose eine sog. *„self-fulfilling-prophecy“* sein kann, d.h. eine ungünstige Prognose wirkt so sehr auf den Betroffenen, dass sich diese dann auch verwirklicht. Hiergegen kann mit einer positiven Formulierung der Prognose, die auf den Täter keinen derartig niederschlagenden Effekt hat, angegangen werden.[216]

212 Kaiser/Schöch/Kinzig, Fall 6 Rn. 42 ff.

213 Kaiser/Schöch/Kinzig, Fall 6, Rn. 25, 34 f.

214 Kaiser/Schöch/Kinzig, Fall 6, Rn. 18.

215 Kaiser/Schöch/Kinzig, Fall 6, Rn. 19.

216 Kaiser/Schöch/Kinzig, Fall 6, Rn. 21 ff.

## § 3 SCHULDUNFÄHIGKEIT U. VERMINDERTE SCHULDFÄHIGKEIT GEM. §§ 20, 21 STGB[217]

Die Anordnung einer Strafe setzt unverzichtbar das Vorhandensein der Schuld voraus. Im Gegensatz zum Jugendstrafrecht (vgl. § 3 JGG) geht das allgemeine Strafrecht bei Personen über 18 Jahren grundsätzlich davon aus, dass sie schuldfähig sind. Um diese Vermutung zu widerlegen, muss die Schuldunfähigkeit bzw. verminderte Schuldfähigkeit für jedes Delikt gesondert (!) positiv festgestellt werden. 134

*Zweistufige Prüfung*

Die Exkulpation (§ 20 StGB) bzw. die Dekulpation (§ 21 StGB) ist zweistufig aufgebaut: Zunächst muss zumindest einer der vier Befunde vorliegen (krankhafte seelische Störung, tiefgreifende Bewusstseinsstörung, Schwachsinn, schwere andere seelische Abartigkeit), in einem zweiten Schritt muss das Fehlen der Einsichts- oder Handlungsfähigkeit festgestellt werden.[218]

*Krankheitsbegriff*

Wichtig ist, dass der enge klinisch-psychiatrische Krankheitsbegriff, nach dem eine *körperliche* Störung vorhanden sein muss, aufgegeben wurde und somit auch psychopathologische Störungen ohne organischen Befund erfasst werden.[219] 135

Bei der AT-Reform 1975 hat sich der Gesetzgeber für eine Einheitslösung bzgl. §§ 20, 21 StGB entschieden, d.h. die schwere andere seelische Abartigkeit kann nicht nur eine Milderung, sondern auch eine Exkulpation bewirken. Der von manchen befürchtete „Dammbruch", also eine Ausuferung der Anwendung des § 20 StGB aufgrund schwerer anderer seelischer Abartigkeit, blieb aus.

### A. Die Eingangsmerkmale (1. Biologische Stufe)

### I. Krankhafte seelische Störung[220]

*Krankhafte seelische Störung*

Hierunter fallen die Psychosen, die Krankheiten im engeren Sinne (also körperlich nachweisbare oder zumindest vermutete Störungen) darstellen. 136

#### 1. Exogene Psychosen

*Exogene Psychosen*

Die exogene (von außen in den Körper eindringende) Psychose ist körperlich nachweisbar wie z.B.: 137

- ⇨ Psychische Schäden nach Hirnverletzungen (z.B. nach Gehirntumor)
- ⇨ Intoxikationspsychose (z.B. der Alkoholrausch) und Folgepsychosen (z.B. Delirium)
- ⇨ Psychosen aufgrund hirnorganischer Störungen (Epilepsie, Stoffwechselkrankheiten)

217 Vgl. hierzu auch Aufgabe 1, Bayerisches Staatsexamen 2005/1, in welcher nach den Voraussetzungen für die Annahme verminderter Schuldfähigkeit i.S.v. § 21 StGB gefragt war.

218 Man spricht von der biologisch-psychologischen, besser psychisch-normativen Methode, vgl. Kaiser/Schöch/Kinzig, Fall 4, Rn. 5.

219 Roxin, Strafrecht AT, Bd. I, § 20, Rn. 3.

220 Siehe zum Folgenden Roxin, Strafrecht AT, Bd. I, § 20, Rn. 1 - 26.

### 2. Endogene Psychosen

*Endogene Psychosen*

Im Gegensatz zu den exogenen sind die endogenen (von innen kommenden) Psychosen nicht körperlich nachweisbar, sie werden aber als körperlich begründet vermutet, d.h. postuliert: 138

- ⇨ Schizophrenie (Geisteskrankheit)
- ⇨ Zyklothymie, d.h. manisch-depressive Zustände (Gemütskrankheit)
- ⇨ Paranoide Syndrome (anhaltende wahnhafte Störungen)
- ⇨ Intellektuelle Minderbegabungen auf geklärter organischer Basis

## II. Tiefgreifende Bewusstseinsstörung

*Tiefgreifende Bewusstseinsstörung*

Hierunter fallen nicht organisch bedingte Trübungen oder Einengungen der Wahrnehmungs- und Erlebnisfähigkeit aufgrund einer akuten Belastungsreaktion, z.B. in Form einer 139

- ⇨ Bewusstseinsstörung aufgrund von Erschöpfung, Übermüdung
- ⇨ Bewusstseinsstörung aufgrund von Erregungszuständen, Affekt

Der Affekt wird als Gefühlsregung beschrieben, die rasch entsteht, relativ bald wieder abklingt und meist mit körperlich-vegetativen Begleiterscheinungen einhergeht. Nur ein Affekt, der ohne jedes Vorzeichen „über den Täter hereinbricht“, kann die Annahme der §§ 20, 21 StGB rechtfertigen.

Indizien für das Vorliegen eines solch hochgradigen Affektes sind z.B.: ein abrupter Tatverlauf ohne Sicherungshandlungen durch den Täter, ein charakteristischer Affekt auf- und -abbau, abnormes Nachtatverhalten, Erinnerungslücken, ein Missverhältnis von Anlass und Tat. Umstritten ist, ob nur der *unverschuldete* Affekt dem Täter zugutekommen darf. Der BGH hat sich inzwischen für eine Rechtsfolgenlösung entschieden: Demnach darf der Tatrichter das Vorverschulden im Rahmen des § 49 I StGB oder § 46 StGB berücksichtigen.[221]

Wichtig ist, dass das Merkmal „tiefgreifend“ eine gewisse Intensität der jeweiligen Störung verlangt, so dass sie den anderen Befunden gleichgestellt werden kann.[222]

## III. Schwachsinn

*Schwachsinn*

Schwachsinn meint eine angeborene Intelligenzschwäche ohne nachweisbare Ursachen, wobei nach der Schwere der Intelligenzschwäche unterschieden wird: 140

- ⇨ Idiotie (IQ unter 20)
- ⇨ Imbezillität (IQ von 20 - 50)
- ⇨ Debilität (IQ von 50 - 70)
- ⇨ Grenzfälle der Minderbegabung (IQ 70 - 85)

221 In diesem Sinne z.B. BGHSt 35, 243 f.

222 Kaiser/Schöch/Kinzig, Fall 4, Rn. 36.

Je eher der Grenzwert der durchschnittlichen Intelligenz erreicht wird, desto seltener wird von verminderter Schuldfähigkeit und erst recht nicht von voller Schuldunfähigkeit ausgegangen. Die Anwendung der §§ 20, 21 StGB kommt daher meist nur bei den drei erstgenannten Gruppierungen in Betracht.

## IV. Schwere andere seelische Abartigkeit

*Schwere andere seelische Abartigkeit*

Hiermit hat der Gesetzgeber den Weg zur Exkulpation von nicht organisch nachweisbaren oder postulierbaren Störungen freigemacht. *141*

- ⇨ Persönlichkeitsstörungen (auch als Psychopathien bekannt), d.h. meist anlagebedingte Charakterstörungen, die die soziale Anpassungsfähigkeit beeinträchtigen. Hierzu zählt auch das sog. Borderline-Syndrom
- ⇨ Neurosen (*erlebnisbedingte* Verhaltensanomalien)
- ⇨ Belastungsreaktionen (abnorme Erlebnisreaktionen, psychogene Reaktionen)
- ⇨ Triebstörungen (sexuelle Störungen)
- ⇨ Sucht, die nicht auf einer akuten Vergiftung beruht

**hemmer-Methode: Dabei gilt es zu beachten, dass die Aufnahme eines bestimmten Krankheitsbildes/Symptombildes in eines der anerkannten Klassifikationssysteme psychischer Störungen der WHO (Bsp. ICD-10 oder DSM-IV) keine Verbindlichkeit für die rechtliche Beurteilung der Schuldfähigkeit hat[223]; ihre Zitierung im Sachverständigengutachten bedeutet insbesondere nicht, dass dadurch konkrete Feststellungen zum Ausmaß der Störungen entbehrlich werden, denn die Aufnahme eines bestimmten Krankheitsbildes in die Klassifikation besagt nichts über das Ausmaß der psychischen Störung. Vielmehr darf der Richter die Zuordnung der im Einzelfall vorliegenden Störung zu bestimmten Diagnosen des ICD-11 durch den Sachverständigen nicht kritiklos übernehmen, sondern muss eigenständig prüfen, welche der in § 20 StGB genannten biologischen Voraussetzungen vorliegen. Daher sind vage Diagnosen oder Symptom-Schilderungen, bei denen offenbleibt, welche der biologischen Voraussetzungen der §§ 20, 21 StGB vorliegen oder wie sich diese konkret auf die Schuldfähigkeit auswirken, nicht ausreichend (z.B. dissoziale Persönlichkeitsstörung).[224]**

## B. Fehlen der Einsichts- oder Handlungsfähigkeit (2. Psychologische Stufe)

*Fehlende Einsichts- oder Handlungsfähigkeit*

Die zweite Stufe besteht aus einer intellektuellen (Einsichtsfähigkeit) und einer voluntativen Komponente (Steuerungsfähigkeit). Normalerweise sind beide Elemente eng verknüpft; es kann aber im Einzelfall auch nur die Einsichts- oder die Steuerungsfähigkeit beeinträchtigt sein. Dies genügt jedoch für die Anwendung der §§ 20, 21 StGB (Wortlaut „oder“). *142*

223 Vgl. zu dieser Problematik Aufgabe 1, Bay. Staatsexamen 2005/1.

224 Vgl. hierzu NStZ- RR 99, 77; NStZ 99, 395; StV 01, 565; NStZ 2000, 192; Fischer, StGB, § 20 Rn. 7, 40 ff.

In diesem Zusammenhang sollte Ihnen der „Agnostizismusstreit“ bekannt sein. Dieser betrifft die Frage, ob für die Beurteilung der Schuld die Frage nach der Willensfreiheit des Menschen vorab geklärt werden muss, ob also Aussagen über die Vorwerfbarkeit menschlichen Verhaltens überhaupt möglich sind.

Heute wird die Schuld von der h.M. als „unrechtes Handeln trotz normativer Ansprechbarkeit“ verstanden. Im Rahmen dieses Schuldkonzepts sind empirisch-vergleichende Aussagen möglich.[225]

## C. Besondere Fallgruppen

### I. Alkoholintoxikation

Bezüglich der Alkoholintoxikation hat die Rechtsprechung als Leitlinie entwickelt, dass ab 3‰ (bzw. bei schweren Delikten gegen die Person 3,3‰) Schuldunfähigkeit und ab 2‰ (bzw. 2,2‰) eine verminderte Schuldfähigkeit naheliegt.[226] Allerdings hat der BGH die Bedeutung von BAK-Werten für die Schuldfähigkeitsdiagnose inzwischen zunehmend relativiert.[227] Wesentlich sind ferner zu beachten die Alkoholgewöhnung des Täters und seine körperliche Konstitution, weiterhin seine Erinnerungsfähigkeit an die deliktischen Geschehnisse, die Art des Delikts und besonders das Täterverhalten bei und unmittelbar nach der Tat.[228] 143

***Bsp.:***[229] *In einem Mord-Fall, in welchem der Täter auf der Basis seiner Trinkmengenangaben einen BAK-Wert von 2,8‰ aufwies*[230]*, lehnte der BGH aufgrund der Trinkgewöhnung des Täters, dem überlegten Nachtatverhalten und der kämpferischen Leistung bei der Tat, trotz zusätzlichen Kokainkonsums die Zuerkennung verminderter Schuldfähigkeit ab.*

Allerdings gilt es zu beachten, dass mit steigendem BAK-Wert die Begründungsanforderungen für die Annahme uneingeschränkter Schuldfähigkeit steigen, wobei der BGH einen BAK-Wert von 3‰ als Schwellenwert für erhöhten Begründungsaufwand benennt.[231]

### II. Persönlichkeitsstörung

Besondere Aufmerksamkeit kam in der neueren Rechtsprechung des BGH der Diagnose einer dissozialen Persönlichkeitsstörung nach ICD-11 zu.[232] In der Rechtsprechung besteht jedoch gerade bezüglich der dissozialen Persönlichkeitsstörung wenig Ex- oder Dekulpationsbereitschaft selbst bei hinzutretender Alkoholisierung.[233] 144

225 Kaiser/Schöch/Kinzig, Fall 4, Rn. 20 ff.

226 Vgl. BGH NStZ 1984, 408 f. = **juris**byhemmer.

227 Vgl. BGH NStZ 1996, 592 ff. = **juris**byhemmer.

228 BGH NStZ-RR 2000, 265 = **juris**byhemmer.

229 Vgl. BGH NJW 1998, 3427 f. = **juris**byhemmer, zitiert bei Streng, Strafrechtliche Sanktionen, Rn. 883.

230 In Anwendung des in dubio pro reo-Grundsatzes ist ein minimaler Abbauwert von 0,1‰ bei Trinkmengenangaben seitens des Täters zugrunde zu legen, was zugunsten des Täters einen hohen BAK-Wert für den Tatzeitpunkt ergibt. Hingegen ist bei einem nach der Tat anhand einer Blutprobe gemessenen BAK für die Rückrechnung auf den Tatzeitpunkt ein maximaler stündlicher Abbauwert von 0,2‰ zugrunde zu legen, wobei dem Täter allerdings ein einmaliger Sicherheitszuschlag von 0,2‰ zugutekommt.

231 BGH NStZ 2009, 258 = **juris**byhemmer.

232 Zu den Kriterien vgl. ausführlich Streng, Strafrechtliche Sanktionen, Rn. 903.

233 Vgl. hierzu BGH NJW 1994, 2629 f., BGH NStZ 2001, 82 f. = **juris**byhemmer.

## D. Rechtsfolgen

⇨ Die Exkulpation nach § 20 StGB führt zu einem obligatorischen Strafverzicht und ermöglicht die Verhängung von Maßregeln nach den §§ 61 ff. StGB. 145

⇨ Die Dekulpation nach § 21 StGB bewirkt eine fakultative Strafmilderung (§ 49 I StGB) und erlaubt ebenfalls die Anwendung der §§ 61 ff. StGB.

*In dubio pro reo*

Wichtig: Der Grundsatz „In dubio pro reo" gilt nur bezüglich der zugrunde liegenden Tatsachen, nicht für die Frage, ob das Ausmaß der Störung zur Schuld*un*fähigkeit oder nur zur verminderten Schuldfähigkeit führt. Auch dies ergibt sich aus der Vermutung zugunsten der vollen Schuldfähigkeit (vgl. oben Rn. 134).

## § 4 SANKTIONEN

*Strafen und Maßregeln*

146 Das Strafrecht umfasst Haupt- und Nebenstrafen, Nebenfolgen und Maßregeln der Besserung und Sicherung. Während die Strafe an die Schuld anknüpft (§ 46 StGB), haben die Maßregeln die Besserung und Sicherung, also primär spezialpräventive Aspekte zum Ziel. Die Strafe ist daher (grob vereinfacht) rückwärts und sind die Maßregeln in die Zukunft gerichtet. Man spricht daher von der *Zweispurigkeit des Strafrechts*. Zu beachten ist jedoch, dass auch die Strafe präventive Zwecke verfolgt, so dass die strikte Trennung der Zielrichtung gar nicht möglich ist (vgl. §§ 47 I, 56 I StGB).[234]

**Strafe**

- **Hauptstrafen:**
  - Geldstrafe, § 40 StGB
  - Freiheitsstrafe, § 38 StGB
- **Nebenstrafe:** Fahrverbot, § 44 StGB

**Maßregeln der Besserung und Sicherung, §§ 61 ff. StGB**

- Psychiatrisches Krankenhaus
- Entziehungsanstalt
- Sicherungsverwahrung
- Führungsaufsicht
- Entziehung der Fahrerlaubnis
- Berufsverbot

**Nebenfolgen**

- Verlust der Amtsfähigkeit, Wahlrecht, § 45 StGB
- Verfall, §§ 73 ff. StGB
- Einziehung, §§ 74 ff. StGB

## A. Die Freiheitsstrafe

### I. Die zeitige Freiheitsstrafe

*Zeitige Freiheitsstrafe*

147 Die zeitige Freiheitsstrafe (vgl. § 38 StGB) darf höchstens fünfzehn Jahre und muss mindestens einen Monat betragen.

#### 1. Die kurze Freiheitsstrafe

*Kurze Freiheitsstrafe*

148 Gem. § 47 StGB darf die kurze Freiheitsstrafe (unter sechs Monate) statt einer Geldstrafe nur angeordnet werden, wenn:

⇨ dies zur Einwirkung auf den Täter unerlässlich ist (Spezialprävention) oder

⇨ zur Verteidigung der Rechtsordnung unerlässlich ist (Generalprävention) und

⇨ besondere Umstände in der Tat oder der Persönlichkeit des Täters vorliegen.

**hemmer-Methode: Das Merkmal der „Verteidigung der Rechtsordnung“ als Ausfluss der positiven Generalprävention findet sich ebenfalls in §§ 56 III, 59 I S. 1 Nr. 3 StGB.**

234 Roxin, Strafrecht AT, Bd. I, § 3 II, Rn. 59.

Wichtig ist, dass die kurze Freiheitsstrafe nur äußerst restriktiv angewandt werden darf (ultima-ratio-Klausel).[235] Der Betroffene soll nicht unnötig aus seinem sozialen und beruflichen Umfeld herausgerissen werden.

Die kurzfristige Freiheitsstrafe kann z.B. bei sozial eingegliederten Verkehrsstraftätern oder Wirtschaftsstraftätern einen heilsamen Schock („short sharp shock") auslösen, ohne dass die Gefahr einer „kriminellen Infizierung" in der Vollzugsanstalt zu befürchten ist.[236]

## 2. Aussetzung zur Bewährung

*Aussetzung zur Bewährung*

Nach h.M. handelt es sich bei der Aussetzung der Freiheitsstrafe zur Bewährung nicht um eine eigenständige Sanktionsform, sondern um eine bloße Modifikation der Strafvollstreckung[237], bei der die Strafzwecke des Schuldausgleichs, der Spezial- und in den Fällen der Erkennung auf Freiheitsstrafe ab sechs Monaten auch der positiven Generalprävention (§ 56 III StGB) Anwendung finden. 149

Die zeitige Freiheitsstrafe von bis zu einem Jahr ist gem. § 56 I StGB bei einer günstigen Legalbewährungsprognose zur Bewährung auszusetzen, sofern nicht im Falle einer mindestens sechsmonatigen Freiheitsstrafe die Verteidigung der Rechtsordnung die Vollstreckung i.S.v. § 56 III StGB gebietet.[238] Mit der positiven Erwartung der Straffreiheit ist dabei nicht eine völlige Sicherheit des Richters zu verstehen; vielmehr genügt nach h.M. eine durch Tatsachen begründete Wahrscheinlichkeit künftigen straffreien Verhaltens, die höher ist als diejenige der Begehung weiterer Straftaten.[239] § 56 I S. 2 StGB bestimmt dabei nicht abschließend („namentlich") die Faktoren für die Prognosestellung. Zum „Vorleben" gehören insbesondere die Vorstrafen, wobei aber auch bisheriges Bewährungsversagen nicht ohne weiteres eine Negativprognose begründen kann.[240] Im Rahmen des „Nachtatverhaltens" ist anzumerken, dass das Wahrnehmen prozessualer Rechte wie z.B. das Schweigen bzw. Leugnen der Anschuldigungen für die Prognosefrage unergiebig ist, da dem Täter ein zulässiges Verteidigungsverhalten nicht angelastet werden darf.[241] Bei der Berücksichtigung der „Lebensverhältnisse" gilt, dass das „Verschulden" schlechter Lebensverhältnisse unerheblich ist.

Auch bei einer bis zu zweijährigen Freiheitsstrafe ist die Aussetzung zur Bewährung möglich, wenn besondere Umstände vorliegen (§ 56 II StGB), wie z.B. das Handeln aus einer unverschuldeten finanziellen Notlage oder einer Ehekrise heraus, positives Nachtatverhalten o.Ä. Das Gericht kann dann die besondere Weisung der Bewährungshilfe gem. § 56d StGB anordnen.

Die Aussetzung unterbleibt in den Fällen einer Erkennung auf Freiheitsstrafe von mindestens sechs Monaten, wenn die Verteidigung der Rechtsordnung dies gebietet (§ 56 III StGB). Dies ist möglich bei ständigem rechtsfeindlichen Verhalten, Missbrauch einer beruflichen Stellung (z.B. Arzt, Rechtsanwalt) oder schweren Tatfolgen (z.B. Tötung eines Menschen bei einem Verkehrsunfall).

---

235 Meier, Krimonologie, S. 82.

236 Jescheck, § 72 III 1.

237 Streng, Strafrechtliche Sanktionen, Rn. 168.

238 Vgl. zum Folgenden Detter, Rn. 69 ff.; BGH NStZ 2009, 441 = **juris**byhemmer.

239 Streng, Strafrechtliche Sanktionen, Rn. 174.

240 BGH NStZ- RR 1997, 68 = **juris**byhemmer.

241 Streng, Strafrechtliche Sanktionen, Rn. 178.

Die bedingte Aussetzung gem. § 56 I, II StGB wird im Urteil selbst angeordnet. Hingegen ergehen die weiteren Entscheidungen nach §§ 56a-56d StGB in einem selbständigen Beschluss gem. § 268a StPO, der zusammen mit dem Urteil verkündet wird.

### 3. Aussetzung des Strafrests

*Aussetzung des Strafrests*

Nach Verbüßung von zwei Dritteln der Strafe ist gem. § 57 I StGB mit Einwilligung des Gefangenen die Vollstreckung der Reststrafe zur Bewährung auszusetzen, wenn eine positive Verantwortungsprognose vorliegt, wobei die Anforderungen an die Legalbewährungsprognose grundsätzlich geringer sind als im Rahmen des § 56 StGB. Kriterien für die Verantwortbarkeit stellen dabei insbesondere die Deliktsschwere-Erwartung und die Länge des auszusetzenden Strafrests dar.[242] 150

Hierdurch soll sowohl ein Anreiz zur Mitarbeit im Strafvollzug geschaffen als auch schädlichen Folgen der Entsozialisierung entgegengewirkt werden. Außerdem sind die Einwirkungsmöglichkeiten, z.B. durch Bewährungshilfe und Führungsaufsicht, größer als bei der unbedingten Entlassung nach Vollverbüßung.

Durch das Gesetz zur Bekämpfung von Sexualdelikten und anderen gefährlichen Straftaten vom 26.01.1998 wurden die Voraussetzungen des § 57 I StGB neu formuliert.

*Voraussetzungen des § 57 I StGB*

Während früher erforderlich war, dass es „verantwortet werden (konnte) zu erproben, ob der Verurteilte außerhalb des Strafvollzugs keine Straftaten mehr begehen wird", fordert die Neufassung, dass „dies unter Berücksichtigung des Sicherheitsinteresses der Allgemeinheit verantwortet werden kann". 151

In der Begründung zu diesem Gesetz heißt es, es handle sich lediglich um eine Klarstellung, nicht um eine Verschärfung.

Tatsächlich entspricht die Neufassung der bereits vorher herrschenden Rechtsprechung, wonach die Sicherheit der Allgemeinheit und das Gewicht des bei einem Rückfall bedrohten Rechtsguts bei der Entscheidung nach § 57 I StGB zu berücksichtigen waren.

Auch erlaubt die neue Prognoseformel weiterhin ein gewisses „Testrisiko" und eine Abwägung zwischen dem allgemeinen Sicherheitsbedürfnis und dem Freiheitsanspruch des Verurteilten.

Es darf jedoch nicht übersehen werden, dass der alte Wortlaut gewissermaßen eine Vorwertung zugunsten der Aussetzung des Strafrests traf, während in der neuen Fassung der Akzent eher auf den Sicherheitserwägungen liegt. Insofern sind die Gerichte zu einer restriktiven, d.h. „aussetzungsfreundlichen", Praxis aufgerufen, da § 57 I StGB n.F. ansonsten möglicherweise als unverhältnismäßige Regelung anzusehen ist.

Allerdings gilt für die Strafrestaussetzung bei Freiheitsstrafen wegen schwerer Gewalt- oder Sexualdelikte, dass jedes ernstzunehmende Risiko eines einschlägigen Rückfalls zu einer ungünstigen Prognose führen muss.[243]

242 Streng, Strafrechtliche Sanktionen, Rn. 277.

243 OLG Saarbrücken, NJW 1999, 438 f.

Prozessual abgesichert wird dies bei wegen einer Katalogtat des § 66 III S. 1 StGB Verurteilten durch die Erforderlichkeit eines Prognosegutachtens eines Sachverständigen gem. § 454 II Nr. 2 StPO, der sich zu der Frage zu äußern hat, ob bei dem Verurteilten keine Gefahr mehr besteht, dass dessen durch die Tat zutage getretene Gefährlichkeit fortbesteht (§ 454 III S. 1 StPO). Grundsätzlich gilt dabei, dass generalpräventive Erwägungen und Sühneüberlegungen bei § 57 I StGB als unzulässig anzusehen sind.[244]

*Voraussetzungen des § 57 II StGB*

In manchen Fällen ist bereits die Aussetzung nach der Hälfte möglich (§ 57 II StGB), wenn der Betroffene „Erstverbüßer“[245] ist oder besondere Umstände vorliegen. Hierbei ist streitig, ob generalpräventive Erwägungen mit einbezogen werden können.[246] *152*

Zuständig für die Strafrestaussetzung ist gem. § 462a I StPO die Strafvollstreckungskammer am Landgericht. Sie entscheidet ohne mündliche Verhandlung, aber nach Anhörung von StA, Verurteiltem und Vollzugsanstalt gem. § 454 I StPO durch Beschluss.

## II. Die lebenslange Freiheitsstrafe

*Verfassungsmäßigkeit der lebenslangen Freiheitsstrafe*

Das wichtigste Problem dieser schwersten Strafe ist ihre Verfassungsmäßigkeit. Das Bundesverfassungsgericht[247] hat die Verfassungsmäßigkeit bejaht, allerdings nicht ohne Bedingungen: Die Mordmerkmale des § 211 StGB müssen restriktiv ausgelegt werden, und es muss - um die Menschenwürde des Betroffenen zu garantieren - die Möglichkeit der früheren Entlassung bestehen (§ 57a StGB). Wenn diese Voraussetzungen gegeben sind, ist bei besonderer Schwere der Schuld (vgl. § 57 I S. 1 Nr. 2 StGB) auch die lebenslange Vollstreckung nicht verfassungswidrig.[248] *153*

**hemmer-Methode: Das BVerfG[249] fordert neuerdings eine neue Praxis bei Fragen der Restaussetzung gem. § 57a StGB: Zuständig für die Entscheidung ist gem. §§ 454, 462a StPO die Strafvollstreckungskammer. Da diese nach vielen Jahren auch gem. § 57 I S. 1 Nr. 2 StGB über die Schwere der Schuld entscheiden musste, ist jetzt erforderlich, dass bereits das erkennende Gericht im Urteil Feststellungen zur Schuld trifft, an die die Strafvollstreckungskammer später gebunden ist.**
**Es handelt sich hierbei um eine verfassungskonforme Auslegung des § 57a I S. 1 StGB, da unter „Gericht“ das „Schwurgericht“ zu verstehen ist (sog. „Schwurgerichtslösung“). Kommentieren Sie, soweit in Ihrem Bundesland zulässig, § 74 II S. 1 Nr. 4 GVG an den Rand des § 57a I S. 1 StGB.**
**Beispiele für die besondere Schwere der Schuld sind die Verwirklichung mehrerer Mordmerkmale, der Tod mehrerer Menschen oder Tateinheit/Tatmehrheit mit anderen schweren Delikten.**
**In „Altfällen“ dürfen nur das dem Urteil zugrunde liegende Tatgeschehen und die dazu festgestellten Umstände berücksichtigt werden. Im Übrigen muss - wenn die Restaussetzung durch die StVK verneint wird - zumindest die noch zu verbüßende Restdauer in der Entscheidung der Strafvollstreckungskammer festgelegt werden!**

# B. Die Geldstrafe

*Geldstrafe*

Die Geldstrafe ist die am häufigsten verhängte Strafe (bei gut 80% aller nach allgemeinem Strafrecht Verurteilten).[250] *154*

244 Streng, Strafrechtliche Sanktionen, Rn. 278, mit weiteren Nachweisen.

245 Streitig ist, ob unter Straftaten auch die Untersuchungshaft und die Maßregeln fallen.

246 Bejahend Streng, Strafrechtliche Sanktionen, Rn. 283.

247 BVerfGE 45, 187 = **juris**byhemmer.

248 BVerfGE 72, 105 (116) = **juris**byhemmer; 64, 261 (272) = **juris**byhemmer; zur Kombination von lebenslanger Freiheitsstrafe und Sicherungsverwahrung Kett-Straub, GA 2009, 586 ff.

249 BVerfGE 86, 288 = **juris**byhemmer.

250 Übersichtlich König, Grundwissen zur Zumessung der Geldstrafe, JA 2009, 809.

## I. Tagessatzsystem

*Tagessatzsystem*

Bei der Bemessung der Geldstrafe wird in zwei Schritten vorgegangen: 155

- ⇨ Zuerst wird die Tagessatz*anzahl* festgelegt (§ 40 I StGB), die sich nach der Schuld des Täters bemisst, wobei auch spezial- und generalpräventive Ziele berücksichtigt werden.
- ⇨ Dann wird die Tagessatz*höhe* bestimmt (§ 40 II StGB), welche sich nach den persönlichen und wirtschaftlichen Verhältnissen (Nettoeinkommen)[251] des Täters richtet.

Somit kann bei großer Schuld zwar eine hohe Anzahl von Tagessätzen angeordnet werden, ist der Täter jedoch verarmt, so wird die Höhe des einzelnen Tagessatzes sehr gering sein. Diese zweiaktige Bemessung soll die ungleiche soziale Wirkung der Geldstrafe abmildern.[252]

## II. Sonderprobleme

Bei der Bemessung der Geldstrafe entstehen einige Spezialprobleme.

### 1. Schätzung der wirtschaftlichen Verhältnisse

*Schätzung der wirtschaftlichen Verhältnisse durch das Gericht*

Gem. § 40 III StGB können Vermögen, Einkünfte usw. vom Gericht geschätzt werden. Dies ist insbesondere dann erforderlich, wenn der Betroffene keine oder nur unglaubwürdige Angaben macht. 156

Mit der Möglichkeit der Schätzung ist die richterliche Aufklärungspflicht gem. § 244 StPO nicht völlig aufgehoben, sondern nur reduziert.[253] Gerade bei schwereren Fällen mit hoher Tagessatzanzahl sollte das Gericht Nachforschungen über die tatsächliche finanzielle Lage des Täters anstellen. Dies geschieht in der Praxis jedoch nur selten.[254]

### 2. Einbeziehung von Verpflichtungen und Vermögen

*Unterhaltsverpflichtungen*

Von dem ermittelten Einkommen werden Unterhaltsverpflichtungen abgezogen.[255] 157

> **Bsp.:** *Der Angeklagte hat Frau und Kind. Vom Einkommen wird zunächst der Unterhaltsbeitrag (minus Kindergeld) für das Kind abgezogen, dann wird das restliche Einkommen um 20% für den Unterhalt der Ehefrau gekürzt.*

*Personen ohne Einkünfte*

Personen ohne Einkünfte (Arbeitslose, Hausfrauen, Studenten, etc.) werden nach ihrem Unterhaltsanspruch oder nach sonstigen Leistungen (Unterstützung, monatlicher Wechsel) beurteilt.

---

251 Detter, I. Teil, Rn. 28.

252 Streng, Strafrechtliche Sanktionen, Rn. 125 f.

253 Kaiser/Schöch/Kinzig, Fall 7, Rn. 55.

254 Jescheck, § 73 II 5.

255 Jescheck, § 73 II 3.

### 3. Progressionswirkung der Geldstrafe

*Progressionswirkung*

Bei sehr hohen Tagessatzzahlen (ab 90 Tagessätze) steigt die Wirkung der Geldstrafe nicht mehr linear, sondern progressiv, weil dem Täter nichts mehr für seinen Lebensunterhalt bleibt (und insoweit ein indirekter Anreiz zu erneuter Straffälligkeit geschaffen wird). Daher muss bei der Tagessatzhöhe eine teleologische Reduktion dahingehend stattfinden, dass die Höhe des einzelnen Tagessatzes oberhalb dieser Grenze etwas gesenkt wird, um einen minimalen Lebensstandard zu gewährleisten. *158*

## C. Das Fahrverbot

*Fahrverbot*

Die Nebenstrafe des Fahrverbots (§ 44 StGB) setzt eine Verurteilung wegen einer Straftat im Zusammenhang mit dem Führen eines Fahrzeugs voraus. Sinn und Zweck ist die Denkzettelwirkung, die von dem Fahrverbot ausgeht, es hat somit spezial- und generalpräventive Züge. Das Fahrverbot darf nicht mit der Entziehung der Fahrerlaubnis (§ 69 StGB) verwechselt werden:[256] *159*

*Unterschiede zur Entziehung der Fahrerlaubnis*

- ⇨ Die Entziehung der Fahrerlaubnis ist eine Maßregel der Besserung und Sicherung und keine Nebenstrafe. *160*
- ⇨ Eine Verurteilung ist nicht erforderlich, wenn sie wegen Schuldunfähigkeit unterbleibt.
- ⇨ Die Entziehung der Fahrerlaubnis setzt die Ungeeignetheit des Täters voraus. Diese liegt in der Regel vor, wenn eine Katalogtat nach § 69 II StGB begangen wurde. Die Ungeeignetheit (z.B. geistige, körperliche oder charakterliche Mängel) muss sich jedoch aus der Tat selbst ergeben.
- ⇨ Es muss - im Gegensatz zum Fahrverbot - eine Prognose angestellt werden.
- ⇨ Bei der Entziehung der Fahrerlaubnis erlischt diese mit Rechtskraft des Urteils und muss nach Ablauf der Sperrfrist gem. § 69a StGB neu erteilt werden, das Fahrverbot suspendiert die Fahrerlaubnis hingegen nur.

**hemmer-Methode: Verfolgen Sie auch die Reformvorschläge zur Ausgestaltung des Fahrverbots als Hauptstrafe.[257] Probleme ergeben sich hier insbesondere im Hinblick auf den Anwendungsbereich und den Gleichheitssatz: Nicht jeder besitzt einen Führerschein, und die Sanktionswirkung kann im Einzelfall sehr unterschiedlich ausfallen - je nachdem, wie empfindlich das Fahrverbot den Verurteilten trifft.**

## D. Maßregeln der Besserung und Sicherung

*Anwendungsbereich*

Die in § 61 StGB genannten Maßregeln der Besserung und Sicherung setzen immer eine Gefährlichkeitsprognose[258] voraus. Sie werden unabhängig von der Schuld angeordnet, stehen jedoch unter dem Vorbehalt der Verhältnismäßigkeit (§ 62 StGB). Maßregeln können auch neben Strafen (bei vermindert Schuldfähigen) verhängt werden (vgl. für §§ 63, 64 StGB: § 67 I StGB). *161*

---

256 Detter, Rn.112.

257 Streng, Strafrechtliche Sanktionen, Rn. 359.

258 Zum Begriff siehe Rn. 119.

Aufgrund der hohen Eingriffsintensität der stationären Maßregeln der Besserung und Sicherung sowie der Ungenauigkeit der intuitiven Prognosemethode gilt, dass vor der Anordnung der Unterbringung des Angeklagten in einem psychiatrischen Krankenhaus, einer Entziehungsanstalt oder der Sicherungsverwahrung gem. § 246a StPO ein Sachverständiger zu vernehmen ist, im Falle der vorbehaltenen oder nachträglichen Sicherungsverwahrung gem. § 275a IV S. 1 bzw. 2 StPO ein bzw. zwei Sachverständigengutachten einzuholen sind.[259]

## I. Unterbringung in einem psychiatrischen Krankenhaus, § 63 StGB

*Psychiatrisches Krankenhaus*

Die Unterbringung in einem psychiatrischen Krankenhaus dient dem 162
Schutz der Allgemeinheit (also der Sicherung), wobei während des Aufenthaltes eine Heilung des Betroffenen erreicht werden soll.[260]

*Voraussetzungen*

Voraussetzung ist zum einen eine rechtswidrige Tat i.S.v. § 11 I 163
Nr. 5 StGB, die im Zustand der Schuldunfähigkeit oder der verminderten Schuldfähigkeit begangen wurde.[261] Des Weiteren muss eine negative Prognose zum Zeitpunkt der Entscheidung vorliegen, d.h. von dem Täter sind aufgrund seines andauernden pathologischen Zustandes mit gewisser Wahrscheinlichkeit noch weitere erhebliche Straftaten zu erwarten.[262] Eine bloße Möglichkeit künftiger Taten wird dabei als nicht ausreichend angesehen. Das Merkmal der „erheblichen“ Taten erfordert ferner, das bloß gemeinlästige Taten wie z.B. exhibitionistische Handlungen, kleinere Diebstähle etc. nicht ausreichen.[263] Vielmehr sind unter Berücksichtigung des in § 62 StGB niedergelegten Grundsatzes der Verhältnismäßigkeit die Anforderungen hoch anzusetzen.[264]

Eine Begrenzung der Dauer ist nicht vorgesehen (§ 67d StGB), allerdings ist immer der Verhältnismäßigkeitsgrundsatz gem. § 62 StGB zu beachten. Je länger die Unterbringung bereits andauert, desto intensiver muss die Verhältnismäßigkeit der Fortsetzung geprüft werden.[265] Zudem ist gem. § 67e I, II StGB jährlich zu überprüfen, ob die weitere Vollstreckung der Unterbringung zur Bewährung gem. § 67d StGB auszusetzen ist.

*Aussetzung*

Die Vollstreckung kann nämlich gem. § 67d II StGB beim Vorliegen 164
einer günstigen Prognose ausgesetzt werden, wobei auch hier seit dem 26.01.1998 geänderte Voraussetzungen gelten.

Nunmehr ist erforderlich, dass „zu erwarten ist, dass der Untergebrachte außerhalb des Maßregelvollzugs keine rechtswidrigen Taten mehr begehen wird.“ „Erwarten“ bedeutet - so die Begründung zu dieser Vorschrift - keine unbedingte Gewähr, sondern „eine durch Tatsachen begründete Wahrscheinlichkeit straffreier Lebensführung“, was aus dem Wortlaut der Norm freilich nicht eindeutig hervorgeht.[266]

---

259 Vgl. hierzu Teil I Frage 2 Bayer. Staatsexamen 2006 II, worin darzulegen war, welche Maßregeln und/oder Nebenstrafen im Falle wiederholten Fahrens unter Alkoholeinfluss in Betracht kommen und ob sich das Gericht für die Rechtsfolgenentscheidung sachverständiger Hilfe zu bedienen hat.

260 Jescheck, § 77 II 1.

261 Zur Unterbringung bei Bagatellverbrechen BGH NStZ 2009, 689 = **juris**byhemmer; zur Unterbringung von „Querulanten“ BGH NStZ 2009, 383 = **juris**byhemmer.

262 Streng, Strafrechtliche Sanktionen, Rn. 401 f.

263 Vgl. BGH StV 1997, 466 f. = **juris**byhemmer.

264 BGH StV 1999, 488 f. = **juris**byhemmer.

265 BVerfGE 70, 292 (311) = **juris**byhemmer.

266 SSW-Schöch, § 63, Rn. 18.

## II. Unterbringung in einer Entziehungsanstalt, § 64 StGB

*Entziehungsanstalt*

Zweck der Unterbringung in einer Entziehungsanstalt ist primär die Besserung des Täters, weniger die Sicherung.[267] 165

*Voraussetzungen*

Vorausgesetzt wird, dass der Täter den Hang hat, im Übermaß Rauschmittel zu konsumieren. Unter Hang lässt sich eine anlagebedingte oder durch Übung erworbene intensive Neigung verstehen, die nicht notwendig permanent, aber doch immer wieder zum Tragen kommt, wobei sich der Hang auf Berauschungen beziehen muss, die das Maß des Gesundheitsschädlichen bzw. Sozialgefährdenden erfüllen.[268] Der Täter muss eine Tat begangen haben, die im Rausch stattfand oder auf seinen Hang zurückgeht, d.h. es muss sich um eine Symptomtat handeln.

> **Bsp.:** *Dem heroinabhängigen X werden verschiedene Betrügereien zur Rauschmittelbeschaffung vorgeworfen. Während der Taten selbst war er nicht schuldunfähig, die Taten gehen jedoch auf seinen Hang zurück.*

Zuletzt ist erforderlich, dass die Gefahr neuer erheblicher Straftaten aufgrund des Hanges besteht (Prognose), wobei die Erheblichkeitsschwelle im Vergleich zu § 63 StGB jedoch aufgrund der Begrenzung der Unterbringungsdauer auf maximal zwei Jahre (§ 67d I S. 1 StGB) geringer zu bewerten ist

**hemmer-Methode: Einige Paragraphen der §§ 64 ff. StGB sind verfassungswidrig (vgl. Fn. zu §§ 64, 67 IV S. 2, 67d V StGB)! Das BVerfG[269] hat entschieden, dass eine Einweisung in eine Entziehungsanstalt nur möglich ist, wenn eine hinreichende Aussicht auf den Erfolg der Entziehungskur besteht. Es muss daher eine positive Eignungsfeststellung stattfinden. Der Betroffene darf also nicht - ohne überhaupt geeignet zu sein - in einer Entziehungsanstalt untergebracht werden, was sich aus dem Gesetzestext des § 64 StGB nicht ergibt. Aus diesem Grunde ist auch die Mindestdauer nach § 67d V StGB verfassungswidrig: Das Gericht soll von vornherein die Möglichkeit der Zweckerreichung bejahen und nicht erst ein Jahr mit dieser Prüfung abwarten!** 166

## III. Unterbringung in der Sicherungsverwahrung, §§ 66 ff. StGB[270]

### 1. Unterbringung in der Sicherungsverwahrung, § 66 StGB

*Sicherungsverwahrung*

Die schärfste Maßregel, die Sicherungsverwahrung, hat den Schutz der Allgemeinheit vor gefährlichen Hangtätern zum Ziel.[271] § 66 I StGB regelt die obligatorische Anordnung der Sicherungsverwahrung, d.h. bei Vorliegen der in § 66 I StGB genannten Voraussetzungen muss das Gericht neben der Strafe die Sicherungsverwahrung anordnen. 167

Demgegenüber betrifft § 66 II, III StGB die fakultative Anordnung der Sicherungsverwahrung, d.h. bei Vorliegen der Voraussetzungen ist dem Gericht ein Ermessen bezüglich der Anordnung der Sicherungsverwahrung eingeräumt.

---

267 Jescheck, § 77 III 1; Lissner, Rpfleger 2013, 486 ff.

268 Streng, Strafrechtliche Sanktionen, Rn. 408.

269 BVerfGE 91, 1 = **juris**byhemmer.

270 Vgl. hierzu Laubenthal, Die Renaissance der Sicherungsverwahrung, ZStW 116 (2004), 703 ff., Kinzig, NStZ 2004, 655 ff., BVerfG NJW 2004, 739 ff., 750 ff. = **juris**byhemmer.

271 Jescheck, § 77 V 1.

Die Sicherungsverwahrung hat seit den tragischen Kindesmissbrauchsfällen Ende der 90'er (vgl. auch den Fall Dutroux in Belgien) über mehrere „Stationen" hinweg eine ständige gesetzgeberische Weiterentwicklung im Sinne einer Verschärfung erfahren. Nach Einfügen der nachträglichen Sicherungsverwahrung im Jahr 2004 (vgl. 3.) betraf die Novellierung in den Jahren 2004 und 2008 v.a. Jugendliche und Heranwachsende (vgl. 4. und 5.). Zwar ist die Anordnung der Sicherungsverwahrung gegen diese nach § 66 StGB nach wie vor unzulässig (vgl. §§ 7, 106 II S. 1 JGG), allerdings kann nunmehr der Vorbehalt der Sicherungsverwahrung seit den Reformen auch gegen Heranwachsende (vgl. § 106 II JGG) und Jugendliche (vgl. § 7 II JGG) unter den dort genannten Voraussetzungen angeordnet werden. Die zeitweise vorgesehene Möglichkeit der Anordnung nachträglicher Sicherungsverwahrung gem. §§ 7 III, 106 V, VI JGG a.F. ist in Reaktion auf ein Urteil des Bundesverfassungsgerichts aus dem Jahre 2012 mit Wirkung zum 1. Juni 2013 wieder gestrichen worden.

### a) Obligatorische Anordnung der Sicherungsverwahrung, § 66 I StGB

*Voraussetzungen*

Formell setzt die obligatorische Anordnung nach § 66 I StGB voraus, dass der Täter wegen einer vorsätzlichen Katalogstraftat nach § 66 I S. 1 Nr. 1 StGB (der sog. Anlasstat) zu einer Freiheitsstrafe von mindestens zwei Jahren verurteilt wird und davor bereits zwei Vorverurteilungen wegen vorsätzlicher Straftaten (zu jeweils mind. einem Jahr Freiheitsstrafe) sowie eine Vorverbüßung von mind. zwei Jahren gegeben sind. *168*

**hemmer-Methode: Bei den Vorverurteilungen i.S.v. § 66 I S. 1 Nr. 1 StGB kommt es nicht auf die Höhe von Gesamtstrafen an, sondern auf die ihnen zugrundeliegenden Einzelstrafen[272], wobei auch die Verurteilung zu einer Jugendstrafe oder zu einer zur Bewährung ausgesetzten Strafe nach h.M.[273] ausreicht. Allerdings muss eine einheitliche Jugendstrafe i.S.v. § 31 JGG erkennen lassen, dass der Täter bei einer der ihr zugrundeliegenden Straftaten eine Jugendstrafe von mindestens einem Jahr verwirkt hätte:[274] Die erforderliche Feststellung kann der Tatrichter der jetzt abzuurteilenden Tat jedoch nur treffen, wenn das Gericht des vorherigen Strafverfahrens hinreichende Feststellungen zur Bewertung der einzelnen Taten getroffen hat. Der über die Sicherungsverwahrung entscheidende Richter darf diesbezüglich nicht im Nachhinein eine eigene Strafzumessung vornehmen.[275]**

Materiell vorausgesetzt wird eine ungünstige Prognose: Der Täter muss nach der Gesamtwürdigung seiner Persönlichkeit und seiner Taten ein Hangtäter sein, von dem aufgrund des Hanges *erhebliche* (zur Definition siehe § 66 I S. 1 Nr. 4 StGB) Straftaten und damit eine Gefahr für die Allgemeinheit zu befürchten sind.[276]

*Definition Hangtäter*

**hemmer-Methode: Hangtäter ist, wer aufgrund seiner eingewurzelten, auf charakterlicher Veranlagung bestehenden oder durch Übung erworbenen intensiven Neigung Rechtsbrüche von besonderer Erheblichkeit begeht.[277] Um dieses festzustellen, muss eine Gefährlichkeitsprognose vorgenommen werden, die die Herkunft des Täters (Sozial- und Erziehungsverhältnisse), seinen kriminellen Werdegang (Häufigkeit und Rückfall), die Art der Straftatenbegehung (professionelle Vorgehensweise), sein Arbeits- und Freizeitverhalten (Drogenkonsum, etc.) und seinen Charakter einbezieht.[278]** *169*

272 Fischer, StGB, § 66 Rn. 7.

273 Fischer, StGB, § 66 Rn. 7; Lackner/Kühl, § 66 Rn. 5 f.; a.A. z.B. MüKo/Ullenbruch, § 66 Rn. 62, 67.

274 StV 2002, 29; weitere Nachweise bei Fischer, StGB, § 66 Rn. 7.

275 NJW 99, 3723.

276 BGH NStZ 2009, 323 = jurisbyhemmer; vgl. hierzu Bay. Staatsexamen 2005/1, Teil I Aufgaben 3-6, Teil II Aufgabe 2.

277 Schönke/Schröder, § 66, Rn. 19-38.

278 Schönke/Schröder, § 66, Rn. 22 ff.

### b) Fakultative Anordnung der Sicherungsverwahrung ohne (zwingende) Vorverurteilung, § 66 II, III StGB

*Fakultative Anordnung der Sicherungsverwahrung ohne Vorverurteilung, § 66 II StGB*

§ 66 II StGB richtet sich an den gefährlichen Serientäter, der bisher möglicherweise unentdeckt geblieben ist. § 66 II StGB ermöglicht es dem Gericht, die Sicherungsverwahrung auch bei Erstverurteilung auszusprechen. § 66 II StGB ist als subsidiäre Vorschrift nur anzuwenden, wenn § 66 I StGB ausscheidet. Im Unterschied zu § 66 I StGB brauchen Vorverurteilungen und Vorverbüßungen nicht gegeben sein. 170

*Formelle Voraussetzungen*

Der Angeklagte muss drei vorsätzliche Straftaten begangen haben, durch die jeweils mindestens ein Jahr Freiheitsstrafe „verwirkt" wurde, d.h. jede Tat muss mindestens ein Jahr Freiheitsstrafe wert gewesen sein.[279]

Weiterhin muss die jetzt die Sicherungsverwahrung auslösende Verurteilung eine Freiheitsstrafe von mindestens drei Jahren ausweisen.

*Materielle Voraussetzung*

Materielle Voraussetzung ist das Vorliegen der Hangtäterschaft und eine positive Gefährlichkeitsprognose.

*Fakultative Anordnung der Sicherungsverwahrung, § 66 III StGB*

§ 66 III StGB regelt die fakultative Anordnung der Sicherungsverwahrung wegen besonderer Anlasstat. Die Regelung des § 66 III StGB wurde durch das SexualdelBekG vom 28.01.1998 eingefügt. Die Vorschrift findet nur Anwendung, wenn der Täter eine der Taten i.S.v. § 66 III S. 1 StGB nach dem 31.01.1998 begangen hat.[280] 171

*Formelle Voraussetzungen*

Nach § 66 III S. 1 StGB ist die Anordnung der Sicherungsverwahrung zulässig, wenn wegen der Anlasstat eine Freiheitsstrafe von mindestens zwei Jahren verhängt wird und eine Vorverurteilung wegen einer oder mehrerer Katalogtaten zur Freiheitsstrafe von mindestens drei Jahren vorliegt, wovon mindestens zwei Jahre Freiheitsentzug vollzogen worden sind.

*Materielle Voraussetzung*

Materielle Voraussetzung der Anordnung ist wiederum das Vorliegen der Hangtätereigenschaft und eine positive Gefährlichkeitsprognose.

*Formelle Voraussetzung*

Nach § 66 III S. 2 StGB kann das Gericht die Sicherungsverwahrung auch ohne Vorverurteilung bei Vorliegen von zwei Katalogtaten des § 66 III S. 1 StGB anordnen, sofern der Täter für jede der beiden Taten eine Freiheitsstrafe von mindestens zwei Jahren verwirkt hat und nun zu Freiheitsstrafe von mindestens drei Jahren verurteilt wird.

*Materielle Voraussetzung*

Materielle Voraussetzung ist das Vorliegen der Hangtätereigenschaft und die positive Gefährlichkeitsprognose.

Durch das SexualdelBekG vom 28.01.1998 wurde zugleich die Beschränkung der erstmalig angeordneten Sicherungsverwahrung auf zehn Jahre aufgehoben. Vielmehr wurde in § 67d III StGB eine obligatorische Prüfungs- und Entscheidungspflicht nach Ablauf von zehn Jahren eingeführt, sofern die Sicherungsverwahrung (erstmalig) zeitlich unbefristet angeordnet wurde.

---

279 Streng, Strafrechtliche Sanktionen, Rn. 459.

280 Vgl. NStZ 05, Rn. 265.

Der Wegfall der Höchstdauer der erstmaligen Sicherungsverwahrung verstößt nach dem Urteil des BVerfG vom 05.02.2004 weder gegen die Menschenwürde, noch verstößt der Wegfall der Höchstfrist für eine erstmalig angeordnete Sicherungsverwahrung und die Anwendbarkeit auf Straftäter, bei denen die Sicherungsverwahrung vor Verkündung und In-Kraft-Treten der Gesetzesänderung angeordnet und noch nicht erledigt war, gegen das rechtsstaatliche Vertrauensschutzgebot aus Art. 2 II i.V.m. Art. 20 III GG. Das absolute Rückwirkungsverbot des Art. 103 II GG gelte für Maßregeln der Sicherung und Besserung nicht (die Entscheidung des BVerfG ist unbedingt nachzulesen in NJW 2004, 739 ff.).

**hemmer-Methode: Mit Urteil vom 17. Dezember 2009 entschied der EGMR allerdings, dass die Abschaffung der zeitlichen Höchstgrenze der Sicherungsverwahrung in § 67d III StGB gegen das strafrechtliche Rückwirkungsverbot und das Grundrecht auf Freiheit aus der EMRK verstößt. Die Bundesrepublik Deutschland wurde zur Zahlung von 50.000 Euro Schmerzensgeld verurteilt. Für den Verurteilten eröffnet dies die Möglichkeit einer Wiederaufnahme nach § 359 Nr. 6 StPO.**
**Mit Urteil vom 04.05.2011[281] hat das BVerfG die §§ 66, 66b II, 67d III S. 1 StGB, § 7 II, III JGG für verfassungswidrig erklärt. Die Regelungen verstoßen demnach gegen das im Freiheitsgrundrecht der Untergebrachten nach Art. 2 II S. 2 i.V.m. Art. 104 I GG verwurzelte Abstandsgebot und das rechtsstaatliche Vertrauensschutzgebot (Art. 2 II S. 2 i.V.m. Art. 20 III GG).[282] Seither darf in Altfällen, in denen die Unterbringung der Sicherungsverwahrten über die Zehnjahresfrist fortdauert, sowie in den Fällen der nachträglichen Sicherungsverwahrung nur dann eine weitere Verwahrung erfolgen, wenn die hochgradige Gefahr schwerster Gewalt- oder Sexualstraftaten aus konkreten Umständen in der Person oder im Verhalten des Sicherungsverwahrten abzuleiten ist und er unter einer psychischen Störung im Sinne von § 1 I Nr. 1 des Therapieunterbringungsgesetzes leidet. Eine Neuregelung hatte bis zum 31.05.2013 zu erfolgen.[283]**

*Reform der Sicherungsverwahrung 2012*

Zentrale Aufgabe der „Reform" der Sicherungsverwahrung durch das Gesetz zur bundesrechtlichen Umsetzung des Abstandsgebots im Recht der Sicherungsverwahrung vom 05.12.2012[284] ist insbesondere die Wiederherstellung des Abstandsgebotes zwischen Strafvollzug und Sicherungsverwahrung gewesen. Der Gesetzgeber hat hierzu mit § 66c StGB eine neue Bestimmung in das StGB aufgenommen, die dezidierte Vorgaben an die künftige Ausgestaltung der Sicherungsverwahrung enthält. Daneben wurde die maßgeblich erst 2011 im Jugendstrafrecht eingeführte nachträgliche Sicherungsverwahrung sowohl bei Jugendlichen als auch bei Heranwachsenden wieder aufgehoben.

Das Abstandsgebotsgesetz enthält über Art. 316f EGStGB eine Übergangsregelung für „Altfälle", die eine Fortgeltung der im Zeitpunkt der Anlasstat geltenden Rechtslage vorsieht, sofern die Anlasstat bis zum 31. Mai 2013 begangen worden ist.

## 2. Vorbehalt der Unterbringung in der Sicherungsverwahrung, § 66a StGB

*Vorbehalt der Unterbringung in der Sicherungsverwahrung, § 66a StGB*

Die Vorschrift wurde durch das Gesetz zur Einführung der vorbehaltenen Sicherungsverwahrung vom 21.08.2002 eingefügt und trat am 28.08.2002 in Kraft. Als Vorlage für § 66a StGB diente § 27 JGG, wonach die Verhängung der Jugendstrafe zur Bewährung ausgesetzt wird. § 66a StGB und § 66 StGB stehen in einem Ausschließlichkeitsverhältnis zueinander. 172

281 BVerfG, 2 BvR 2365/09 = jurisbyhemmer.

282 Zu aktuellen Problemen der Sicherungsverwahrung Bung, ZIS 2013, 359 f.

283 Zur Neuregelung ab dem 1. Juni 2013 Peglau, JR 2013, 249 ff.; Pollähne, StV 2013, 249 ff.; Renzikowski, NJW 2013, 1638 ff.

284 BGBl. I, S. 2425.

Erst wenn die für § 66 StGB erforderliche Gefährlichkeit des Täters für die Allgemeinheit nicht mit hinreichender Sicherheit festgestellt werden kann, kommt eine Vorbehaltsanordnung gem. § 66a StGB in Betracht.

*Formelle Voraussetzungen*

Die Anordnung des Vorbehalts kann nur bei der Verurteilung wegen einer gegen die sexuelle Selbstbestimmung gerichteten Tat aus dem Katalog des § 66 III S. 1 StGB erfolgen (§ 66a I Nr. 1 StGB).

Weiterhin müssen die formellen Voraussetzungen des § 66 III S. 1 oder S. 2 StGB erfüllt sein (§ 66a I Nr. 2 StGB).

*Materielle Voraussetzungen*

Voraussetzung der Anordnung des Vorbehalts ist, dass die in § 66 I S. 1 Nr. 4 StGB vorausgesetzte Gefährlichkeit für die Allgemeinheit nicht mit hinreichender Sicherheit feststellbar ist. Eine verfassungskonforme Auslegung des Wortlauts ergibt nach wohl h.M., dass die bloße Möglichkeit einer positiven Gefährlichkeitsprognose nicht ausreicht. Vielmehr muss eine erhebliche, naheliegende Wahrscheinlichkeit dafür festgestellt werden, dass der Täter für die Allgemeinheit gefährlich ist und dies zum Zeitpunkt der möglichen Entlassung auch noch sein wird.[285]

Weiterhin ist aufgrund des Wortlauts des § 66a I StGB a.E. umstritten, ob nur die Gefährlichkeitsprognose unsicher sein darf oder ob auch der Hang ungeklärt bleiben kann.

Nach wohl überwiegender Ansicht ist die Vorschrift unter der Beachtung des Schuldgrundsatzes und der notwendigen Verbindung zwischen Anlasstat und Rechtsfolge dahingehend auszulegen, dass der Tatrichter bei der Anordnung des Vorbehalts auch den Hang mit hinreichender Sicherheit feststellen muss.[286]

### 3. Nachträgliche Anordnung der Unterbringung in der Sicherungsverwahrung, § 66b StGB

*Verfassungsmäßigkeit der nachträglichen Sicherungsverwahrung?*

Am 29.07.2004 trat das Gesetz zur Einführung der nachträglichen Sicherungsverwahrung in Kraft, nachdem das BVerfG am 10.02.2004 die Straftäterunterbringungsgesetze der Länder mangels Gesetzgebungskompetenz für verfassungswidrig erklärt hatte.[287] Allerdings rief das Institut der nachträglichen Sicherungsverwahrung durch Bundesgesetz unter dem Aspekt der Rechtskraft der Aburteilung der Anlasstat und des Doppelbestrafungsverbots zahlreiche verfassungsrechtliche Bedenken hervor.[288] Bereits seit dem Jahr 2011 war die nachträgliche Anordnung der Sicherungsverwahrung nur noch nach Erledigung einer Maßregel (§ 63 StGB) zulässig, weshalb das Urteil des Bundesverfassungsgerichts aus dem Jahre 2012 insoweit keine „Anpassungslasten“ des Gesetzgebers mit sich brachte. 173

§ 66b StGB setzt die Anordnung der Maßregel der Unterbringung in einem psychiatrischen Krankenhaus (§ 63 StGB) voraus.

285 Fischer, StGB, § 66a Rn. 8; MüKo/Ullenbruch, § 66a Rn. 30.

286 So MüKo/Ullenbruch, § 66a Rn. 36.

287 BVerfG NJW 2004, 750 ff.; zu § 66b StGB übersichtlich SSW-Jehle, § 66b Rn. 1 ff.

288 Vgl. zur Frage der Verfassungsmäßigkeit des § 66b StGB: Kinzig, NStZ 2004, 655 (656); Poseck, NJW 2004, 2559 ff. (2561); Schaefer, StRR 2009, 89 ff.; Ullenbruch, NJW 2008, 2610.

*Voraussetzungen*

Die Voraussetzungen nach § 66b S. 1 StGB sind:

- ⇨ Unterbringung des Betroffenen wegen mehrerer gegen die sexuelle Selbstbestimmung gerichteten Straftaten aus dem Katalog des § 66 III S. 1 StGB

  oder

- ⇨ Unterbringung des Betroffenen wegen einer gegen die sexuelle Selbstbestimmung gerichteten Straftaten aus dem Katalog des § 66 III S. 1 StGB, soweit er vor dieser Tat bereits einmal zu einer Freiheitsstrafe von mindestens drei Jahren verurteilt oder in einem psychiatrischen Krankenhaus untergebracht worden war

- ⇨ Gesamtwürdigung des Betroffenen, seiner Taten und ergänzend seiner Entwicklung bis zum Zeitpunkt der Entscheidung ergibt, dass er mit hoher Wahrscheinlichkeit erhebliche Straftaten begehen wird, durch welche die Opfer seelisch oder körperlich schwer geschädigt werden (§ 66b S. 1 Nr. 2 StGB)

Eine im Anschluss an die Unterbringung nach § 63 StGB noch ganz oder teilweise zu vollstreckende Freiheitsstrafe, die daneben angeordnet worden ist, steht dem nicht entgegen.

**Rechtsfolge**: Fakultative Anordnung der nachträglichen Sicherungsverwahrung.

## 4. Gesetzliches Abstandsgebot, § 66c StGB

*Gesetzliches Abstandsgebot*

In Reaktion auf das Urteil des Bundesverfassungsgerichts zur Verfassungswidrigkeit des Vollzugs der Sicherungsverwahrung aus dem Jahre 2011[289] hat der Gesetzgeber den „Stein des Anstoßes", die fehlende Umsetzung des Abstandsgebots, gesetzlich geregelt.[290] *173a*

Sowohl vor dem EGMR als auch vor dem BVerfG war der Umstand, dass in nicht wenigen JVAen Sicherungsverwahrte und Strafgefangene oftmals noch nicht einmal räumlich besonders getrennt untergebracht gewesen sind und die Unterschiede im Vollzug marginal bis minimal waren, großen Unmut hervorgerufen.

*§ 66c I Nr. 1 StGB*

§ 66c I Nr. 1 StGB schreibt daher mit Wirkung seit dem 1. Juni 2013 vor, dass Sicherungsverwahrte in Einrichtungen unterzubringen sind, die eine gesonderte individuelle Betreuung ermöglichen (Buchstabe a) und das Ziel verfolgen, die Gefährlichkeit des Untergebrachten weitmöglichst zu reduzieren (Buchstabe b). Dies bedeutet eine nicht unwesentliche Abkehr von der vormaligen „Verwahr"-Praxis.

*§ 66c I Nr. 2 StGB*

§ 66c I Nr. 2 StGB sieht weiterhin vor, dass die Untergebrachten in möglichst weitgehender Weise an normale allgemeine Lebensverhältnisse angepasst in räumlich getrennten Gebäuden oder Abteilungen unterzubringen sind.

*§ 66c I Nr. 3 StGB*

§ 66c I Nr. 3 StGB sieht zur Erreichung des Ziels des § 66c I Nr. 1 Buchstabe b StGB (Milderung der Gefährlichkeit des Untergebrachten für die Allgemeinheit) die Gewährung vollzugsöffnender Maßnahmen[291] sowie einen engen Zusammenhang von staatlichen und freien Trägern für eine nachsorgende Betreuung vor.

---

289 BVerfG, 2 BvR 2365/09 = **juris**byhemmer.

290 Hierzu Peglau, JR 2013, 249 ff. Pollähne, StV 2013, 249 ff.; Renzikowski, NJW 2013, 1638 ff.

291 § 9 JVollzGB III, Art. 13 f. BayStVollzG, § 46 BbgVollzG, § 38 BremStVollzG, § 12 HmbStVollzG, § 13 HStVollzG, § 38 StVollzG M-V, § 13 NJVollzG, § 45 LJVollzG-RP, § 38 SLStVollzG, § 38 SächsStVollzG, § 46 ThürJVollzGB.

*Sicherheitsvorbehalt*

Gemein ist praktisch allen oben genannten Punkten, dass diese jeweils die Sicherheit der Allgemeinheit als einschränkendes Kriterium zum Gegenstand haben.

## 5. Vorbehalt und nachträgliche Sicherungsverwahrung bei Heranwachsenden, auf die Erwachsenenstrafrecht Anwendung findet, § 106 III S. 2, V, VI JGG[292]

*Vorbehalt der Unterbringung in der Sicherungsverwahrung, § 106 III S. 2 JGG*

Als Bestandteil des am 01.04.2004 in Kraft getretenen Gesetzes zur Änderung der Vorschriften über die Straftaten gegen die sexuelle Selbstbestimmung und zur Änderung anderer Vorschriften war die Anordnung des Vorbehalts der Unterbringung in der Sicherungsverwahrung i.S.v. § 66a StGB gem. § 106 III S. 2, 3 JGG für statthaft erklärt worden. Allerdings sind die Voraussetzungen gegenüber allgemeinem Strafrecht verschärft worden: 174

⇨ Der Heranwachsende muss wegen einer Anlasstat i.S.d. § 66 III S. 1 StGB, bei der das Opfer seelisch oder körperlich schwer geschädigt oder einer solchen Gefahr ausgesetzt wurde, zu einer Freiheitsstrafe von mindestens fünf Jahren verurteilt worden sein (§ 106 III S. 2 Nr. 1 JGG).

⇨ Bei den nach § 66 StGB maßgeblichen Symptomtaten muss es sich um solche des § 66 III S. 1 StGB handeln (§ 106 III S. 2 Nr. 2 JGG). Offen hierbei bleibt aufgrund des pauschalen Verweises auf § 66 StGB in § 106 III S. 2 JGG die Zahl der erforderlichen Vortaten. Allerdings hat sich der Gesetzgeber dagegen ausgesprochen, dass der Vorbehalt bereits gegenüber Ersttätern angeordnet wird.[293]

⇨ Die Gesamtwürdigung des Täters und seiner Taten müsste ergeben, dass der Täter infolge des Hanges zu Straftaten i.S.v. § 66 III S. 1 StGB für die Allgemeinheit gefährlich ist (§ 106 III S. 2 Nr. 3 JGG).

*Nachträgliche Anordnung der Sicherungsverwahrung, § 106 V,VI JGG*

Mit dem Gesetz zur Einführung der nachträglichen Sicherungsverwahrung vom 23.07.2004 war § 106 JGG um Absatz 5 erweitert worden, der eine nachträgliche Sicherungsverwahrung zum Nachteil des Heranwachsenden ermöglichte. 175

Voraussetzungen hierfür waren:

⇨ Der Heranwachsende müsste wegen einer Straftat i.S.v. § 106 III S. 2 Nr. 1 JGG, § 66 III S. 1 StGB zu einer Freiheitsstrafe von mindestens fünf Jahren verurteilt worden sein.

⇨ Vor Ende des Vollzugs der Freiheitsstrafe müssten Tatsachen erkennbar werden, die auf eine erhebliche Gefährlichkeit für die Allgemeinheit hinweisen.

⇨ Die Gesamtwürdigung des Verurteilten, seiner Taten und ergänzend seiner Entwicklung während des Strafvollzugs müssten ergeben, dass er mit hoher Wahrscheinlichkeit erneut Straftaten der in § 106 III S. 2 Nr. 1 JGG, § 66 III S. 1 StGB bezeichneten Art begehen wird.

**hemmer-Methode: Die Sicherungsverwahrung kann nachträglich auch zum Nachteil von Ersttätern eingreifen.**[294]

292 Ausführlich zur nachträglichen Sicherungsverwahrung bei Heranwachsenden und Jugendlichen Streng, Jugendstrafrecht, Rn. 555 ff.; Laue, Vorgänge 2014, Nr. 1, 43 ff.

293 Kritisch zum unklaren Wortlaut des § 106 III S. 2 Nr. 2 JGG auch Laubenthal/Baier, Jugendstrafrecht, Kap. 6.3., Rn. 460.

294 Laubenthal/Baier, Jugendstrafrecht, Kap. 6.3., Rn. 464.

*Rechtsänderung 2012: eingeschränkter Vorbehalt*

In Reaktion auf das Urteil des Bundesverfassungsgerichts im Jahre 2011 zur Verfassungswidrigkeit der Sicherungsverwahrung bei Jugendlichen wurde mit Wirkung zum 1. Juni 2013 § 106 III S. 2 JGG dahingehend geändert, dass der Vorbehalt der Sicherungsverwahrung bei weniger Anlasstaten in Betracht kommt.

- ⇨ Der Heranwachsende muss wegen einer Anlasstat, die sich entweder gegen das Leben, die körperliche Unversehrtheit oder die sexuelle Selbstbestimmung richtete oder wegen eines Raubes oder einer raubähnlichen Handlung mit Todesfolge (§ 251 StGB, ggf. i.V.m. § 252 StGB oder § 255 StGB) zu einer Freiheitsstrafe von mindestens fünf Jahren verurteilt worden sein, bei der das Opfer seelisch oder körperlich schwer geschädigt oder einer solchen Gefahr ausgesetzt wurde (§ 106 III S. 2 Nr. 1 JGG). Einfacher oder auch schwerer Raub (§§ 249, 250 StGB) sowie einfache oder schwere räuberische Erpressung (§ 255, ggf. i.V.m. § 250 StGB) genügen nicht mehr.[295]
- ⇨ Die Gesamtwürdigung des Täters und seiner Taten muss mit hinreichender Sicherheit ergeben, dass der Täter infolge des Hanges zu Straftaten i.S.v. § 66 III S. 1 StGB für die Allgemeinheit gefährlich ist (§ 106 III S. 2 Nr. 2 JGG).

*Vorbehalt bei Kindesmissbrauch*

§ 106 IV JGG sieht ergänzend bei Verurteilung wegen einer oder mehreren Taten des sexuellen Missbrauchs von Kindern (§§ 176a, 176b StGB) die Möglichkeit zur vorbehaltenen Sicherungsverwahrung vor. Erforderlich ist, dass neben einer solchen Katalogtat (§ 106 IV Nr. 1 JGG) auch die weiteren Voraussetzungen des § 66 III StGB erfüllt sind (§ 106 IV Nr. 2 JGG) und sowohl die begangenen als auch die zukünftig zu erwartenden Taten, die auch dem Katalog des § 106 III S. 2 Nr. 1 JGG entsprechen können, das Opfer seelisch oder körperlich schwer geschädigt oder einer solchen Gefahr ausgesetzt haben oder werden.

## 6. „Stiller Vorbehalt“ und nachträgliche Sicherungsverwahrung bei Verurteilung nach Jugendstrafrecht, § 7 II JGG

Seinen vorläufigen „Höhepunkt“ fanden die Reformen mit der Einführung der nachträglichen Sicherungsverwahrung bei Verurteilungen gegen Jugendliche (in Kraft getreten am 12.07.2008)[296], bevor die Rechtsprechung des Bundesverfassungsgerichts zur verfassungsrechtlichen Problematik der nachträglichen Sicherungsverwahrung im Jahr 2011 bis zum Ablauf der Umsetzungsfrist im Jahr 2013 zu einer Reduktion dieser staatlichen Unrechtsreaktion führte. 176

*„Stiller“ Vorbehalt*

Einen Vorbehalt wie in § 106 III S. 2, 3 JGG sah § 7 II JGG a.F. bei Jugendlichen nicht vor. Wegen des staatlichen Fürsorgeauftrags bleibt ein offener Vorbehalt außer Betracht; nach der Gesetzesbegründung soll aber mit Blick auf den staatlichen Schutzauftrag ein „stiller Vorbehalt“ möglich sein: Das Urteil darf somit keinen offenen Vorbehalt enthalten, muss aber - soweit der Richter sich in „stiller Form“ die Anordnung vorbehält - der Anknüpfungspunkt hierfür bleiben.

295 Vgl. Ostendorf/Drenkhahn, Jugendstrafrecht, Rn. 287.

296 Zur nachträglichen Sicherungsverwahrung bei Jugendlichen Kinzig, ZJJ 2008, 245.

*Voraussetzungen der nachträglichen Anordnung*

Die Voraussetzungen für eine nachträgliche Anordnung nach § 7 II JGG a.F. waren an diejenigen des § 106 V JGG angelehnt, teils allerdings etwas „strenger“:

- ⇨ Die Katalogtat wird auf Schwerstverbrechen gegen Leben, Leib, sexuelle Selbstbestimmung, sowie Raub bzw. räuberischen Diebstahl/räuberische Erpressung begrenzt.
- ⇨ Bereits die Anlasstaten (und nicht erst die befürchteten Straftaten) müssen mit schweren seelischen oder körperlichen Schädigungen des Opfers verbunden sein.
- ⇨ Die verhängte Strafe muss mindestens bei sieben Jahren liegen.
- ⇨ Bei der Gesamtwürdigung sind mindestens zwei Sachverständigengutachten einzuholen, welche eine hohe Gefährlichkeit des Täters auch für die Zukunft annehmen.

Ob die vom Gesetzgeber angemahnte restriktive Anwendung des § 7 II JGG von der Praxis ernst genommen wird, bleibt abzuwarten. Zu erhoffen ist dies jedenfalls, da mit Blick auf die Tatsache, dass bei Jugendlichen eine einwandfreie Gefährlichkeitsprognose niemals vorgenommen werden kann, die verfassungsrechtlichen Bedenken hier noch schwerer wiegen.[297]

*Streichung nachträgliche Sicherungsverwahrung im Jahr 2012; nur noch eingeschränkt Möglichkeit zum Vorbehalt*

Im Zuge der Umsetzung der Vorgaben des Bundesverfassungsgerichts aus dem Jahre 2011 im Zusammenhang mit der Reformbedürftigkeit der Sicherungsverwahrung führte der Gesetzgeber mit § 7 III JGG n.F. Vorgaben über den Vollzug der Jugendstrafe bei vorbehaltener Sicherungsverwahrung ein. Zugleich wurde für Jugendliche die Möglichkeit einer Anordnung der nachträglichen Sicherungsverwahrung ganz gestrichen und die Möglichkeit der Anordnung einer vorbehaltenen Sicherungsverwahrung in § 7 II JGG eingeschränkt. Für Taten seit dem 1. Juni 2013 gelten die nachfolgenden Voraussetzungen; für „Altfälle“ bleibt es bei der alten Regelung, vgl. § 316f EGStGB.

- ⇨ Die Katalogtat wird auf Schwerstverbrechen gegen Leben, Leib, sexuelle Selbstbestimmung, sowie Raub, räuberischen Diebstahl und räuberische Erpressung mit jeweiliger Todesfolge (§ 251, ggf. i.V.m. §§ 252, 255 StGB) beschränkt. Bloßer (schwerer) Raub genügt nicht mehr.
- ⇨ Die verhängte Strafe muss mindestens bei sieben Jahren liegen.
- ⇨ Bei der Gesamtwürdigung sind mindestens zwei Sachverständigengutachten einzuholen, welche eine hohe Gefährlichkeit des Täters auch für die Zukunft annehmen.

## IV. Ambulante Maßregeln

Maßregeln ohne Freiheitsentzug finden sich in den §§ 68 ff. StGB: 177

- ⇨ Die Führungsaufsicht, §§ 68 - 68g StGB, dient der Überwachung und Resozialisierungshilfe bei besonders gefährlichen oder gefährdeten Straftätern.
- ⇨ Zur Entziehung der Fahrerlaubnis, §§ 69 - 69b StGB, vgl. oben Rn. 160.

297 Vgl. den kritischen Beitrag von Ullenbruch, NJW 2008, 2609 ff.; hierzu auch Goerdeler, ZJJ 2004, 191 ff.; Hörnle, StV 2006, 383 ff.

⇨ Das Berufsverbot, §§ 70 - 70b StGB, soll den Missbrauch eines Berufs oder Gewerbes zu Straftaten verhindern und betrifft v.a. Mediziner, Apotheker, Rechtsanwälte etc.

## V. Vollstreckungsreihenfolge

*Vikariierung*

§ 67 I StGB bestimmt, dass im Regelfall die Maßregeln der §§ 63, 64 StGB vor der Strafe zu vollziehen sind („Vikariierungsprinzip“).[298] Eine Anrechnung ist bis zur Höhe von zwei Dritteln der Strafe möglich, § 67 IV S. 1 StGB. Dies gilt nicht für die Sicherungsverwahrung nach §§ 66 ff. StGB! 178

Ausnahmen vom Vikariierungsgrundsatz ermöglicht § 67 II StGB. Ein Vorwegvollzug der Freiheitsstrafe kommt insbesondere in Betracht, wenn der Therapieerfolg durch einen anschließenden langdauernden Strafvollzug gefährdet wird oder wenn die Freiheitsstrafe in einer sozialtherapeutischen Anstalt vollzogen wird. Verfassungsrechtlich problematisch ist dagegen die Erhöhung des Leidensdrucks, um den voraussichtlichen Therapieerfolg zu verbessern.

298 SSW - Jehle, § 67, Rn. 1.

## § 5 STRAFZUMESSUNG[299]

*Strafzumessung i.e.S. und i.w.S.*

Die Strafzumessung meint die Bestimmung der Rechtsfolgen einer Straftat durch den Richter und umfasst nicht nur die Art und Höhe der Strafe (Strafzumessung im engeren Sinne), sondern auch die Aussetzung zur Bewährung, die Verwarnung mit Strafvorbehalt und das Absehen von Strafe (§§ 59, 60 StGB), die Anordnung von Maßregeln usw. (Strafzumessung im weiteren Sinne). 179

### A. Der gesetzliche Strafrahmen

*Gesetzlicher Strafrahmen*

Das StGB schreibt für fast alle Delikte einen Strafrahmen vor (bspw. in § 223 StGB: Freiheitsstrafe bis zu fünf Jahren oder Geldstrafe). Eine absolute Strafandrohung gibt es nur bei Mord und Völkermord (VStGB). Das Gesetz schreibt weiterhin gewisse Modifizierungen des Strafrahmens vor: 180

*Verschiebung des gesetzlichen Strafrahmens*

- ⇨ Minder schwere und besonders schwere Fälle (z.B. §§ 213, 212 StGB)
- ⇨ Regelbeispiele (z.B. § 243 I S. 2 StGB)
- ⇨ Privilegierungen und Qualifizierungen
- ⇨ Milderungen gem. § 49 I StGB und neuerdings § 46a StGB

**hemmer-Methode: Trotz der absoluten Strafandrohung bei Mord hat der BGH die Milderung nach § 49 I StGB analog zugelassen, wenn dies aus Gründen der Verhältnismäßigkeit notwendig ist.[300]**

### B. Richterliche Strafzumessung

Steht der gesetzliche Strafrahmen fest, so stellt sich jetzt die Frage, inwieweit dieser ausgeschöpft wird. Dem Richter steht ein „rechtlich gebundenes Ermessen" zu.[301] 181

#### I. Orientierung am Regelfall

*Orientierung am Regelfall*

Zunächst ist problematisch, welche Strafhöhe der Richter anvisieren soll, schließlich stehen ihm weite Strafrahmen zur Auswahl. Die Rechtsprechung lehnt die Bildung des arithmetischen Mittels des gesetzlichen Strafrahmens ab. Vielmehr soll der tatsächlich vorkommende Durchschnittsfall, der in der Regel unter der rechnerischen Mitte liegt, maßgeblich sein (sog. Regelfall).[302] 182

#### II. Strafzumessung gem. § 46 StGB

*Schuld als Grundlage richterlicher Strafzumessung*

Die zentrale Strafzumessungsnorm ist § 46 StGB. Grundlage der Strafzumessung ist nämlich gem. § 46 I S. 1 StGB die Schuld des Täters, wobei hierunter nicht die Charakter- oder Lebensführungsschuld zu verstehen ist, sondern die Tatschuld.[303] 183

---

299 Vgl. hierzu Teil I Frage 1 Bay. Staatsexamen 2006/I, worin die für den Strafzumessungsvorgang maßgebenden Gesichtspunkte im Rahmen einer Aussetzungsentscheidung zur Bewährung i.S.v. § 56 I StGB zu erörtern waren.

300 BGHSt 30, 105 (118 ff.) = **juris**byhemmer.

301 BGHSt 1, 175 (177). Aktuell im Überblick Detter, NStZ 2014, 388 ff.; 441 ff.

302 BGHSt 27, 2 = **juris**byhemmer.

303 Streng, Strafrechtliche Sanktionen, Rn. 521 ff. Einführend auch Bunz, Jura 2011, 14 ff.

Andererseits hat der Richter auch die individuelle Wirkung der Strafe auf das Leben des Täters zu beachten (§ 46 I S. 2 StGB).

Diese Gegenüberstellung von Schuld und Spezialprävention in Form der Resozialisierung führt zu Widersprüchen, man spricht von der sog. *Antinomie der Strafzwecke*.[304]

Ob darüber hinaus auch die negative Generalprävention (außer in den gesetzlich vorgeschriebenen Fällen, vgl. §§ 47, 56, 59 StGB) in die Strafzumessung einfließen darf, ist streitig.

Andererseits hat der Richter auch die individuelle Wirkung der Strafe auf das Leben des Täters zu beachten (§ 46 I S. 2 StGB).

***Bsp.:*** *In Regensburg und Umland wurden in letzter Zeit erheblich mehr Raubtaten an älteren Menschen begangen. Richter Traugott fragt sich, ob er an dem Räuber Kalle „ein Exempel statuieren“ darf.*

Großteile der Literatur lehnen die Generalprävention in der Strafzumessung ab, da die abschreckende Wirkung nicht ausreichend bewiesen sei.[305]

## 1. Strafzumessungstheorien

*Strafzumessungstheorien*

Um die Antinomie der Strafzwecke zu harmonisieren, haben sich verschiedene Strafzumessungstheorien entwickelt. Einigkeit besteht jedoch, dass die Strafe nicht das Maß an Schuld des Täters überschreiten darf, d.h. die Strafe muss immer durch die Schuld nach oben hin begrenzt sein und darf nicht aus spezial- oder generalpräventiven Gründen darüber hinaus erhöht werden.[306] *184*

### a) Spielraumtheorie

*Spielraumtheorie*

Bei der Spielraumtheorie des BGH gibt es nicht nur eine exakte Strafhöhe, die schuldangemessen ist, sondern einen Schuldrahmen. Innerhalb dieses Spielraums ist Platz für andere Strafzwecke (bspw. Spezialprävention), was dann zur endgültigen Strafhöhe führt.[307] *185*

Dieser Ansatz erlaubt zwar eine flexible Handhabung, allerdings ist die Theorie nur schwer in die Praxis umzusetzen. Außerdem ist fraglich, wie der Schuldrahmen zu ermitteln ist, ferner, warum mehrere Strafhöhen (innerhalb des Spielraums) schuldangemessen sein sollen.[308]

### b) Stellenwerttheorie

*Stellenwerttheorie*

Bei der Stellenwerttheorie (Henkel, Horn, Schöch) wird im ersten Schritt die Strafhöhe (Strafzumessung i.e.S.) nur nach der Schuld beurteilt. Die Folgeentscheidungen (welche Art der Strafe, Verwarnung mit Strafvorbehalt, Aussetzung zur Bewährung, etc., also Strafzumessung i.w.S.) werden unter spezialpräventiven und generalpräventiven (vgl. §§ 47, 56 III StGB) Gesichtspunkten getroffen.[309] *186*

304 Jescheck, § 82 IV 5.

305 Schönke/Schröder, vor § 38, Rn. 14; Streng, Rn. 544 f.

306 Roxin, Strafrecht AT Bd. I., § 3 I, Rn. 47.

307 BGHSt 7, 28 (32) = **juris**byhemmer.

308 SSW-Eschelbach, § 46, Rn. 42 ff.; Streng, Rn. 626 ff.

309 Rudolphi/Horn/Gärtner, Systematischer Kommentar zum StGB, § 46, Rn. 33 ff.

Hiergegen wird eingewandt, dass die Konzeption gegen § 46 I S. 2 StGB verstieße, da hiernach bereits bei der Feststellung der Strafhöhe (erster Schritt) die Auswirkungen auf den Täter berücksichtigt werden müssen.

Die Stellenwerttheorie wurde noch einmal spezialpräventiv modifiziert und wird damit den Vorgaben aus § 46 I S. 2 StGB besser gerecht: Die Spezialprävention, die schon bei der Strafhöhe berücksichtigt werden kann, hat Vorrang vor der Generalprävention, solange das notwendige Minimum an Generalprävention garantiert bleibt.[310]

### 2. Strafzumessungstatsachen

*Strafzumessungstatsachen nach § 46 StGB*

Für die Bemessung der Strafe stellt § 46 II StGB Richtlinien auf, die gegeneinander abzuwägen sind. 187

- Merkmale der Tat: Art der Ausführung, verschuldete (!) Auswirkungen der Tat, Maß der Pflichtwidrigkeit

  **Bsp.:** *Die mit leichtester Fahrlässigkeit begangene Tat wird milder beurteilt als eine schwerwiegende Sorgfaltspflichtverletzung.*

- Merkmale des Täters bei der Tat: Beweggründe und Ziele, Gesinnung und aufgewendeter Wille, kriminelle Energie

  **Bsp.:** *Strafmildernd wirkt sich aus, wenn der Täter seinem langjährigen Freund „aus der Patsche helfen" wollte und dies lange wegen Gewissensbissen nicht getan hat, bis er letztendlich doch überredet wurde.*

- Merkmale des Täters allgemein: Vorleben und persönliche und wirtschaftliche Verhältnisse

- Merkmale des Täters nach der Tat: Nachtatverhalten, Schadenswiedergutmachung

Nicht genannt, aber dennoch zu berücksichtigen sind eine überlange Verfahrensdauer, die Provokation des Täters, das Opferverhalten und die Kronzeugenregelung.[311]

## III. Spezielle Strafzumessungsvorschriften

### 1. Täter-Opfer-Ausgleich, § 46a StGB

Der bereits im Rahmen der Viktimologie angesprochene Täter-Opfer-Ausgleich nach § 46a StGB gewährt dem Täter eine Strafrahmenverschiebung bzw. ein Absehen von Strafe, wenn er durch sein Bemühen den verursachten Schaden wiedergutmacht bzw. bei vermögenswerten Interessen das Opfer entschädigt. Als „dritte Spur" des Sanktionensystems diskutiert, ist der Täter-Opfer-Ausgleich auch als Strafzumessungsvorschrift nicht frei von Einwänden geblieben. 188

310 Roxin, Strafrecht AT, Bd. I, § 3 II, Rn. 53; Kaiser/Schöch/Kinzig, Fall 7, Rn. 45.

311 Fischer, § 46, Rn. 61 ff.

### a) Rechtspolitische Diskussion

Bedenklich sei insbesondere aus dem Blickwinkel des Opferschutzes die erneute Konfrontierung mit dem Täter. Außerdem besteht die Gefahr, dass der Täter sein Bestreben nur zum Zwecke des „Freikaufs“ vornimmt und daher generalpräventiv gesehen der Ausgleich eher kontraproduktiv ist.[312] 189

Andererseits kann angebracht werden, dass das Opfer in vielen Fällen nicht primär eine Bestrafung will, sondern Empathie und Verständnis für die Tat. Hinzu treten seine finanziellen Interessen, die er im Einzelfall gar nicht durchsetzen kann, wenn der Täter schon eine Geldstrafe abzubezahlen hat. Für den Täter kann ein Ausgleich nach § 46a StGB den positiven Effekt haben, dass er seine Tat realisiert und nicht in Neutralisierungstechniken flüchtet. Die Bedenken hinsichtlich des Umstands, dass kein formalisiertes Verfahren beim Täter-Opfer-Ausgleich besteht und der Täter auch Zugeständnisse machen könnte, obwohl er unschuldig ist, bleiben allerdings bestehen.

### b) Voraussetzungen des Täter-Opfer-Ausgleichs

§ 46a StGB knüpft die fakultative Strafmilderung hierbei an bestimmte Voraussetzungen: 190

- ⇨ Bestehen eines hinreichenden Tatverdachts gem. § 170 I StPO gegen den Beschuldigten, wobei es sich natürlich nicht um ein „opferloses Delikt“ (bspw. Umweltdelikte) handeln darf.
- ⇨ Übernahme der vollen Verantwortung durch den Täter.
- ⇨ Ein kommunikativer Prozess, insbesondere die Mitwirkung des Opfers.

Sind die Voraussetzungen des § 46a StGB erfüllt, kann das Gericht die Strafe mildern (eine Beschränkung auf das Strafmaß ist während der „Verhandlungen“ nicht zulässig) oder von Strafe absehen.[313]

## 2. Kronzeugenregelung, § 46b StGB

Mit dem 43. Gesetz zur Änderung des StGB - Strafzumessung bei Aufklärungs- und Präventionshilfe - beinhaltet das StGB nun das erste Mal seit 1999 wieder eine „große“ bzw. allgemeine Kronzeugenregelung, die neben die bisher existenten Kronzeugenregelungen tritt (§ 31 BtMG, 129a V StGB; Ausnahme: § 261 X StGB, der vollständig gestrichen wurde).[314] 191

§ 46b StGB gewährt Tätern, die eine Straftat begangen haben (bedroht mit einer im Mindestmaß erhöhten Freiheitsstrafe oder lebenslanger Freiheitsstrafe), eine Strafmilderung, wenn diese durch freiwillige Angaben wesentlich zur Aufklärung einer Straftat beitragen oder dadurch eine Straftat verhindern. Die Vorschrift ist an den bereits existenten § 31 BtMG angelehnt, wobei bereits diese Vorschrift rechtspolitisch höchst umstritten ist. Teils wird die Notwendigkeit und Effektivität solcher Kronzeugenregelungen grundsätzlich abgelehnt[315], teils aber auch als unverzichtbares Instrument im Ermittlungsverfahren angesehen.[316]

312 Kritische Anmerkungen zum Täter-Opfer-Ausgleich, GA 2007, 518.

313 Zu den Voraussetzungen im Einzelnen SSW-Eschelbach, § 46a, Rn. 24 ff.

314 Siehe hierzu ausführlich Peglau, Wistra 2009, 409 ff.; König, NJW 2009, 2481 ff.

315 Bspw. NStZ 1984, 28.

316 Hassemer, StV 1986, 551.

Statistisch lässt sich jedenfalls keine Abnahme der BtM-Kriminalität feststellen, die mit Sicherheit auf § 31 BtMG zurückzuführen wäre; seit 2011 findet eher sogar wieder ein Anstieg statt.[317]

### a) Rechtspolitische Bedenken

*Gefahr der Falschbelastung?*

Hinsichtlich der Zulässigkeit von „Kronzeugenregelungen" werden verfassungsrechtlich sowie strafrechtsdogmatisch erhebliche Bedenken geäußert. Äußerst häufig anzutreffen und auch in der breiten Bevölkerungsmasse bekannt ist das Argument einer Gefahr der Falschbelastung.[318] 192

**hemmer-Methode: Diese Gefahr führte auch zu Änderungen bei §§ 145d, 164 StGB: Nunmehr hat der Täter einer Falschbelastung mit einer Strafschärfung zu rechnen, vgl. § 164 III StGB, wenn diese erfolgte, um in den Genuss des § 46b StGB zu kommen.**

*Verteidiger als „verlängerter Arm" der Staatsanwaltschaft*

Außerdem könne der für Laien missverständliche Wortlaut bei (unzureichender bzw. seinerseits unbestimmter) Belehrung seitens der Polizeibeamten zu falschen Vorstellungen beim Beschuldigten führen. Dieser werde im Rahmen eines Ermittlungsverfahrens schnell auf das „gemütliche Mittel" zurückgreifen wollen, ohne über die Konsequenzen nachzudenken (Rückbelastungen, Vernehmungen in weiteren Prozessen, Bedrohung durch Mafia etc.). Auch die Gerichte sowie Ermittlungsbehörden würden aus prozessökonomischen Gründen leicht dazu verleitet, ihrer Aufklärungspflicht sowie dem Grundsatz des fairen Verfahrens, Art. 6 EMRK, nicht ausreichend nachzukommen. Außerdem würden Täter, die sich in dem Milieu auskennen, gegenüber Ersttätern bevorzugt. Letztlich verkomme der Verteidiger zum „Staatsanwaltsgehilfen", indem er seinem Mandanten zur Aufklärung nach § 31 BtMG rate.

*Missglückte „Regulierung", da zu allgemein gehalten?*

Diese Kritikpunkte greifen allerdings kaum durch, soweit sie sich auf die konkreten Regelungen beziehen: Da die Aufklärungs- und Präventionshilfe schon immer strafmildernd berücksichtigt werden konnte (nämlich über § 46 StGB!), besteht die Gefahr von Falschaussagen des Beschuldigten unabhängig von den §§ 31 BtMG, 46b StGB. In diesem Zusammenhang erscheint es auch terminologisch passender, beim § 46b StGB von einer „Kronzeugen**regulierung**" zu sprechen. Abgesehen davon bleiben die Ermittlungsbehörden sowie die Richter nach wie vor an die Prozessmaximen (Aufklärungsgrundsatz, fair trial) gebunden.

Vorwerfen könnte man dem Gesetzgeber aber weiterhin, dass im Hinblick auf die verschiedenen Kriminalitätsbereiche und ihre divergierenden Strukturen eine „allgemeine Regulierung" nicht als sinnvoll erachtet werden kann. Insofern wären speziellere „Kronzeugenregelungen" passend zum Kriminalitätsbereich, dafür aber „bestimmter" in ihren Rechtsfolgen, eine bessere Lösung gewesen.

### b) Voraussetzungen im Einzelnen

*Offenbarung des Wissens hinsichtlich einer Katalogtat, § 100a StPO*

Der Täter muss, um eine Strafmilderung zu erlangen, sein Wissen bezüglich etwaiger Tatsachen offenbaren, die wesentlich zur Aufklärung (§ 46b I S. 1 Nr. 1 StGB) oder Verhinderung einer Katalogtat nach § 100a StPO beitragen. Die Tat muss also nicht in einem irgendwie gearteten Zusammenhang mit dem vom Beschuldigten begangenen Delikt stehen. 193

317 Vgl. nur BKA, PKS 2013, S. 239.

318 Zum Ganzen Frank/Titz, ZRP 2009, 134 ff.

Allerdings setzt § 46b I S. 1 Nr. 1 StGB einen Aufklärungs*erfolg* dahingehend voraus, dass der Täter durch seine konkreten Angaben die Voraussetzung dafür geschaffen hat, dass gegen den Belasteten im Fall seiner Ergreifung ein Strafverfahren voraussichtlich mit Erfolg durchgeführt werden kann.

*Seit 2013: Tatzusammenhang*

Im Jahre 2013[319] führte der Gesetzgeber als weitere Voraussetzung ein, dass die aufgedeckten Taten mit der eigenen Tat, wegen derer der Kronzeuge verfolgt wird, im Zusammenhang stehen muss (vgl. § 46b I S. 1 Nr. 1, Nr. 2 StGB).[320]

*Unbestimmtes Kriterium der „Wesentlichkeit" fraglich*

Insbesondere das unbestimmte Kriterium der „Wesentlichkeit" stellt (schon bei § 31 BtMG) den Rechtsanwender hierbei vor Probleme, insbesondere, weil die Frage, wann eine Offenbarung wesentlich sein soll, der freien richterlichen Überzeugungsbildung gem. § 261 StPO unterliegt.

*Präklusion nach § 46b III StGB*

Mit § 46b III StGB wird jedenfalls der zulässige Zeitpunkt einer Offenbarung festgelegt: Eine Milderung ist nach dieser Präklusionsvorschrift ausgeschlossen, wenn der Täter erst nach der Eröffnung des Hauptverfahrens (§ 207 StPO) sein Wissen offenbart. Auf diesem Wege soll im Sinne der Wahrheitsfindung abgesichert werden, dass der Beschuldigte sein Wissen nicht aus prozesstaktischen Gründen zurückhält und v.a. die Aussage nicht mit einer Urteilsabsprache nach § 257c StPO geregelt wird. Ob dies durch die Präklusionsvorschrift des 46b III StPO tatsächlich gelingen kann, oder ob nicht vielmehr eine Vorverlagerung der Gespräche „ins Arkanum des Vernehmungszimmers" zu erwarten ist, bleibt fraglich.

**hemmer-Methode: Für die (mündliche) Prüfung sollte man sich insbesondere die rechtsstaatlichen Bedenken gegen die Kronzeugenregelung merken. Dann kann man sich die gesetzgebungstechnischen Folgen auch besser erschließen. Im Übrigen bleibt abzuwarten, ob die von einigen Kritikern befürchtete Prognose, „der Kronzeuge werde zu einem alltäglichen, kriminalpolitischen Gestaltungsmittel", sich bewahrheiten wird.**

## C. Doppelverwertungsverbote

### I. Doppelverwertungsverbot gem. § 46 III StGB

*Doppelverwertungsverbot gem. § 46 III StGB*

Gem. § 46 III StGB dürfen bei der Strafzumessung gesetzliche Tatbestandsmerkmale nicht noch einmal berücksichtigt werden.[321] 194

**Bsp.:** *Die Tatsache, dass der fahrlässig Tötende leichtfertig gehandelt hat, darf nicht strafschärfend wirken. Ebenso wenig kann bei der Tötung strafschärfend herangezogen werden, dass der Täter ein Menschenleben gering achtet.*

Des Weiteren darf das bloße Fehlen von strafmildernden Umständen nicht strafschärfend und das Fehlen von strafschärfenden Merkmalen nicht strafmildernd berücksichtigt werden.

319 BGBl 2013 I, S. 2288.

320 Christoph, KritV 2014, 82 ff.; Peglau, NJW 2013, 1910 ff.

321 Detter, Teil II, Rn. 155.

*__Bsp.:__ Dass der Angeklagte ohne Not gestohlen hat, ist kein erschwerender Umstand, da lediglich der strafmildernde Umstand der „Notkriminalität" fehlt.*

Strafschärfend darf der Richter die Tatsache berücksichtigen, dass der Täter einer Vergewaltigung den Geschlechtsverkehr bis zum Samenerguss vollzogen hat. Denn das Regeltatbild ist bereits mit dem Minimum der Vollendung erfüllt, also mit dem Eindringen.

Verbraucht wird durch den gesetzlichen Tatbestand jedoch nur das „Dass" der Erfüllung, nicht das „Wie". Somit können die konkreten Auswirkungen (vgl. § 46 II StGB) sehr wohl mit einbezogen werden.[322]

*__Bsp.:__ Der Unterschied zwischen einer Ohrfeige und einem Faustschlag kann sehr wohl in die Strafzumessung mit einfließen.*

### II. Doppelverwertungsverbot gem. § 50 StGB

*Doppelverwertungsverbot gem. § 50 StGB*

Ein Umstand, der die Tat zu einem minder schweren Fall macht und der zugleich ein gesetzlicher Milderungsgrund gem. § 49 I StGB ist, darf nur einmal berücksichtigt werden, § 50 StGB. 195

*__Bsp.:__[323] Die schwer depressive A erstickt ihr Kind, weil sie der Überzeugung ist, ihr Baby hätte eine grauenhafte Zukunft in dieser Welt vor sich. Hier liegt zum einen wegen des Motivs, dem Kind ein unerträgliches Schicksal zu ersparen, ein minder schwerer Fall gem. § 213 StGB vor. Zum anderen ist A nur vermindert schuldfähig gem. § 21 StGB, welches zur Strafmilderung gem. § 49 I StGB führen würde. Letztere Milderung ist jedoch wegen § 50 StGB unzulässig.*

## D. Probleme der Strafzumessung

*Probleme der Strafzumessung*

Die Strafzumessung weist einige Schwierigkeiten auf: Zum einen sind die Strafrahmen sehr weit gefasst und bergen daher die Gefahr der ungleichen Behandlung, was im Hinblick auf Art. 3 GG problematisch werden kann. Hierbei ist jedoch zu beachten, dass das Gegenteil - nämlich absolute Strafandrohungen - der individuellen Bestrafung des Täters nicht gerecht werden.[324] Es bestehen regionale und richterspezifische Unterschiede bei der Ausschöpfung des Strafmaßes. Des Weiteren ist - wie oben schon dargelegt - die Regelung des § 46 StGB nicht vollständig. Zudem bereitet die Antinomie der Strafzwecke[325] die oben genannten Probleme. 196

Dennoch sind die obersten Instanzen bei der Überprüfung der Strafzumessung sehr zurückhaltend: Die Strafzumessungsentscheidung gilt als „Domäne des Tatrichters". Zwar ist sie grundsätzlich in der Rechtsmittelinstanz voll überprüfbar. Ebenso muss aber der unmittelbare persönliche Eindruck des erkennenden Gerichts respektiert werden. Die Einbeziehung sachfremder Erwägungen durch das erstinstanzliche Gericht muss sich daher geradezu aufdrängen, wenn ein Verstoß gegen den Gleichheitssatz angenommen werden soll.[326]

---

322 Streng, Strafrechtliche Sanktionen, Rn. 700 ff.

323 Nach BGHSt 27, 298 (299) = **juris**byhemmer.

324 Vgl. Streng, Strafrechtliche Sanktionen, Rn. 506.

325 Hierzu oben Rn. 183.

326 Jescheck, § 82 V.

## E. Strafbemessung bei Tateinheit und Tatmehrheit

⇨ I.R.d. Tateinheit gilt das Absorptionsprinzip[327] (§ 52 II StGB), es wird nur auf eine Strafe erkannt. Die schwerste angedrohte Strafe „absorbiert" die anderen.

*Absorptions- und Asperationsprinzip*

⇨ Dabei richtet sich die Schwere der Strafandrohung zunächst nach der angedrohten Strafart (z.B. Geld- oder Freiheitsstrafe) und bei gleicher Strafart nach der Strafrahmenobergrenze. Entscheidend ist dabei eine konkrete Betrachtung, d.h. es sind alle strafrahmenrelevanten Faktoren des Einzelfalles für die Ermittlung der schwersten Strafe heranzuziehen.[328] *197*

⇨ Bei der Tatmehrheit gilt nach §§ 54, 55 StGB das Asperationsprinzip[329]; aus den verschiedenen Sanktionen wird eine Gesamtstrafe gebildet.[330] Die höchste bzw. schwerste Strafe - sog. Einsatzstrafe - wird erhöht, wobei jedoch die Gesamtstrafe die Summe der Einzelstrafen nicht erreichen darf (§ 54 II S. 1 StGB).

327 Fischer, § 52, Rn. 2.

328 Streng, Strafrechtliche Sanktionen, Rn. 668.

329 SSW- Eschenbach, § 53, Rn. 3.

330 Zur Gesamtstrafenbildung bei Zusammentreffen von Freiheits- und Geldstrafe BGH, NStZ 2009, S. 27 = **juris**byhemmer.

## 3. KAPITEL: JUGENDSTRAFRECHT

**hemmer-Methode: Setzen Sie im Wahlfach kein Gebiet auf Lücke! Eine Vorliebe der Klausurersteller für Kriminologie, Jugendstrafrecht oder Strafvollzug gibt es nicht. Da das Jugendstrafrecht aber ein recht überschaubares Gebiet ist, kann man hier durch systematische Arbeit und Kenntnis der wichtigsten Problemkreise leicht Punkte sammeln!**

## § 1 AUFGABEN UND UMFANG DES JUGENDSTRAFRECHTS

### A. Aufgaben des Jugendstrafrechts

*Aufgaben*

Es gibt verschiedene Gründe, warum junge Menschen strafrechtlich anders behandelt werden müssen als Erwachsene. Zum einen ist das Einsichts- und Handlungsvermögen bei Jugendlichen nicht immer ausgeprägt genug, um sich rechtskonform zu verhalten. Es fehlt die notwendige *Reife*, die Verbotsnormen zu verstehen und dementsprechend zu handeln. 198

Des Weiteren befinden sich Jugendliche in der schwierigen Phase der *Pubertät*, die von inneren und äußeren Spannungen begleitet wird und somit eine gesonderte Bewertung von kriminellem Verhalten erfordert. Zudem spielt die *größere Formbarkeit* von jungen Menschen eine Rolle bei der Auswahl der Sanktionen, die auf Straftaten folgen.

*Täterstrafrecht*

Während im Erwachsenenstrafrecht eher das Tatstrafrecht vorherrscht (die Tat steht im Vordergrund, nicht so sehr die Person), begreift sich das Jugendstrafrecht - wenn auch nicht uneingeschränkt - als **Täterstrafrecht** oder Erziehungsstrafrecht (vgl. die Wertungen des Gesetzgebers in den §§ 5, 10 I S. 1, 18 II JGG). Im Mittelpunkt stehen somit der Jugendliche und seine Persönlichkeit.

### B. Umfang der Jugendkriminalität

#### I. Statistik

*Statistik*

An Personen unter 21 Jahren befanden sich im Jahr 2020 an der Zahl der Tatverdächtigen insgesamt: Kinder (unter 14 Jahre) 3,2%, Jugendliche (14 bis 17 Jahre) 8,3 % und Heranwachsende (18 bis unter 21 Jahre) 8,4%.[331] 199

Ein Anstieg der Jugendkriminalität, wie er in der Öffentlichkeit bisweilen wahrgenommen wird, existiert nach den statistischen Ergebnissen nicht in dieser Form. Vielmehr sind die Zahlen mittlerweile eher rückläufig.[332]

Die Anzahl der Verurteilungen ist seit 1980 rückläufig. Dies ist auch auf die steigende Zahl der Verfahrenseinstellungen nach §§ 45, 47 JGG (sog. Diversion) zurückzuführen.[333] Die Verfahrenseinstellungen tauchen nämlich in der Verurteiltenstatistik nicht auf und lassen somit den Eindruck entstehen, die Zahlen seien insgesamt erheblich gesunken.

---

331 Vgl. BKA, PKS 2020.

332 Albrecht, RdJB 2014, 363 ff.; Baier/Pfeiffer/Hanslmeier, Kriminologie, ZJJ 2013, 279 ff.

333 Vgl. Rn. 290 ff.

## II. Ursachen

*Ursachen*

200 Als Ursachen für die Jugendkriminalität werden teilweise die Anomietheorie und die Subkulturtheorie herangezogen.[334] Aber auch hier reicht ein einzelner Erklärungsansatz nicht aus, vielmehr gibt es eine Vielzahl von Umständen, die für die Jugendkriminalität verantwortlich sein können, im Einzelfall jedoch nicht sein müssen. Als Schlagwort wird häufig der *soziale Wandel* angeführt: das Auseinanderfallen der Familien, der Trend zur Konsumgesellschaft, die Beeinflussung durch die Medien, größere Arbeitslosigkeit und die daraus folgende Orientierungslosigkeit der Jugendlichen, die in Drogenkonsum und Kriminalität enden kann. Außerdem bewirkt der staatliche Rückzug auf dem Gebiet der Sozialkontrolle (Bsp.: Schließung von Jugendhäusern), dass viele Jugendliche in gesellschaftliche Randgruppen gedrängt werden.

In vielen Familien hat sich die ökonomische Situation verschlechtert. Hieraus resultiert zwar keine eigentliche Notkriminalität, aber Frustration und stärker empfundene soziale Ausgrenzung. Allerdings lässt sich steigende Kriminalität nicht zwingend auf materielle Not zurückführen: Gerade in der Nachkriegszeit wuchs mit dem Wohlstand auch die Kriminalität.

Auffällig ist der nahezu kontinuierliche Anstieg im Bereich der Drogenkriminalität bei Jugendlichen und Heranwachsenden. In diesem Zusammenhang werden von drogensüchtigen jungen Menschen vor allem Eigentumsdelikte und leichte Formen des Raubes (Handtaschenraub) begangen, die der Finanzierung des Drogenkonsums dienen.[335]

## III. Ubiquität der Jugendkriminalität

201 Trotz des vermeintlichen Ansteigens der Jugendkriminalität in der öffentlichen Wahrnehmung ist zu beachten, dass sie in gewissem Umfang „normal" ist.

Delikte wie z.B. Ladendiebstahl, Beförderungserschleichung, Beleidigung, Sachbeschädigung und einfache Körperverletzung sind unter Jugendlichen allgemein verbreitete Verhaltensweisen.

*Ubiquität*

202 Man spricht daher von der *Ubiquität* der Jugendkriminalität. Hierbei handelt es sich meist um ein episodenhaftes Auftreten, welches im Erwachsenenalter wieder nachlässt. Nicht ubiquitär sind allerdings schwerere Delikte wie die Raub- und Vergewaltigungsdelikte.

Von den verurteilten Jugendlichen stammt der größere Teil aus der Unterschicht. Die Vertreter des *labeling-approach* folgern daraus, dass die Strafverfolgungsorgane hier von vornherein selektiv vorgehen.

Kriminologische Studien konnten dies allerdings nicht bestätigen; vielmehr beruht die Überrepräsentation sozial schwächerer Jugendlicher auf einem Zusammentreffen verschiedenster kriminogener Merkmale.[336]

334 Vgl. Rn. 28, 30.

335 Streng, Jugendstrafrecht, Rn. 8.

336 Meier/Rässner/Schöch, § 3, Rn. 4.

## IV. Phänomenologie

Neben der beschriebenen Ubiquität gibt es weitere Charakteristika, die typisch für den Jugenddelinquenten sind. Jene „normale", ubiquitäre Jugendkriminalität erfolgt meist episodenhaft, also nur vorübergehend. Oft handelt es sich um „Mutproben" oder schlicht pubertäres Verhalten, das mit Erreichen des Erwachsenenalters wieder vorübergeht. Typisch ist auch die gemeinsame Begehungsweise mit Freunden (v.a. unter Bildung kleinerer Jugendgangs und Gruppen). Die Taten sind selten durchdacht bzw. geplant, eher erfolgt die Tatbegehung impulsiv und geradlinig. 203

Da Jugendkriminalität umweltabhängig ist, haben die Gruppendynamik, aber auch sonstige Einflüsse von außen (Eltern, Schule, Sportkameraden) wegen der fehlenden sozialen Reife eine wesentlich höhere Bedeutung als sonst.

Statistisch lässt sich eine Überrepräsentation männlicher Täter bei Gewaltkriminalität sowie bei Waffen-, Betäubungsmittel- und Sachbeschädigungsdelikten feststellen. Bei weiblichen Tätern dagegen steht der Diebstahl im Vordergrund. Außerdem stammen die delinquenten Jugendlichen oftmals aus den „unteren" Schichten.

## V. Intensivtäter

*Intensivtäter*

Ein wichtiges Problem stellen die jugendlichen Intensivtäter dar. Hier divergieren bereits die Definitionen des Begriffs „Intensivtäter" je nach Staatsanwaltschaft. Als Intensivtäter gilt, wer mehrmals im Jahr strafrechtlich in Erscheinung tritt und schon mindestens fünf Delikte begangen hat. In größeren Städten gilt erst als Intensivtäter, wer innerhalb von sechs Monaten mindestens fünf Taten begangen hat, darunter ein Gewaltdelikt. 204

Stets handelt es sich hierbei jedoch um weiche Kriterien, wobei zudem noch auf den konkreten Einzelfall abgestellt wird. Diese Gruppe der Delinquenten begeht, obwohl sie nur einen kleinen Teil der jugendlichen Straftäter ausmacht, den größten Anteil der Straftaten.[337] Als Symptome für den Beginn einer kriminellen Karriere werden folgende Merkmale festgehalten:[338]

- ⇨ strukturloses Freizeitverhalten (der Freizeitbereich greift auf den Leistungsbereich über),
- ⇨ früher Einstieg in die Kriminalität, häufige Deliktsbegehung,
- ⇨ Störungen im familiären Bereich,
- ⇨ Störungen im Schul- oder Arbeitsbereich.

337 5% begehen 35 - 50% der Straftaten durch Jugendliche, Kaiser, S. 341.

338 Kaiser, Kriminologie, 9. Auflage, S. 304 ff.

## § 2 GESCHICHTE DES JUGENDSTRAFRECHTS

An dieser Stelle erfolgt ein kurzer Überblick über die Entwicklung des Jugendstrafrechts bis zum heutigen JGG.[339] 205

**hemmer-Methode: Geschichtliche Kenntnisse sind vorwiegend in der mündlichen Prüfung gefragt. Aber auch in Klausuren kann eine historische Auslegung zumindest unterstützend herangezogen werden. Die Begriffe und Strukturen des JGG werden erst mit Kenntnis ihrer Entstehung „lebendig". Vermeiden Sie allzu schmalspuriges Lernen!**

### A. Ältere Geschichte

*Ältere Geschichte*

Der Erziehungsgedanke in seiner heutigen Form ist im Wesentlichen ein Produkt des 20. Jahrhunderts. Doch gab es bereits in früheren Strafgesetzen eigene Regelungen für junge Täter, die zumeist in einer milderen Bestrafung bestanden und zumindest in dieser Hinsicht der mangelnden Reife des Kindes oder Jugendlichen Rechnung trugen. 206

Zu nennen sind hier insbesondere die Constitutio Criminalis Carolina (1532), das Preußische Allgemeine Landrecht und die Partikulargesetze des 19. Jahrhunderts. Das RStGB von 1871 setzte die „relative Strafmündigkeit" zwischen 12 und 18 Jahren fest, d.h. der über zwölfjährige Täter konnte bei Vorliegen des entsprechenden Einsichtsvermögens bestraft werden. In diesem Falle war zudem eine Strafmilderung möglich. Der Grund für die Privilegierung war das Mitleid, das man mit den jungen Menschen hatte. Ein erzieherisch ausgerichteter Jugendstrafvollzug existierte allerdings noch nicht, so dass viele junge Täter sich in den allgemeinen Gefängnissen erst recht kriminell „infizierten".

### B. Die Jugendgerichtsbewegung

Um die Jahrhundertwende formierte sich eine allgemeine Jugendbewegung. Moderne biologische und psychologische Erkenntnisse führten zu einem neuen Verständnis von Kindheit und Jugend als Entwicklungsstufen von eigenständiger und entscheidender Bedeutung. 207

*Franz v. Liszt*

Gleichzeitig widmete FRANZ V. LISZT in seinem *Marburger Programm* von 1882 den Kindern und Jugendlichen besondere Aufmerksamkeit. Seine Forderung nach einem modernen, spezialpräventiv ausgerichteten Strafrecht setzt die grundsätzliche Resozialisierbarkeit des Täters voraus, welche namentlich bei Kindern und Jugendlichen gegeben ist. In diesem Zusammenhang äußerte V. LISZT den für damalige Verhältnisse radikalen Gedanken, dass im Falle einer Non-Reaktion auf die Ersttat eines Jugendlichen dessen Rückfallwahrscheinlichkeit geringer sei als im Falle einer harten Bestrafung.

Seit 1908 existierten besondere Jugendgerichte im Wege der Geschäftsverteilung.

Ab 1909 fanden regelmäßige Jugendgerichtstage der Jugendgerichtsbewegung statt, die die Reform des Jugendstrafrechts vorantrieben.

339 Vgl. Streng, Jugendstrafrecht, Rn. 24 ff.; Ostendorf/Drenkhahn, Jugendstrafrecht, Rn. 16 ff.

1912 wurde das erste Jugendgefängnis in Wittlich geschaffen.

1922 schuf das Jugendwohlfahrtsgesetz u.a. die Jugendämter.

## C. Das Jugendgerichtsgesetz von 1923

*JGG 1923*

Das JGG 1923 erfüllte viele Forderungen der Jugendgerichtsbewegung. Die wesentlichen Inhalte: 208

- ⇨ Heraufsetzung der Strafmündigkeitsgrenze von 12 auf 14 Jahre
- ⇨ Die Bestrafung setzt neben der geistigen auch die sittliche Reife voraus (vgl. heute § 3 JGG)
- ⇨ Einführung der Erziehungsmaßregeln
- ⇨ Im Bereich der Freiheitsstrafe: zehn Jahre Gefängnis als Höchstgrenze anstelle der Todesstrafe und der lebenslänglichen Zuchthausstrafe
- ⇨ Einführung der Strafaussetzung zur Bewährung
- ⇨ Gesetzliche Regelung der Zuständigkeit der Jugendgerichte
- ⇨ Besondere Verfahrensvorschriften wie der Ausschluss der Öffentlichkeit
- ⇨ Schaffung der Jugendgerichtshilfe

## D. Jugendstrafrecht im Dritten Reich

*NS-Zeit*

Zunächst galt das JGG 1923 weiter. 1940 bzw. 1941 wurden der Arrest und die Jugendstrafe von unbestimmter Dauer eingeführt; hierbei handelte es sich bereits um Ziele der Jugendgerichtsbewegung. Der Jugendarrest ist daher keine eigentliche „Nazistrafe“, wie oftmals behauptet wird. 209

Die VO zum Schutz gegen jugendliche Schwerverbrecher stellte Jugendliche über 16 Jahren den Erwachsenen gleich.

Das Reichsjugendgerichtsgesetz von 1943 brachte die Dreiteilung in Erziehungsmaßregeln, Zuchtmittel und Jugendstrafe und ein Mindestmaß von drei Monaten für die Jugendstrafe. „Totalitäre“ Änderungen: Aufweichung der Altersgrenzen und Beseitigung der Bewährung.

## E. Das Jugendgerichtsgesetz von 1953

*JGG 1953*

- ⇨ Beseitigung der NS-Verschärfungen 210
- ⇨ Einführung der Bewährungshilfe
- ⇨ Aussetzung der Verhängung der Jugendstrafe (§ 27 JGG)
- ⇨ Wichtig: Einbeziehung der Heranwachsenden (§ 105 JGG)

## F. Das Erste Gesetz zur Änderung des JGG (1990)

*1. JGGÄndG*

- ⇨ Neue Weisungen: § 10 I S. 3 Nrn. 5, 6, 7 JGG 211
- ⇨ Ausdehnung der Strafaussetzung zur Bewährung (§ 21 II JGG)
- ⇨ Neuschaffung der Arbeitsauflage, § 15 I Nr. 3 JGG

- Abschaffung der Jugendstrafe von unbestimmter Dauer
- Ausbau der Diversion, §§ 45, 47 JGG
- Einschränkung der U-Haft, insbes. bei unter 16-jährigen

## G. Gesetz zur Erweiterung der jugendgerichtlichen Handlungsmöglichkeiten (2013)

- Einführung des Warnschussarrests (§ 16a JGG)[340]
- Erhöhung des Höchstmaßes der Jugendstrafe bei Heranwachsenden auf 15 Jahre bei Mord mit besonderer Schwere der Schuld
- Konkretisierung der Regelungen zur Vorbewährung nach § 57 JGG in den §§ 61-61b JGG

## H. Richtlinie (EU) 2016/800 des Europäischen Parlaments und des Rates vom 11. Mai 2016 über Verfahrensgarantien in Strafverfahren für Kinder, die Verdächtige oder beschuldigte Personen in Strafverfahren sind

Die Richtlinie (EU) 2016/800 des Europäischen Parlaments und des Rates vom 11. Mai 2016 über Verfahrensgarantien in Strafverfahren für Kinder, die Verdächtige oder beschuldigte Personen in Strafverfahren sind[341], sieht Verfahrensgarantien vor, damit verdächtige oder beschuldigte Kinder das Strafverfahren verstehen und ihm folgen können, um diese Kinder in die Lage zu versetzen, ihr Recht auf ein faires Verfahren auszuüben, um zu verhindern, dass Kinder erneut straffällig werden und um ihre soziale Integration zu fördern. Weiterhin soll eine besondere Aufmerksamkeit für diese Kinder gewahrt werden, um das Potential für ihre Entwicklung und Wiedereingliederung in die Gesellschaft zu wahren. Dieser an die Mitgliedstaaten gerichtete sekundäre Unionsrechtsakt sieht eine Umsetzung der darin enthaltenen Verpflichtungen bis spätestens 11.06.2019 vor (Art. 24 Abs. 1 RL <EU> 2016/800).

## I. Völkerrechtliche Verträge

Wie viele andere Rechtsmaterien auch ist auch das Jugendstrafrecht nicht nur durch nationale und supranationale, europäische, Rechtsakte bestimmt. Zwar ohne unmittelbare Geltung, gleichwohl aber über die im Einzelfall notwendige Transformation (Art. 59 II GG) beachtenswert, gibt es auch eine Reihe von völkerrechtlichen Vereinbarungen, die unmittelbar oder mittelbar das Jugendstrafrecht beeinflussen. Zu nennen sind hier neben den bereits 1985 verabschiedeten Mindestgrundsätzen der Vereinten Nationen für die Jugendgerichtsbarkeit („The Bejing-Rules") und den Richtlinien der Vereinten Nationen über die Prävention von Jugendkriminalität („The Riyadh Guidelines") von 1992 auch die im gleichen Jahr unterzeichnete UN-Kinderrechtskonvention.[342]

340 Hierzu Kinzig/Schnierle, JuS 2014, 210 ff.

341 ABl.EU Nr. L 132 vom 21.05.2016, S. 1 ff.

342 Weiterführend hierzu jeweils Beulke/Swoboda, Rn. 141.

## § 3 ANWENDUNGSBEREICH DES JUGENDGERICHTSGESETZES (JGG)

Die Grundlage des Jugendstrafrechts bildet das JGG.[343]

### A. Persönlicher Anwendungsbereich

*Altersstufen*

Das JGG kommt gem. § 1 I JGG bei Jugendlichen und Heranwachsenden zur Anwendung. Jugendlicher ist gem. § 1 II JGG, wer *im Zeitpunkt der Begehung der Tat* 14, aber noch nicht 18 Jahre alt ist. Heranwachsende sind die im Zeitpunkt der Begehung der Tat 18 bis 20-jährigen (§ 1 II JGG); dabei ist unter der Formulierung „zur Zeit der Tat" in § 1 II JGG nach der Legaldefinition des § 8 I StGB der Zeitpunkt der Tathandlung, nicht der des Taterfolgs, zu verstehen (vgl. auch § 8 II StGB). Kinder fallen nicht unter das JGG, da sie ohnehin schuldunfähig sind (§ 19 StGB). Bei Zweifeln über das Alter gilt der Grundsatz „in dubio pro reo".[344] Dies gilt ausweislich des 2019 neueingefügten § 1 III JGG auch für das Verfahrensrecht: Ist die Vollendung des 18. Lebensjahrs bei Tatvollendung zweifelhaft, ist das für Jugendliche geltende Verfahrensrecht anzuwenden. 212

Die §§ 186 ff. BGB finden entsprechende Anwendung für die Berechnung des Alters. Hierbei wird gem. § 187 II S. 2 BGB der Geburtstag mitgerechnet. Somit ist jemand bereits an seinem 14. Geburtstag Jugendlicher i.S.d. § 1 II JGG. Verfahrensrechtlich ist die absolute Strafunmündigkeit Prozesshindernis, das zu einer Einstellung des Verfahrens nach § 2 JGG i.V.m. § 260 III StPO (bzw. § 206a StPO im Stadium des Zwischenverfahrens) führt.

**hemmer-Methode: Als Obersatz in der Klausur empfiehlt sich daher in unproblematischen Fällen z.B.: „Gem. § 1 I JGG findet das JGG Anwendung bei Verfehlungen Jugendlicher und Heranwachsender. A war zum Zeitpunkt der Tat 15 Jahre alt und damit Jugendlicher i.S.d. § 1 II JGG."**

### B. Sachlicher Anwendungsbereich

*Verfehlung*

§ 1 I JGG setzt weiterhin voraus, dass eine Verfehlung begangen wird, die nach allgemeinen Vorschriften mit Strafe bedroht ist. Hierunter ist im Wesentlichen das StGB zu verstehen, aber auch Nebenstrafrecht bspw. aus Steuer- oder Wehrstrafgesetzen fällt unter § 1 I JGG. Nicht anwendbar ist das JGG folglich für Ordnungswidrigkeiten (da diese nicht mit Strafe, sondern gem. § 1 OWiG mit Geldbuße bewehrt sind) und für Verhalten, für das Ordnungs- und Zwangsmittel (z.B. § 70 StPO) vorgesehen sind. 213

**hemmer-Methode: Ordnungswidrigkeiten sind zwar keine „Verfehlung" i.S.v. § 1 I JGG. Jedoch findet das JGG auf sie wegen § 46 I OWiG größtenteils sinngemäße Anwendung, wobei hier auch § 12 OWiG zu beachten ist!**

### C. Subsidiarität der allgemeinen Vorschriften

*StGB, StPO subsidiär*

§ 2 JGG und § 10 StGB bestimmen, dass die allgemeinen Vorschriften zur Anwendung kommen, wenn das JGG keine Regelung trifft. Unter die allgemeinen Vorschriften fallen im Wesentlichen das StGB, die StPO, das StVollzG und das GVG. 214

343 Neuere Rechtsprechungsübersicht in Jugendstrafsachen bei Dölling, NStZ 2009, 193 ff.

344 BGHSt 5, 366.

§ 2 JGG ist über seinen Wortlaut hinaus so zu verstehen, dass auch ungeschriebene Grundsätze des JGG Vorrang gegenüber allgemeinen Normen genießen, deren Anwendung zu einem nicht jugendgemäßen Ergebnis führen würde.[345]

Zum Tatbestand und der Rechtswidrigkeit eines Delikts finden sich im JGG keine Regelungen, hier ist demnach das StGB anwendbar. Die Rechtsfolgen (§§ 4 - 32 JGG) und das Verfahren (§§ 43 - 81, 109 JGG) sind teilweise im JGG festgelegt, so dass hier das JGG das StGB und die StPO ergänzt bzw. ersetzt.

**hemmer-Methode: § 2 JGG ist also die „Brücke" in die allgemeinen Vorschriften. Deswegen muss der Paragraph auch in der Klausur auftauchen, sonst hängt die StGB- bzw. StPO-Vorschrift in der Luft!**

Eine Sonderregelung findet sich in § 4 JGG, nach dem sich die Qualifizierung als Verbrechen oder Vergehen und die Verjährung nach allgemeinem Strafrecht richten. *215*

> ***Bsp.:*** *Der Jugendliche B argumentiert, er könne nicht wegen versuchter schwerer Brandstiftung (§ 306a StGB) bestraft werden, da die Versuchsstrafbarkeit nur bei Verbrechen gegeben sei. Dies setze gem. § 12 I StGB eine Mindeststrafe von einem Jahr voraus, gem. § 18 I S. 1 JGG betrage das Mindestmaß für Jugendliche jedoch nur sechs Monate. Ein Verbrechen liege daher gar nicht vor. Jedoch schreibt § 4 JGG vor, dass die Einteilung in Verbrechen und Vergehen nach allgemeinem Strafrecht zu bestimmen ist. Weil § 306a StGB ein Verbrechen darstellt, kann B wegen Versuchs bestraft werden.*

345 Ausführlich hierzu Eisenberg, „Anwendungsmodifizierung bzw. Sperrung von Normen der StPO durch Grundsätze des JGG", NStZ 1999, 281 ff.

## § 4 ALTERS- UND REIFESTUFEN IM JGG

### A. Verantwortlichkeit des Jugendlichen

*§ 3 JGG als Schuldausschließungsgrund*

Gem. § 3 JGG ist ein Jugendlicher nur dann verantwortlich, wenn er *zur Zeit der Tat* reif genug ist, das Unrecht der Tat einzusehen und danach zu handeln. Bei dieser bedingten Strafmündigkeit handelt es sich um einen Schuldausschließungsgrund, der *zusätzlich* zu den §§ 20, 21 StGB hinzutritt. 216

**hemmer-Methode: Da sonstige Entschuldigungsgründe im JGG nicht geregelt sind, finden diejenigen des allgemeinen Strafrechts Anwendung. Im Ergebnis sind also Tatbestand, Rechtswidrigkeit und Schuld wie im Erwachsenenstrafrecht zu prüfen, wobei § 3 JGG noch dazukommt!**

*Positive Feststellung nötig*

Die Verantwortlichkeit nach § 3 JGG muss im Gegensatz zu den §§ 20, 21 StGB stets positiv festgestellt werden.

#### I. Voraussetzungen des § 3 JGG

§ 3 JGG und § 20 StGB gleichen sich insoweit, als bei beiden Normen die Reife des Täters nach der „biologisch-psychologischen Methode" bestimmt wird:

#### 1. Einsichtsfähigkeit

*Einsichtsfähigkeit*

Die Reife, das Unrecht einzusehen, setzt voraus, dass der Jugendliche vom Verstand her fähig ist, sein Handeln zu beurteilen. Gleichzeitig muss aber auch eine sittliche Reife vorhanden sein, d.h. er muss die den Normen zugrunde liegenden sittlichen Postulate nachvollziehen können.[346] Die intellektuelle und ethische Reife muss für jede Tat einzeln festgestellt werden. 217

> ***Bsp.:*** *Der 15-jährige Beppo weiß, dass er nicht stehlen darf, ist sich aber des Unrechtsgehalts einer Falschaussage nicht bewusst.*

#### 2. Handlungsfähigkeit

*Handlungsfähigkeit*

Die zweite Voraussetzung ist, dass der Jugendliche auch reif genug ist, nach seiner Einsicht zu handeln. Die Handlungsfähigkeit kann z.B. bei der Beeinflussung durch Autoritätspersonen, der Furcht vor Strafe, Heimweh o.ä. fehlen. 218

#### II. Folgen

*Einstellung, Freispruch*

Wird die Verantwortlichkeit gem. § 3 JGG verneint, so wird das Verfahren entweder eingestellt (§ 47 I Nr. 4 JGG bzw. § 170 II StPO) oder endet mit einem Freispruch. Der Richter kann jedoch genau wie der Vormundschaftsrichter Erziehungsmaßnahmen anordnen (vgl. § 3 S. 2 JGG, §§ 1631 III, 1666 I BGB). Kann die Verantwortlichkeit nicht festgestellt werden, so gilt der Grundsatz in dubio pro reo. 219

**hemmer-Methode: In der Praxis wird die Schuldfähigkeit nach § 3 JGG so gut wie immer bejaht. Auch Sie sollten sich - außer in Extremfällen - nicht an dieser Stelle aus der Klausur „herausprüfen"!**

---

346 Streng, Jugendstrafrecht, Rn. 47 f.

### III. Verhältnis von § 3 JGG zu §§ 20, 21 StGB

*Verhältnis von § 3 JGG zu §§ 20, 21 StGB str.*

Streitig ist, welcher Schuldausschließungsgrund angewendet wird, wenn die Voraussetzungen des § 3 JGG und des § 20 StGB vorliegen.[347] 220

***Bspe.:***

⇨ Der Jugendliche C ist psychisch zurückgeblieben, was sich jedoch auf eine noch ausgleichsfähige, nicht abgeschlossene Entwicklung zurückführen lässt. Hier ist nur § 3 JGG anwendbar.

⇨ Der Jugendliche D leidet unter angeborenem Schwachsinn, welcher nicht mehr ausgleichsfähig ist (pathologisches Zurückbleiben, selten!). Hier gilt nur § 20 StGB.

⇨ Ein 16-jähriger ist wegen einer frühkindlichen Hirnschädigung, die jedoch im Alter noch ausgleichsfähig ist, schuldunfähig gem. § 20 StGB. Gleichzeitig fehlt ihm die Reife gem. § 3 JGG. Dieser Fall ist streitig.

Die Entscheidung ist von Bedeutung, weil nur im Falle der Anwendung der §§ 20, 21 StGB die Unterbringung in einem psychiatrischen Krankenhaus gem. § 63 StGB möglich ist (zu den Folgen beim Fehlen der Voraussetzungen des § 3 JGG siehe oben). Eine Ansicht möchte hier die Folgen des § 20 StGB anwenden[348], die h.M. in der Literatur gibt § 3 JGG den Vorrang.[349] Der BGH räumt dem Gericht die Wahlmöglichkeit zwischen beiden Alternativen ein, wobei §§ 20, 21 i.V.m. §§ 63, 64 StGB Vorrang haben sollen, wenn ein Bedürfnis nach Sicherung besteht.[350]

**hemmer-Methode: Da die Verantwortlichkeit des Jugendlichen stets positiv festgestellt werden muss, ist sie auch in der Klausur anzusprechen. Gehen Sie jedoch nur näher darauf ein, wenn Hinweise im Sachverhalt vorliegen. Hüten Sie sich ansonsten davor, eine Strafrechtsklausur abzuliefern! Die Strafbarkeit nach dem StGB interessiert nur am Rande und sollte äußerst kurz abgehandelt werden!**

## B. Anwendung des Jugendstrafrechts auf Heranwachsende

### I. Systematik

*Anwendbarkeit auf Heranwachsende nach §§ 105 ff. JGG*

Wann das JGG auf Heranwachsende anzuwenden ist, ist in den §§ 105 ff. JGG geregelt.[351] Wichtig ist, dass nur dann das JGG gilt, wenn in den §§ 105 ff. JGG darauf verwiesen wird, ansonsten bleibt es beim Erwachsenenstrafrecht. 221

*Schuldfähigkeit*

**1.** Die Schuldfähigkeit des Heranwachsenden ergibt sich ausschließlich aus den §§ 20, 21 StGB (Umkehrschluss aus § 105 I JGG: § 3 JGG ist nicht genannt).

347 Streng, Jugendstrafrecht, Rn. 59 ff.; zum Verhältnis von § 3 JGG zu den §§ 20, 21 StGB Gabber, ZJJ 2007, 167.

348 Brunner/Dölling, § 3, Rn. 10; Maurach/Zipf, Strafrecht AT Bd. I, S. 513.

349 Eisenberg, § 3, Rn. 40; Albrecht, S. 102.

350 Streng, Jugendstrafrecht, Rn. 61.; Schönke/Schröder (Lenckner), § 20, Rn. 44; für die Konkurrenz von § 20 StGB zu § 3 JGG so entschieden BGHSt 26, 67.

351 Zum Heranwachsenden als kriminalrechtliche Problemgruppe GA 2007, 503. Allgemein zum Jugendstrafrecht auch Ott, JA 2010, 886 ff.

*Rechtsfolgen*

**2.** Die Rechtsfolgen der Tat sind in § 105 JGG festgelegt. Liegen die Voraussetzungen des § 105 I Nr. 1 oder Nr. 2 JGG vor (Reifestand eines Jugendlichen *und /oder* Jugendverfehlung), werden im Wesentlichen die Rechtsfolgen angewendet, die auch für Jugendliche gelten (§§ 4 bis 8, 9 Nr. 1, 10, 11, 13 bis 32 JGG). Liegen die Merkmale nicht vor, so bleibt es bei den Rechtsfolgen des Erwachsenenstrafrechts.

*Zuständigkeit*

**3.** Die Zuständigkeit der Gerichte richtet sich *immer* nach dem JGG (§§ 108 i.V.m. 39 ff. JGG), auch wenn materiell Erwachsenenstrafrecht angewendet wird.

*Verfahren*

**4.** Auch für das Verfahren gilt *immer* § 109 I JGG i.V.m. den darin zitierten Normen des JGG. Wendet der Richter materiell Jugendstrafrecht gem. § 105 JGG an, so kommen weitere Verfahrensvorschriften über § 109 II JGG hinzu.

**hemmer-Methode: Die §§ 105 ff. JGG wirken nur auf den ersten Blick kompliziert. Merken Sie sich, dass für die Anwendung des Jugendstrafrechts auf Heranwachsende immer ein Verweis in den §§ 105 ff. JGG notwendig ist! Fehler auf diesem Gebiet verzeiht der Korrektor nicht - machen Sie sich die Systematik daher noch einmal anhand der folgenden Tabelle klar!**

*Übersicht*

| | **Jugendlicher*** | **Heranwachsender*** |
|---|---|---|
| **Strafbarkeit (Tatbestand, Rechtswidrigkeit, Schuld)** | StGB plus § 3 JGG in der Schuld | StGB (§ 3 JGG auch dann nicht, wenn § 105 JGG (+)) |
| **Rechtsfolgen** | §§ 4 bis 31 JGG | wenn § 105 JGG (+) ⇨ §§ 4 bis 8, 9 Nr. 1, 10, 11, 13 bis 32 JGG<br>wenn § 105 JGG (-) ⇨ StGB, beachte aber Strafrahmenmilderung nach § 106 JGG! |
| **Gerichtszuständigkeit** | §§ 39 bis 42 JGG | § 108 i.V.m. §§ 39 bis 42 JGG |
| **Verfahren** | §§ 43 bis 81 JGG | wenn § 105 JGG (+) ⇨ § 109 I, II i.V.m. den zitierten Normen des JGG<br>wenn § 105 JGG (-) ⇨ § 109 I i.V.m. den zitierten Normen des JGG |

* Beachte: Wenn im JGG keine Regelung enthalten ist, gilt selbstverständlich immer § 2 JGG i.V.m. den entsprechenden allgemeinen Vorschriften!

## II. Voraussetzungen des § 105 JGG

*Ratio des § 105 JGG*

Bei der Überprüfung der Voraussetzungen des § 105 JGG muss man stets dessen Ratio im Hinterkopf haben: Heranwachsende befinden sich trotz Volljährigkeit in einer Übergangsphase, die ein regelkonformes Verhalten oft erschwert. 222

*Voraussetzungen des § 105 JGG*

Um die Rechtsfolgen des Jugendstrafrechts auch auf Heranwachsende anwenden zu können, muss mindestens eine der folgenden Voraussetzungen gegeben sein:[352]

### 1. Reifestand eines Jugendlichen (§ 105 I Nr. 1 JGG) = täterbezogenes Merkmal

*Reifestand eines Jugendlichen*

Der Heranwachsende ist *zur Zeit der Tat* (nicht zum Zeitpunkt der Hauptverhandlung!) nach einer Gesamtwürdigung seiner Persönlichkeit in Bezug auf seine sittliche und (lies „oder") geistige Entwicklung einem Jugendlichen gleichzustellen. Das heißt, es müssen bei dem Heranwachsenden noch „Entwicklungskräfte in größerem Umfang wirksam sein".[353] Da es sich hier um eine sehr dehnbare Formulierung handelt, werden die sog. *Marburger Richtlinien* herangezogen. Hinweise, die für eine Gleichstellung mit einem Jugendlichen sprechen, sind danach: 223

*Marburger Richtlinien*

**Marburger Richtlinien:**[354] 224

- ⇨ fehlende Lebensplanung
- ⇨ spielerische Einstellung zur Arbeit
- ⇨ Unfähigkeit zu selbständigen Urteilen und zu zeitlich überschaubarem Denken
- ⇨ Unfähigkeit, Gefühlsurteile rational zu untermauern
- ⇨ ungenügende Ausformung der Persönlichkeit
- ⇨ Hang zu abenteuerlichem Handeln
- ⇨ Hilflosigkeit, Naivität, Spontaneität
- ⇨ Neigung zu Tagträumen
- ⇨ Hineinleben in selbstwerterhöhende Rollen
- ⇨ für den Augenblick leben
- ⇨ fehlende Eigenständigkeit, starke Anlehnungsbedürftigkeit
- ⇨ mangelnder Anschluss an Altersgenossen

Auch eine früh begonnene, anhaltende Drogensucht kann auf eine Entwicklungsverzögerung hindeuten, da sich der Jugendliche - vereinfacht gesagt - mehr auf die Droge konzentriert als auf seine Entwicklung.

*In dubio pro reo*

Fraglich ist, welches Recht bei nicht behebbaren Zweifeln über den Reifestand gilt:

352 Lesen Sie hierzu Hauf, Der praktische Fall, JuS 94, 678 ff.; Eisenberg/Blau, Der praktische Fall, JuS 94, 46 ff.

353 BGHSt 36, 37 (40) = **juris**byhemmer; 12, 116 (118).

354 Diese Richtlinien wurden 1954 auf der Marburger Tagung der Deutschen Vereinigung für Jugendpsychiatrie erarbeitet und dienen dem Richter als Anhaltspunkte, vgl. hierzu Eisenberg/Bung/Kölbel,

Eine Ansicht will das allgemeine Strafrecht anwenden, da § 105 JGG gerade eine Ausnahmeregelung darstellt, deren Voraussetzungen vorliegen müssen.

Nach anderer Auffassung ist „in dubio pro reo" im Einzelfall zu ermitteln, ob das Jugendstrafrecht oder das Erwachsenenstrafrecht die mildere Sanktion vorsieht. Dies ist eine relativ aufwendige Lösung und kann im Einzelfall schwer zu entscheiden sein.

Nach Ansicht des BGH ist Jugendstrafrecht anzuwenden, wenn Reifeverzögerungen nicht auszuschließen sind.[355]

### 2. Jugendverfehlung (§ 105 I Nr. 2 JGG) = tatbezogenes Merkmal

*Jugendverfehlung*

Eine Jugendverfehlung liegt vor, wenn in der Art der Tat (nach außen) oder in den Beweggründen des Betroffenen (subjektiv) jugendliche Verhaltensweisen hervortreten. Darüber hinaus fallen hierunter die „aus den Antriebskräften der Entwicklung entspringenden Entgleisungen".[356] Damit sind Fälle gemeint, die aus jugendlicher Unachtsamkeit, Leichtsinn oder aus Gruppenzwang heraus begangen werden, wobei die Annahme einer Jugendverfehlung bei keinem Straftatbestand von vornherein ausgeschlossen ist.[357] 225

> ***Bsp.:*** *Typische Jugendverfehlungen sind Fahren ohne Fahrerlaubnis, der unerlaubte Gebrauch von Kraftfahrzeugen, leichte Körperverletzungen, leichte Verstöße gegen das BtMG usw.*

*sogar bei Verbrechen möglich*

Aber auch Verbrechen können unter Umständen noch als Jugendverfehlung gelten, es ist jeweils der Einzelfall entscheidend.

Als Indiz für eine jugendtypische Verfehlung betrachtet man die leichte Manipulierbarkeit des Täters, gruppendynamische Prozesse sowie ein unüberlegtes Vorgehen bei der Tatverwirklichung.

*Beweiserleichterung*

Wichtig ist, dass es sich bei § 105 I Nr. 2 JGG um eine *Beweiserleichterung* für den Richter handelt, da die Bestimmung der Reife nach § 105 I Nr. 1 JGG häufig große Schwierigkeiten bereitet. Kann eine jugendtypische Verfehlung nach § 105 I Nr. 2 JGG bejaht werden, kommt es auf den Reifegrad nach § 105 I Nr. 1 JGG jedoch gar nicht mehr an.

**hemmer-Methode: Vom Gesetzeswortlaut her stellt § 105 JGG eigentlich die Ausnahme dar. De lege lata werden allerdings über 60% der Heranwachsenden nach Jugendstrafrecht verurteilt.**[358]

---

355 BGHSt 12, 116; 36, 37 (40) = **juris**byhemmer.

356 BGHSt 8, 90 (92).

357 Siehe dazu Streng, Jugendstrafrecht, Rn. 82 ff.

358 § 105 JGG wird häufig kritisiert, vgl. Laubenthal/Baier/Nestler, Rn. 108 f. Teilweise wird eine zwingende Gleichbehandlung von Jugendlichen und Heranwachsenden gefordert.

## § 5 RECHTSFOLGEN DER JUGENDSTRAFTAT

*Eigene Sanktionen im Jugendstrafrecht*

Die im Sanktionsrecht dargestellten Sanktionsmöglichkeiten gelten im Jugendstrafrecht nicht (vgl. § 18 I S. 3 JGG). Vielmehr stellt das JGG spezielle Sanktionsmöglichkeiten bereit, die sich aus der Einstiegsnorm des § 5 JGG ergeben: 226

- ⇨ **Erziehungsmaßregeln** gem. §§ 9 bis 12 JGG (Weisungen, Hilfe zur Erziehung),
- ⇨ **Zuchtmittel** gem. §§ 13 bis 16 JGG (Verwarnung, Auflagen, Jugendarrest) und
- ⇨ **Jugendstrafe** gem. §§ 17 ff. JGG.

Zusätzlich können gem. § 8 III JGG die im Erwachsenenstrafrecht bestehenden Nebenstrafen und -folgen, mit Ausnahme der in § 6 JGG ausgeschlossenen, angeordnet werden. 227

Auch die Maßregeln der Besserung und Sicherung sind, soweit sie in § 7 JGG genannt sind, zulässig. Allerdings können nicht gleichzeitig die Unterbringung in einem psychiatrischen Krankenhaus bzw. in einer Entziehungsanstalt und eine Jugendstrafe angeordnet werden, § 5 III JGG (anders im Erwachsenenstrafrecht, siehe Rn. 161).

**hemmer-Methode: Jugendstrafrecht ist Gesetzesarbeit! Lesen Sie sich in Ruhe die §§ 5 ff. JGG und die entsprechenden Verweise in das StGB durch!**

*Häufigkeit der Anordnung*

Am häufigsten werden Zuchtmittel angeordnet, hierbei wiederum am ehesten die Verwarnung und die Auflage einer Geldbuße. Danach folgen die Erziehungsmaßregeln, wobei in der Praxis nur die Weisungen eine Rolle spielen. Jugendstrafe wird nur in ca. 16-17% der Fälle angeordnet.[359] 228

### A. Verbindung von Rechtsfolgen und Konkurrenzfragen

#### I. Verbindung verschiedener Rechtsfolgen in einem Urteil

*Verbindungen von Sanktionen*

Grundsätzlich können verschiedene Rechtsfolgen in einem Urteil wegen einer Straftat miteinander kombiniert werden. 229

> ***Bsp.:*** *Der Jugendliche wird wegen eines Diebstahls verurteilt, gem. § 10 I S. 3 Nr. 4 JGG Arbeitsleistungen zu erbringen und sich gleichzeitig gem. § 10 I S. 3 Nr. 5 JGG einem Betreuungshelfer zu unterstellen.*

Dass die Verbindung von Erziehungsmaßregeln und Zuchtmitteln zulässig ist, ergibt sich aus § 8 I S. 1 JGG. Manche Kombinationen sind jedoch ausgeschlossen:

- ⇨ Die Hilfe zur Erziehung gem. § 12 Nr. 2 JGG (Heimerziehung) darf nicht neben Jugendarrest (§ 8 I S. 2 JGG) oder neben Jugendstrafe (§ 8 II S. 1 JGG) angeordnet werden. Ebenso wenig ist die Heimerziehung neben der Erziehungsbeistandschaft gem. § 12 Nr. 1 JGG möglich (vgl. Wortlaut des § 12 JGG: „oder"). 230

359 Bzgl. der Anordnung von Jugendstrafen gibt es in den letzten Jahren eine leicht steigende Tendenz, vgl. Laubenthal/Baier/Nestler, Jugendstrafrecht, 3. Aufl. 2015, Rn. 721.

- Der Jugendarrest (und auch die Verwarnung) darf gem. § 8 II S. 1 JGG grundsätzlich nicht mit der Jugendstrafe verbunden werden. Unter den Voraussetzungen des § 16a JGG kann jedoch der Arrest mit Jugendstrafe verbunden werden (sog. „Warnschussarrest"). Dies gilt sowohl für die Aussetzung der Vollstreckung der Jugendstrafe zur Bewährung nach § 21 JGG (§ 16a I Alt. 2 JGG) als auch für die Aussetzung der Verhängung der Jugendstrafe zur Bewährung nach § 27 JGG (§ 16a I Alt. 1 JGG). Auf den Vorbehalt der Entscheidung über die Aussetzung der Jugendstrafe zur Bewährung gemäß § 61 JGG findet § 16a JGG über die Verweisung des § 61 III JGG Anwendung.
- Umstritten ist, ob die am 07.03.2013 in Kraft getretene Regelung des § 16a JGG die Verhängung eines Jugendarrests neben einer nicht zu vollstreckenden Jugendstrafe erst bei der Verurteilung von Taten, die ab dem 07.03.2013 begangen wurden, ermöglicht, oder ob nur Voraussetzung ist, dass das Urteil ab dem 07.03.2013 fällt. Die gerichtliche Praxis geht mehrheitlich davon aus, dass aufgrund des Rückwirkungsverbots ein „Warnschussarrest" erst für ab dem 07.03.2013 begangene Taten verhängt werden kann.[360]

*Aufhebung des Koppelungsverbots des § 8 II JGG*

Das Koppelungsverbot des § 8 II JGG wurde damit weitestgehend aufgehoben. In § 16a JGG wurden jedoch konkrete Voraussetzungen für die gleichzeitige Verhängung von Arrest und Jugendstrafe aufgestellt. Diese Kombination ist jedoch höchst umstritten. Vielfach wird kritisiert, dass die jugendlichen Täter im Arrest erst recht kriminalisiert werden und einschlägige Kontakte knüpfen. Zum Problem des sog. Einstiegsarrests vgl. Rn. 270. 231

## II. Einheitliche Rechtsfolgen bei mehreren Straftaten

*Idealkonkurrenz*

Fraglich ist, was geschieht, wenn ein Jugendlicher mehrere Straftaten begangen hat. Die allgemeinen Konkurrenzvorschriften der §§ 52 bis 55 StGB gelten nicht. Vielmehr greift § 31 JGG ein. Im Falle der Idealkonkurrenz wird selbstverständlich nur auf eine einheitliche Strafe erkannt (die sich möglicherweise aus verschiedenen Sanktionen zusammensetzt, siehe oben).[361] 232

*Realkonkurrenz*

Problematisch ist das Vorliegen von mehreren Straftaten in Realkonkurrenz. Hier gilt aus dem Erziehungsgedanken heraus ebenfalls das *Einheitsprinzip*, es gibt keine Gesamtstrafen wie in §§ 53, 54 StGB. Der Strafrahmen ist der gleiche wie bei *einer Tat*.[362] Grund für diese Regelung ist die Überlegung, dass mit dem Jugendstrafrecht weniger die einzelnen Taten geahndet, als vielmehr auf den jugendlichen Täter bessernd eingewirkt werden soll.

### 1. Gleichzeitige Aburteilung mehrerer Straftaten (§ 31 I JGG)

*Gleichzeitige Aburteilung*

Liegt Realkonkurrenz vor, so wird in einem Urteil gem. § 31 I JGG auf eine einheitliche Strafe erkannt, es erfolgt also keine Addition der verschiedenen Strafen. 233

> ***Bsp.:*** *Der Jugendliche Berthold hat im April, Juni und Juli 2012 Raub- und Diebstahlstaten begangen. Im Urteil wird eine Einheitsstrafe (bspw. Jugendstrafe mit Bewährung) festgesetzt.*

360 Vgl. Laubenthal/Baier/Nestler, Jugendstrafrecht, 3. Aufl. 2015, Rn. 487 ff.

361 Hierzu auch Foth, JR 2014, 390 f.; Laubenthal/Baier/Nestler, Jugendstrafrecht, 3. Aufl. 2015, Rn. 492 ff.

362 Brunner/Dölling, § 31, Rn. 3.

## 2. Getrennte Aburteilung mehrerer Straftaten (§ 31 II, III JGG)

*Getrennte Aburteilung*

Wenn bereits ein Urteil für einen Teil der Straftaten feststeht (und die Sanktion noch nicht vollständig erledigt ist), so kann in dem neuen Urteil das alte miteinbezogen werden und wiederum nur eine Einheitsstrafe festgesetzt werden, § 31 II JGG.[363] Hierbei muss die Strafe nicht zwingend erhöht werden. § 55 StGB gilt also nicht.[364] 234

> ***Bsp.:*** *Der Jugendliche Berthold wurde für den Diebstahl im April bereits zu Jugendarrest verurteilt, der Richter beseitigt in dem neuen Urteil den Jugendarrest und erkennt für alle drei Taten einheitlich auf Jugendstrafe.*

Eine bereits verbüßte Sanktion wird dabei angerechnet. Dies folgt für den Arrest aus § 31 II S. 2 JGG, für die Jugendstrafe kann ein „erst recht"-Schluss gezogen werden. Für die obligatorische Anrechnung spricht auch § 2 JGG i.V.m. § 51 II StGB.

**hemmer-Methode: Nach neuerer Rspr. muss die Tatsache, dass der Strafausspruch durch Einbeziehung gem. § 31 JGG zustande gekommen ist, nicht im Urteilstenor enthalten sein.[365]**

*Ausnahme wegen erzieherischer Gründe möglich*

Ausnahmsweise wird eine Einbeziehung unterlassen, wenn dies „aus erzieherischen Gründen zweckmäßig" ist (§ 31 III JGG).

*Überschreiten der Höchstgrenze*

**hemmer-Methode: Fraglich ist, ob nach § 31 III JGG von der Einbeziehung deshalb abgesehen werden darf, weil der Täter mit anderen Delikten bereits die zulässige Höchstgrenze (z.B. fünf Jahre Jugendstrafe) erreicht hat. Dies ist nach herrschender Meinung nur in Grenzfällen zulässig, wenn sonst der Jugendliche die Höchstgrenze als „Freibrief" für weitere Taten ansehen würde.[366]**

## 3. Anwendbarkeit des § 31 JGG

*Anwendbarkeit des § 31 JGG*

**a)** § 31 JGG gilt selbstverständlich für alle Jugendlichen und für die Heranwachsenden, für die § 105 I JGG zu bejahen ist. 235

**b)** Zusätzlich ist § 31 II, III JGG auch auf die Heranwachsenden anwendbar, die im ersten Urteil nach allgemeinem Strafrecht verurteilt worden sind, *§ 105 II JGG.*

**c)** Außerdem gilt § 31 I JGG, wenn Straftaten teils nach allgemeinem, teils nach Jugendstrafrecht beurteilt werden (§ 32 JGG) und das Schwergewicht bei den jugendstrafrechtlichen Taten liegt.[367]

## III. Mehrere Straftaten in verschiedenen Alters- und Reifestufen (§ 32 JGG)

## 1. Voraussetzungen

*§ 32 JGG für mehrere Straftaten in verschiedenen Alters- und Reifestufen*

Wenn mehrere Straftaten begangen wurden, die *teilweise nach Jugendstrafrecht und teilweise nach allgemeinem Strafrecht* zu beurteilen sind, so kommt § 32 JGG in Betracht. 236

---

363 Die Einbeziehung betrifft das ganze Urteil, nicht nur den unerledigten Rest!

364 Beachte: § 55 StGB ist nicht das exakte Gegenstück zu § 31 II JGG, da § 55 StGB nur den Fall regelt, dass die im zweiten Urteil relevante Straftat vor der ersten Verurteilung begangen wurde.

365 BGH NStZ 1996, 279 = **juris**byhemmer.

366 Eisenberg, § 31, Rn. 33.

367 Dazu Rn. 237.

Allerdings müssen die verschiedenen Taten *gleichzeitig abgeurteilt* werden. Geprüft wird nun, bei welchen Straftaten das *Schwergewicht* liegt, wobei sowohl die Tat als auch der Täter eine Rolle bei der Beurteilung spielen.

**Bspe.:**

⇨ *Der Jugendliche Richie hat mit 17 Jahren erstmals einen Diebstahl begangen und mit 18 Jahren einen Raub, wobei der Raub nicht mehr nach § 105 I JGG zu beurteilen ist. Somit wäre einmal Jugendstrafrecht und für den Raub Erwachsenenstrafrecht anzuwenden. Die Schwergewichtsprüfung ergibt, dass das Schwergewicht trotz des geringeren Unrechtsgehalts bei dem Diebstahl liegt, da er den ersten Schritt in Richtung kriminelle Laufbahn darstellt. Somit ist einheitlich Jugendstrafrecht nach § 31 JGG anzuwenden.*

⇨ *Frankie hat mit 20 Jahren eine Sachbeschädigung, die gem. § 105 JGG nach Jugendstrafrecht zu beurteilen ist, und mit 21 Jahren ein Verkehrsdelikt begangen. Je nach Schwergewicht kommt einheitlich Jugend- oder Erwachsenenstrafrecht zur Anwendung.*

⇨ *Bobby beging mit 17 Jahren einen Diebstahl und mit 18 Jahren einen Raub, der jedoch wegen Reifeverzögerung nach Jugendstrafrecht zu beurteilen ist (§ 105 I Nr. 1 JGG). Hier kommt § 32 JGG überhaupt nicht zur Anwendung, weil zwar mehrere Straftaten und eine gleichzeitige Aburteilung vorliegen, jedoch alle Straftaten ohnehin nach Jugendstrafrecht zu beurteilen sind. Es gilt vielmehr § 105 I i.V.m. § 31 JGG direkt.*

## 2. Problem der getrennten Aburteilung

*Getrennte Aburteilung str.*

§ 32 JGG gilt nur für mehrere Straftaten bei gleichzeitiger Aburteilung. Streitig ist die Behandlung mehrerer Straftaten in verschiedenen Alters- bzw. Reifestufen, die nacheinander abgeurteilt werden. 237

**Bsp.:** *Ein Jugendlicher begeht mit 18 Jahren einen Diebstahl und wird dafür nach Jugendstrafrecht (§ 105 JGG) verurteilt. Mit 19 Jahren verübt er einen Raub, auf den nicht § 105 JGG, sondern Erwachsenenstrafrecht Anwendung findet.*

*§ 32 JGG analog oder jeweilig einschlägiges Recht*

Eine Ansicht möchte hier § 32 JGG analog anwenden, so dass eine Schwergewichtsprüfung durchzuführen wäre. Dies soll zumindest dann möglich sein, wenn nach allgemeinem Strafrecht eine Gesamtstrafenbildung nach § 55 StGB möglich wäre.[368]

Die Gegenansicht verneint die analoge Anwendung des § 32 JGG mit dem Argument, es handle sich hier um eine nicht analogiefähige Ausnahmeregelung. Sie wendet getrennt das jeweilig einschlägige Recht an, fordert jedoch eine Strafmilderung.[369]

Die Streitfrage stellt sich in einer Konstellation nicht: Ist ein Heranwachsender zunächst nach allgemeinem Strafrecht verurteilt worden und steht nun noch eine Verurteilung nach Jugendstrafrecht aus, so bestimmt § 105 II JGG, dass § 31 II, III JGG anzuwenden ist. Allerdings ist hier noch eine Schwergewichtsprüfung nach den Grundsätzen des § 32 JGG durchzuführen.[370]

Der BGH legt § 105 II JGG extensiv aus und wendet § 31 II, III JGG auch für den Fall an, dass die frühere Verurteilung wegen einer Straftat erfolgte, die der Täter *als Erwachsener* begangen hat.[371]

368 Eisenberg, § 32, Rn. 9; Brunner/Dölling, § 32, Rn. 11.

369 BGHSt 10, 100 (101); 14, 287 = **juris**byhemmer; 36, 270 (295) = **juris**byhemmer.

370 BGHSt 37, 34 (35) = **juris**byhemmer; Eisenberg, § 105, Rn. 44.

371 Laubenthal/Baier/Nestler, Rn. 531 ff.

***Bsp.:*** *Alfred begeht mit 21 Jahren einen Diebstahl und wird dafür (nach allg. Strafrecht) verurteilt. Danach wird er wegen eines im Alter von 18 Jahren begangenen Diebstahls nach Jugendstrafrecht verurteilt. Nach obiger Ansicht ist hier eine Einbeziehung nach §§ 105 II, 31 II JGG möglich.*

**hemmer-Methode: Merke: § 32 JGG entscheidet, *welches* Recht anwendbar ist. Aus § 31 JGG ergibt sich dann - falls nach § 32 JGG Jugendstrafrecht einschlägig ist -, in *welchem Ausmaß* einheitliche Rechtsfolgen festgesetzt werden müssen.**

*Dauerdelikte*

Bei Dauerdelikten, die sich über verschiedene Alters- und Reifestufen erstrecken, wendet die h.M. § 32 JGG analog an.

### IV. Vorgehensweise bei mehreren Straftaten

*Übersicht*

**Systematisch müssen folgende Fragen gestellt werden:** 238

**1.** Liegen überhaupt mehrere Straftaten (Realkonkurrenz) vor?

**2.** Nach welchem Recht werden sie beurteilt?

- **a)** Alle nach Jugendstrafrecht (auch über § 105 JGG): Es gilt das Einheitsprinzip nach § 31 JGG.
- **b)** Alle nach Erwachsenenstrafrecht: Es gelten die allgemeinen Konkurrenzvorschriften der §§ 52 ff. StGB.
- **c)** Teils, teils: Liegt eine gleichzeitige oder eine getrennte Aburteilung vor?
  - **aa)** gleichzeitige Aburteilung: Es gilt § 32 JGG und je nach Schwergewicht Jugend- oder Erwachsenenstrafrecht.
  - **bb)** getrennte Aburteilung: Liegt der Sonderfall des § 105 II JGG vor?
    - **(1)** Wenn ja: Es gilt § 31 II, III JGG, allerdings erst nach Schwergewichtsprüfung.
    - **(2)** Wenn nein: Die Frage ist streitig: entweder § 32 JGG analog oder getrennte Anwendung des jeweiligen Rechts.

**3.** Kommt man im Ergebnis zur Anwendung des Jugendstrafrechts, so muss die jeweilig gewählte Sanktionskombination auch zulässig sein (§ 8 JGG).

## B. Einzelne Rechtsfolgen

### I. Erziehungsmaßregeln

*Erziehungsmaßregeln*

Die Erziehungsmaßregeln (§§ 9 ff. JGG) dienen - wie das Wort bereits sagt - ausschließlich erzieherischen Zwecken und nicht der Ahndung der Tat. Sie werden also „aus Anlass der Straftat“ (§ 5 I JGG) und nicht etwa „wegen der Straftat“ angeordnet. Das Merkmal „aus Anlass der Straftat“ meint, dass in der Tat Erziehungsdefizite zum Vorschein kommen. Diese sollen mit den Erziehungsmaßregeln ausgeglichen werden, allerdings nur dann, wenn sie ausreichen und nicht auf schärfere Sanktionen zurückgegriffen werden muss (§ 5 II JGG). In der Praxis findet die Anordnung von Erziehungsmaßregeln eher selten statt, im Jahre 2012 etwa nur gegen 10,4% aller nach Jugendstrafrecht Verurteilten.[372] 239

372 Vgl. Laubenthal/Baier/Nestler, Jugendstrafrecht, 3. Aufl. 2015, Rn. 564.

**hemmer-Methode: Es wäre also unzulässig, einen jugendlichen Ladendieb zur Strafe den Supermarkt säubern zu lassen. Denn das erzieherische Defizit eines Diebes liegt sicherlich nicht in mangelnder Reinlichkeit!**

## 1. Weisungen

### a) Weisungskatalog nach § 10 I S. 3 JGG

*Weisungen nicht abschließend*

Die Weisungen sind in § 10 JGG genannt, wobei es sich hier lediglich um eine beispielhafte Aufzählung handelt (beachte den Wortlaut § 10 I S. 3 JGG: „insbesondere“).[373] 240

Der Richter kann somit auch eigene Weisungen anordnen, solange sie sich in den unten genannten Grenzen halten.[374] Besondere Bedeutung haben die Arbeitsweisung (Nr. 4), die Betreuungsweisung (Nr. 5) und der soziale Trainingskurs (Nr. 6). Ebenfalls eine wichtige Rolle spielen die Anweisungen der heilerzieherischen Behandlung und der Entziehungskur nach § 10 II JGG.

### b) Grenzen der Weisungen

#### aa) Verfassungsrechtliche Grenzen

*Verfassungsrechtliche Grenzen*

Weisungen dürfen selbstverständlich nicht gegen Grundrechte verstoßen.[375] 241

***Bspe.:***

- *Die Weisung, regelmäßig den Gottesdienst zu besuchen, verstößt gegen Art. 4 GG.*
- *Ebenso ist die generelle Weisung, eine bestimmte Arbeit anzunehmen, nicht mit Art. 12 GG vereinbar.*
- *Dagegen ist die Arbeitsweisung kein Verstoß gegen Art. 12 II, III GG, da es sich nicht um eine herabsetzende, totalitär angeordnete Zwangsarbeit handelt.*[376]

Aus dem Rechtsstaatsprinzip ergibt sich weiterhin, dass die Weisungen verhältnismäßig sein müssen.

***Bsp.:*** *Einem Jugendlichen wird aus Anlass eines leichten Verkehrsdelikts aufgegeben, 300 Arbeitsstunden abzuleisten. Hier ist der Verhältnismäßigkeitsgrundsatz verletzt.*

Zulässig ist jedoch eine Weisung an einen wegen Fahrens ohne Fahrerlaubnis (§ 21 StVG) verurteilten Jugendlichen, binnen sechs Monaten eine Fahrerlaubnis zu erwerben, wenn er zum Führerscheinerwerb geeignet und fähig ist sowie die erforderlichen Kosten aufzubringen vermag.[377]

Die Betreuungsweisung (§ 10 I Nr. 5 JGG) sollte wegen ihrer hohen Eingriffsintensität auf bestimmte Lebensbereiche beschränkt werden.

---

373 Teilweise wird deswegen die Einhaltung des verfassungsmäßigen Bestimmtheitsgrundsatzes im Hinblick auf Art. 103 II GG verneint, vgl. Albrecht, S. 158.

374 Beispiele hierfür: Nachhilfeunterricht nehmen; Geldausgaben von einem Betreuer kontrollieren lassen; weitere Beispiele siehe Streng, Jugendstrafrecht, Rn. 351 ff.

375 Vgl. Laubenthal/Baier/Nestler, Jugendstrafrecht, 3. Aufl. 2015, Rn. 611 ff.

376 BVerfGE 74, 102 = **juris**byhemmer.

377 Böhm, NStZ-RR 2004, 258.

## bb) Sonstige gesetzliche Grenzen

*Gesetzliche Grenzen*

In § 10 I S. 2 JGG ist festgelegt, dass die Weisungen für den Jugendlichen nicht unzumutbar sein dürfen. Aber auch gegen sonstige Gesetze, wie z.B. das StGB, dürfen die Weisungen nicht verstoßen bzw. gesetzliche Verbote dürfen nicht umgangen werden.[378] 242

***Bsp.:*** *Lehrling Alois, der in dem Laden, in dem er als Verkäufer arbeitet, Geld aus der Kasse gestohlen hat, wird die Weisung erteilt, die nächsten drei Jahre nicht mehr in Verkaufsstätten zu arbeiten. Dies ist unzulässig, da die Weisung ein Berufsverbot i.S.d. § 70 StGB darstellt, welches für Jugendliche gem. § 7 JGG nicht angeordnet werden darf.*

Die Weisung an einen wegen Ladendiebstahls verurteilten Jugendlichen, in dem betreffenden Geschäft gem. § 10 I Nr. 4 JGG Arbeitsleistungen zu erbringen, verstößt gegen die gesetzliche Wertung des § 15 I Nr. 1 JGG, der den Schadensersatz als typischen Inhalt einer Auflage und nicht einer Weisung normiert.

## cc) Funktionale Grenzen

*Funktionale Grenzen*

Damit die Weisung ihren erzieherischen Auftrag erfüllen kann, muss die Weisung *spezialpräventive* Ziele verfolgen. Sie darf also nicht aus generalpräventiven Zwecken (Abschreckung anderer Jugendlicher) oder aus dem Vergeltungsgedanken heraus angeordnet werden.[379] Des Weiteren muss die Weisung *erzieherisch zweckmäßig* sein. 243

***Bsp.:*** *Die erzieherische Zweckmäßigkeit kann bspw. bei einer überhaupt nicht überprüfbaren Weisung fehlen und somit unter Umständen zur Rechtswidrigkeit führen.*

## c) Weisungen nach dem Urteilsspruch

*Weisungen nach dem Urteilsspruch*

§ 11 II JGG beschränkt unter dem Erziehungsgedanken den Umfang der materiellen Rechtskraft insofern, als nicht die im Urteil konkret bezeichnete Rechtsfolge in Rechtskraft erwächst, sondern nur, dass auf den Jugendlichen überhaupt mit erzieherisch gebotenen Weisungen eingewirkt werden soll. 244

## d) Vollstreckung der Weisungen

*Weisungsvollstreckung*

Das Jugendgericht (§ 82 I JGG) überwacht mit Hilfe der Jugendgerichtshilfe (§ 38 I, II JGG) die Einhaltung der Weisungen. Die Laufzeit und zwangsweise Durchsetzung ist in § 11 JGG geregelt. Die Befolgung der Weisungen kann nicht erzwungen werden, jedoch kann die schuldhafte Nichtbefolgung gem. § 11 III JGG mit Jugendarrest geahndet werden. 245

**hemmer-Methode: Die Vollstreckung der Rechtsfolgen ist u.a. in den §§ 82 ff. JGG geregelt. Suchen Sie immer zuerst im JGG nach speziellen Normen, die zu der jeweiligen Sanktion passen, bevor Sie auf die allgemeinen Vorschriften zurückgreifen!**

378 Vgl. Laubenthal/Baier/Nestler, Jugendstrafrecht, 3. Aufl. 2015, Rn. 608 ff.

379 Zu den Begriffen der Prävention siehe Rn. 107 ff.

## 2. Hilfe zur Erziehung

*Hilfe zur Erziehung*

In § 12 JGG sind sowohl die Hilfe zur Erziehung als Erziehungsbeistandschaft (Nr. 1) als auch die Hilfe zur Erziehung in einer Einrichtung über Tag und Nacht (Heimerziehung) geregelt. Die Erziehungsbeistandschaft nach § 12 Nr. 1 JGG i.V.m. §§ 27, 30 SGB VIII stellt ein Angebot öffentlicher Erziehungshilfe und Kontrolle dar, wobei der Jugendliche in seiner gewohnten sozialen und räumlichen Umgebung belassen wird, wohingegen die Unterbringung nach § 12 Nr. 2 i.V.m. §§ 27, 34 SGB VIII eine stationäre öffentliche Ersatzerziehung in einem Heim oder einer sonstigen betreuten Wohnform darstellt. 246

**hemmer-Methode: Gegenüber der Heimweisung nach § 10 I S. 3 Nr. 2 JGG ist § 12 Nr. 2 JGG „pädagogisch anspruchsvoller", da die Heimweisung sich auch auf bloße Wohnheime etc. bezieht.**

*Voraussetzungen für die Anordnung*

Folgende Voraussetzungen müssen dafür gegeben sein:

- ⇨ Eine Erziehungsmaßregel muss generell zulässig sein (§ 5 II JGG).
- ⇨ Auch die Hilfe zur Erziehung muss sich in den bereits oben genannten verfassungsrechtlichen Schranken halten.
- ⇨ Die Voraussetzungen des Achten Buches des Sozialgesetzbuchs (SGB VIII) müssen gegeben sein. Da im Gesetzestext auf §§ 30 bzw. 34 SGB VIII verwiesen wird, findet man in diesem Abschnitt auch die Voraussetzungen, und zwar in § 27 SGB VIII: Die Erziehung des Jugendlichen darf nicht gewährleistet sein, und die Hilfe muss für seine Entwicklung geeignet und notwendig sein.
- ⇨ Die freiwillige Inanspruchnahme durch den Jugendlichen geht der Anordnung durch den Richter vor.
- ⇨ Das Jugendamt muss angehört werden (§ 12 JGG).
- ⇨ Zusätzlich ist die Heimerziehung subsidiär zur Erziehungsbeistandschaft und zu den Weisungen.

Trotz des Wortlauts in § 12 JGG a.E. „in Anspruch zu nehmen" besteht eine Verpflichtung des Jugendlichen hierzu.[380]

## II. Zuchtmittel

*Zweck der Zuchtmittel*

Die Zuchtmittel (Verwarnung, Auflage und Jugendarrest) sollen die Tat *ahnden*, wenn dem Jugendlichen „eindringlich zum Bewusstsein gebracht werden muss, dass er für das von ihm begangene Unrecht einzustehen hat" (§ 13 I JGG). Die erzieherische Wirkung steht also im Vordergrund. Gleichzeitig sollen sie aber auch repressive Wirkung haben (arg. ex § 17 II Alt. 1 JGG), ihnen kommt insofern eine Denkzettelfunktion zu. Die Anordnung von Zuchtmitteln dominiert die rechtstatsächliche Wirklichkeit. So wurden 2012 bei mehr als 70% aller Verurteilungen Zuchtmittel angeordnet.[381] 247

380 § 12 JGG ist ein relativ „junger" Paragraph: Das Kinder- und Jugendhilfegesetz (KJHG) von 1990 schaffte die stigmatisierenden Begriffe der „Fürsorgeerziehung" und „Verwahrlosung" ab und ersetzte sie durch die Formulierung der Hilfe zur Erziehung als Leistungsangebot.

381 Vgl. Laubenthal/Baier/Nestler, Jugendstrafrecht, 3. Aufl. 2015, Rn. 661.

### 1. Voraussetzungen

*Voraussetzungen für die Anordnung*

Zuchtmittel dürfen nur angewendet werden, wenn Erziehungsmaßregeln nicht ausreichen, § 5 II JGG. 248

*Mildeste Sanktion*

Andererseits sind sie dann fehl am Platz, wenn eine Jugendstrafe geboten ist (zu diesen Voraussetzungen siehe § 17 II JGG). Die Zuchtmittel sind damit eine Sanktion nur für sog. „im Grunde gutgeartete“ Jugendliche ohne gravierende Erziehungsmängel.[382]

**hemmer-Methode: Aus der Reihenfolge in § 5 I, II JGG kann nicht geschlossen werden, dass Erziehungsmaßregeln automatisch die mildeste Sanktion darstellen! So ist selbstverständlich die Heimerziehung ein schärferer Eingriff als die Verwarnung.**

### 2. Einzelne Zuchtmittel

#### a) Verwarnung (§ 14 JGG)

*Verwarnung*

Die Verwarnung wird nur bei leichten einmaligen Vergehen ausgesprochen. Sie unterscheidet sich von der formlosen Ermahnung in §§ 45 III S. 1, 47 I Nr. 3 JGG dadurch, dass sie eine förmliche Sanktion darstellt, mit der dem Jugendlichen der Schuldvorwurf und die Folgen seiner Verfehlung klargemacht werden sollen, und zwar unter dem Hinweis auf schwerwiegendere Sanktionen im Wiederholungsfall. 249

Die Verwarnung wird im Urteil angeordnet, kann aber erst nach dessen Rechtskraft wirksam ausgesprochen werden.

#### b) Auflagen

*Auflagen*

Unter die Auflagen fallen die Schadenswiedergutmachung, die Entschuldigung, die Arbeitsleistung und die Geldauflage. Die Schadenswiedergutmachung ist eine spezielle Ausprägung des Täter-Opfer-Ausgleichs, darf sich deshalb nur auf den Ausgleich des bei einem konkreten Opfer einer Straftat entstandenen materiellen Schaden beziehen[383] und setzt dabei das Bestehen eines zivilrechtlichen Anspruchs voraus.[384] Die Arbeitsauflage gem. § 15 I Nr. 3 JGG hat große praktische Bedeutung für Fälle erlangt, in denen eine Geldauflage mangels eigenen Einkommens nicht sinnvoll ist. Der Arbeitsauflage kommt im Gegensatz zur Arbeitsweisung nach § 10 I S. 3 Nr. 4 JGG auch repressiv-ahndende Funktion zu und ermöglicht den Wechsel von der Geld- zu einer Arbeitsauflage nach § 15 II S. 1 JGG. Die Geldauflage hat die größte Bedeutung, hier gilt es allerdings, die besonderen Voraussetzungen des § 15 II JGG zu beachten. 250

Die Vollstreckung ist in § 15 III JGG geregelt.

#### c) Jugendarrest

##### aa) Arten des Jugendarrests

*Freizeit-, Kurz- und Dauerarrest*

In § 16 JGG wird zwischen dem Freizeit-, dem Kurz- und dem Dauerarrest unterschieden. Der Dauerarrest wird am häufigsten angeordnet und beträgt maximal vier Wochen. 251

382 Kritisch hierzu Eisenberg, § 13, Rn. 12; Albrecht, S. 204.

383 Diemer/Schoreit/Sonnen/Diemer, § 15 JGG, Rn. 2.

384 Brunner/Dölling, § 15, Rn. 4 f.

Daneben gibt es den Ungehorsamsarrest (§§ 11 III, 15 III S. 2, 23 I S. 4 JGG), der verhängt wird, wenn der Jugendliche schuldhaft den entsprechenden Weisungen oder Auflagen nicht nachkommt, sowie den „Warnschussarrest" nach § 16a JGG, der neben der Jugendstrafe verhängt werden kann.

### bb) Voraussetzungen

*Voraussetzungen für die Anordnung*

Natürlich müssen die allgemeinen Voraussetzungen für die Anordnung von Zuchtmitteln vorliegen. Das heißt auch, dass nur „gutgeartete" oder - anders ausgedrückt - „arrestgeeignete" Jugendliche für den Arrest in Frage kommen.[385] Bei leichten Verfehlungen soll der Jugendarrest nicht verhängt werden. 252

Ebenso wirkt er sich negativ (durch hohe Rückfallquoten) aus, wenn zum wiederholten Male Arrest angeordnet wurde oder dem Jugendlichen bereits vorher stationäre Sanktionen wie eine Jugendstrafe oder die Heimerziehung auferlegt wurden.[386] Zur Anwendung neben § 21 bzw. § 27 JGG siehe Rn. 230, 271.

### cc) Kritik

*Kritik*

Der Jugendarrest ist seit jeher heftig umstritten. Einerseits verspricht man sich von dieser Sanktion eine effektive Denkzettelwirkung (sog. „short sharp shock"), die Sofortwirkung zeigt, ohne die schädlichen Fernwirkungen einer Jugendstrafe auszulösen (so erfolgt auch keine Eintragung in das Bundeszentralregister, vgl. § 13 III JGG). 253

Auf der anderen Seite wird kritisiert, dass in so kurzer Zeit keine ausreichende Erziehung möglich sei, wobei teilweise auf hohe Rückfallquoten verwiesen wird.[387]

Zudem würde der Jugendarrest zu häufig bei „nicht gutgearteten" bzw. „arrestungeeigneten" Jugendlichen angewendet und verfehle damit völlig seine Wirkung.[388]

### dd) Vollstreckung und Vollzug

*Vollstreckung und Vollzug*

Die Vollstreckung und der Vollzug sind in den §§ 86 f. bzw. 90 JGG geregelt. Daneben besteht noch die Jugendarrestvollzugsordnung (JAVollzO), bei der es sich jedoch lediglich um eine Verwaltungsvorschrift handelt. 254

## III. Jugendstrafe

*Zweck der Jugendstrafe*

Die Jugendstrafe (§§ 17 ff. JGG) ist die einzige echte Kriminalstrafe im Jugendstrafrecht. Sie verfolgt die Ahndung der Tat im Sinne einer *vergeltenden* Strafe. Aber auch der *Erziehungsgedanke* spielt bei der Jugendstrafe eine Rolle.[389] Jugendstrafe wurde in den vergangenen zehn Jahren in etwa 15% aller Verurteilungen verhängt.[390] 255

385 Kritisch Albrecht, S. 219 f.

386 Streng, Jugendstrafrecht, Rn. 411.

387 Albrecht, S. 221 ff.

388 Streng, Jugendstrafrecht, Rn. 420.

389 Zu den Voraussetzungen der Jugendstrafe Pedal, JA 2008, 414.

390 Vgl. Laubenthal/Baier/Nestler, Jugendstrafrecht, 3. Aufl. 2015, Rn. 713.

### 1. Voraussetzungen

*Voraussetzungen für die Anordnung*

Damit überhaupt Jugendstrafe angewendet werden kann, muss mindestens eine der folgenden Voraussetzungen aus § 17 II JGG gegeben sein:[391] 256

### a) Schädliche Neigungen (§ 17 II Alt. 1 JGG)

*Definition „Schädliche Neigungen"*

Schädliche Neigungen liegen bei einem Jugendlichen dann vor, wenn erhebliche Anlage- oder Erziehungsmängel die Gefahr begründen, dass er ohne Durchführung einer längeren Gesamterziehung weitere nicht ganz unerhebliche Straftaten begehen wird. 257

Damit fällt die bloße Gelegenheits-, Konflikts- oder Notkriminalität nicht unter den Begriff der schädlichen Neigungen. Ebenso wenig werden diese bei Bagatellstraftaten zu bejahen sein, da es sich um Straftaten eher unerheblicher Art handelt. Auch müssen die schädlichen Neigungen „in der Tat hervorgetreten" sein, § 17 II JGG.

**hemmer-Methode: Ausnahmsweise können auch bereits bei einer besonders schwerwiegenden Ersttat schädliche Neigungen i.S.v. § 17 II Alt. 1 JGG vorliegen. In Ihrer Begründung dürfen Sie sich aber dann nicht darauf stützen, *dass* der Jugendliche die Ersttat beging. Die Neigungen müssen schon *vorher* vorgelegen haben!**

> ***Bsp.:*** *Ein Jugendlicher ist mehrmals wegen kleinerer Betrügereien in seinem Lehrbetrieb aufgefallen. Nach dem Besuch des Oktoberfestes läuft er betrunken nach Hause und triff dabei auf seine Nachbarin, die er versucht zu vergewaltigen. Hier sind die eventuell vorhandenen schädlichen Neigungen nicht in dem Sexualdelikt hervorgetreten.*

Bei Ersttaten ist in der Regel nicht von schädlichen Neigungen auszugehen.[392] Anderes gilt, wenn sich in der Tat Persönlichkeitsmängel manifestieren, die schon vorher vorhanden waren und auch künftig fortbestehen.

*Entscheidender Zeitpunkt*

Die Anordnung der Jugendstrafe wegen schädlicher Neigungen hat einen *erzieherischen* Zweck, nämlich die längerfristige Beeinflussung des Jugendlichen. Daher ist die Jugendstrafe sinnlos und unzulässig, wenn die schädlichen Neigungen sich nach der Tat zurückentwickeln. Sie müssen zum Zeitpunkt des Urteils noch fortwirken.[393]

### b) Schwere der Schuld (§ 17 II Alt. 2 JGG)

*Definition „Schwere der Schuld"*

Eher vom *Vergeltungsgedanken* als von der erzieherischen Zweckmäßigkeit getragen ist das Merkmal „Schwere der Schuld". 258

Diese ist dann gegeben, wenn ein Absehen von Jugendstrafe (zugunsten von Erziehungsmaßregeln oder Zuchtmitteln) in unerträglichem Widerspruch zum allgemeinen Gerechtigkeitsgefühl stehen würde.[394]

**hemmer-Methode: Die Definitionen von „schädlichen Neigungen" und „Schwere der Schuld" gehören zum absoluten Standardwissen!**

---

391 Lesen Sie hierzu Hauf, Der praktische Fall, JuS 94, 678 ff.; Eisenberg/Blau, Der praktische Fall, JuS 94, 46 ff.

392 BGHSt 16, 261.

393 Streng, Jugendstrafrecht, Rn. 428.

394 Zur besonderen Schwere der Schuld, BGH NStZ 2009, 450.

Für die Bejahung der Schwere der Schuld ist nicht so sehr das Ausmaß des äußeren Unrechts, als vielmehr der Grad der subjektiven Vorwerfbarkeit entscheidend. Bei Kapitalverbrechen wird sie i.d.R. zu bejahen sein. Im Rahmen von Fahrlässigkeitstaten (z.B. Verkehrsdelikte mit Todesopfern) genügt die schwere Folge allein nicht zur Bejahung der Schuldschwere. In der Einstellung des Täters muss eine besondere Geringschätzung fremder Rechtsgüter zutage getreten sein.

Auch an dieser Stelle kann die Einsichts- und Steuerungsfähigkeit des Täters eine Rolle spielen. Wenn § 3 JGG bspw. gerade noch bejaht wurde, kann die Schwere der Schuld dennoch wegen verminderter Verantwortlichkeit des Täters ausscheiden.[395]

*Keine Generalprävention*

Neben dem Schuldausgleich vertritt die Rechtsprechung teilweise, dass Jugendstrafe nur angeordnet werden darf, wenn sie *erzieherisch* notwendig ist.[396] Der Erziehungsgedanke im Merkmal „Schwere der Schuld" wurde in der Folge dahingehend modifiziert, dass die erzieherische Notwendigkeit nur in Grenzfällen den Ausschlag gibt. Jedenfalls sind *generalpräventive Überlegungen* unzulässig.

## 2. Dauer der Jugendstrafe

*Dauer der Jugendstrafe*

Während nach § 17 JGG nur entschieden wird, *ob* die Jugendstrafe verhängt wird, klärt § 18 JGG die Frage nach der Dauer der Strafe. 259

### a) Gesetzliche Grenzen

Gem. § 18 I S. 3 JGG gelten die Strafrahmen des StGB nicht.

**hemmer-Methode: Daher gelten auch die Strafzumessungsregeln des StGB nicht (Bsp.: § 243 StGB)! Trotzdem hat das Jugendgericht zu prüfen, ob z.B. ein minderschwerer Fall vorläge, und die Jugendstrafe entsprechend zu bemessen.**

*Höchst- und Mindestgrenzen*

Die Mindeststrafe beträgt sechs Monate, die Höchststrafe fünf Jahre (§ 18 I S. 1 JGG). Allerdings kann für Verbrechen, die nach allgemeinem Strafrecht mit mehr als zehn Jahren Freiheitsstrafe bestraft werden, auch eine Höchststrafe von zehn Jahren angeordnet werden (§ 18 I S. 2 JGG). Für Heranwachsende gilt immer eine Höchststrafe von zehn Jahren bzw. fünfzehn Jahren bei Mord mit Bejahung der besonderen Schwere der Schuld (§ 105 III JGG).

### b) Strafzumessung

#### aa) Erziehungsgedanke

*Erzieherische Wirkung notwendig*

Innerhalb des gesetzlichen Strafrahmens hat der Richter einen Ermessensspielraum. Allerdings unterliegt er den Anforderungen des § 18 II JGG, der eine erzieherische Wirkung der Jugendstrafe fordert. Der Erziehungsauftrag in § 18 II JGG gilt im Übrigen sowohl für die Fälle der schädlichen Neigungen als auch für die der Schwere der Schuld. 260

395 Vgl. Streng, Jugendstrafrecht, Rn. 433.

396 BGHSt 15, 224 = jurisbyhemmer; 16, 261 (263).

**hemmer-Methode: Die Jugendstrafe sollte fünf Jahre nicht überschreiten, da spätestens nach diesem Zeitraum die negativen Effekte des Haftaufenthalts die erzieherische Wirkung zerstören. Andererseits wären Freiheitsstrafen unter sechs Monaten nicht geeignet, auf den Jugendlichen lange genug einzuwirken. Idealerweise liegt die Jugendstrafe daher zwischen einem und drei Jahren.**[397]

### bb) Schuldgedanke

*Schuldausgleich?*

§ 18 II JGG legt die Gesichtspunkte, die der Richter bei der Strafzumessung berücksichtigen darf, nicht abschließend fest. Neben dem erzieherischen Schwerpunkt ist auch anerkannt, dass die Schuld bei der Bemessung der Strafhöhe mit einbezogen werden darf, wenn auch nur in Maßen. Die Schuld spielt zudem eine weitere wichtige Rolle: Auch aus erzieherischen Gründen darf die Jugendstrafe das Maß der Schuld nicht übersteigen. Das heißt gleichzeitig, dass die Strafrahmen des allgemeinen Strafrechts nicht überschritten werden dürfen, da der Gesetzgeber hier bereits eine Vorwertung im Hinblick auf die Schuld getroffen hat. 261

> **Bsp.:** *Ein Heranwachsender hat einen Totschlag begangen, zu dem er durch eine schwere Beleidigung hingerissen wurde. Die Jugendstrafe - sofern gem. § 105 JGG anwendbar - darf den Strafrahmen des § 213 StGB von fünf Jahren nicht überschreiten.*

Eine Strafzumessung, die sich so gut wie ausschließlich nur an den Strafzumessungsaspekten des Erwachsenenstrafrechts orientiert, ist rechtlich (grob) fehlerhaft. Die bloße plakative Erwähnung auch des Erziehungsgedankens bei im Übrigen nur die Aspekte des Erwachsenenstrarechts aufzählenden Umstände hat keinen Bestand.[398]

### cc) Generalpräventive Motive

*Keine Generalprävention*

Nach vorzugswürdiger Ansicht dürfen generalpräventive Gesichtspunkte bei der Strafzumessung keine Rolle spielen.[399] Zum einen widerspricht es der ratio des § 18 II JGG und dem Prinzip der Täterorientierung des Jugendstrafrechts. Zum anderen ist die generalpräventive Wirkung auf die üblichen Jugendlichen zweifelhaft.[400] 262

> **Bsp.:** *Die Anzahl der jugendlichen Räuber hat in letzter Zeit in der Stadt X zugenommen. Der Richter möchte durch ein besonders hohes Strafmaß die übrigen Räuber abschrecken. Dies ist nach der hier vertretenen Auffassung unzulässig.*

**hemmer-Methode: Häufig werden in der Klausur der Staatsanwalt, der Jugendgerichtshelfer o.ä. erzieherische, vergeltende oder generalpräventive Gesichtspunkte ansprechen. Überlegen Sie zunächst, ob es um die Verhängung an sich oder um die Höhe der Jugendstrafe geht. Erst dann können Sie entscheiden, welche Argumente zulässig sind und welche nicht!**

---

397 Anders entschied der BGH in StV 1998, 336 ff.

398 BGH, Urt. v. 29.09.2021 – 2 StR 174/21 –; **juris**byhemmer.

399 BGHSt 15, 224 (226) = **juris**byhemmer; 16, 261 (263); Eisenberg, § 18, Rn. 23; Kaiser/Schöch/Kinzig, Fall 13, Rn. 32.

400 Kaiser/Schöch/Kinzig, Fall 13, Rn. 32.

## IV. Aussetzung zur Bewährung, Aussetzung der Verhängung

### 1. Aussetzung zur Bewährung (§ 21 JGG)

#### a) Rechtsnatur und Voraussetzungen

*Aussetzung ist Vollstreckungsfrage*

Gem. § 21 JGG kann die Jugendstrafe auch zur Bewährung ausgesetzt werden. Hierbei handelt es sich nicht um eine Strafe eigener Art oder gar um eine Erziehungsmaßregel. Vielmehr ist die Aussetzung eine Frage der Vollstreckung. 263

*In der Regel bei Jugendstrafe bis zu einem Jahr*

**aa)** Bei einer Jugendstrafe bis zu einem Jahr wird (obligatorisch!) ausgesetzt, „wenn zu erwarten ist, dass der Jugendliche sich schon die Verurteilung zur Warnung dienen lassen und auch ohne die Einwirkung des Strafvollzugs (...) künftig einen rechtschaffenen Lebenswandel führen wird" (§ 21 I JGG). Notwendig ist also eine *günstige Prognose*[401] bezüglich des *Legalverhaltens* des Jugendlichen. Das heißt, es muss zu erwarten sein, dass der Jugendliche keine Straftaten mehr begeht.[402] Bei der Entscheidung über die Bewährungsvoraussetzungen dürfen nur *spezialpräventive* Überlegungen angestellt werden; Vergeltung oder generalpräventive Motive sind unzulässig. Bei der Prüfung der Prognose sind Vorstrafen, sowohl im Inland als auch im EU-Ausland, zu berücksichtigen.[403]

*Auch bei Jugendstrafe bis zu zwei Jahren möglich*

**bb)** Selbst bei einer Jugendstrafe bis zu zwei Jahren ist die Aussetzung zur Bewährung gem. § 21 II JGG möglich, wenn zusätzlich zu den Voraussetzungen des Absatzes 1 die Vollstreckung im Hinblick auf die Erziehung des Jugendlichen nicht geboten ist. Dieses zusätzliche Merkmal hat jedoch in der Praxis keine selbständige Bedeutung.[404]

#### b) Bewährungszeit

*Bewährungszeit*

**aa)** Gem. § 22 JGG kann eine Bewährungszeit zwischen zwei und drei Jahren festgesetzt werden. Wenn der Jugendliche sich entsprechend verhält, wird nach Ablauf der Bewährungszeit die Jugendstrafe gem. § 26a JGG erlassen. Erfüllt er jedoch die Voraussetzungen für einen Widerruf gem. § 26 JGG (erneute Straffälligkeit, Verstoß gegen Weisungen oder Auflagen), so kann die Aussetzung widerrufen und die Jugendstrafe vollstreckt werden. Entsprechend dem Subsidiaritätsgrundsatz kann der Richter aber gem. § 26 II JGG vom Widerruf absehen. Darüber hinaus ist zu beachten, dass die Widerrufsgründe äußerst restriktiv gehandhabt werden. 264

*Bewährungshilfe*

**bb)** Um die Bewährungszeit für den Jugendlichen zu erleichtern, wird er gem. § 24 JGG einem Bewährungshelfer für maximal zwei Jahre unterstellt. Zusätzlich soll bzw. kann der Richter gem. § 23 JGG Weisungen bzw. Auflagen festlegen. Diese entfalten, ebenso wie das Verfahren als solches, bereits erzieherische Wirkung.

---

401 Zum Begriff der Prognose siehe Rn. 118 ff.

402 Das Legalverhalten bezieht sich nur auf die Begehung weiterer Straftaten, nicht auf sozialschädliches Verhalten im weiteren Sinne. Der Begriff „rechtschaffener Lebenswandel" ist daher nur auf die künftige Gesetzestreue zu beziehen.

403 BGH, Urt. v. 29.09.2021 – 2 StR 174/21 –; **juris**byhemmer.

404 Laubenthal/Baier/Nestler, Rn. 799 f.

## Exkurs: Bewährungshilfe

*Exkurs: Bewährungshilfe*

**1.** Bewährungshelfer sind meistens in die jeweilige Justizbehörde eingegliedert und in der Regel hauptamtlich tätig. 265

**2.** Ihre Aufgabe besteht in der Bewährungshilfe (bspw. Gespräche, Unterstützung bei der Arbeitsplatzsuche, etc.) und der Bewährungsüberwachung des Jugendlichen.

**a)** Somit hat der Bewährungshelfer gewisse Rechte wie z.B. das Zutrittsrecht zu dem Jugendlichen sowie Auskunftsrechte (§ 24 III S. 4, 5 JGG). Das Zutrittsrecht kann er auch Dritten gegenüber geltend machen, wenn der Jugendliche sich bei ihnen aufhält, und er darf es sogar mit polizeilicher Hilfe durchsetzen.[405] Das gilt sogar im Verhältnis zu den Erziehungsberechtigten, wenn der vorrangige Versuch eines vertrauensvollen Zusammenwirkens erfolglos bleibt.

Mit einem in Untersuchungshaft befindlichen Jugendlichen/Heranwachsenden kann der Bewährungshelfer ebenfalls - und zwar wie ein Verteidiger - gem. § 93 III JGG verkehren. Ebenso steht ihm ein eingeschränktes Weisungsrecht gegenüber dem Jugendlichen zu.[406]

**b)** Andererseits ist er dem Richter gegenüber weisungsgebunden und muss ihm wiederum Auskunft erteilen (§ 25 S. 2, 3 JGG).

**hemmer-Methode: Der Bewährungshelfer steckt immer in einem Dilemma: Einerseits ist er Vertrauensperson, andererseits Überwacher (Intrarollenkonflikt). Problematisch ist weiterhin, dass er zwar eine Geheimhaltungspflicht i.S.d. § 203 StGB hat, ihm jedoch kein prozessuales Zeugnisverweigerungsrecht zusteht.**

## Exkurs Ende

## 2. „Vorbewährung“, § 61 JGG

### a) Inhalt

*Vorbewährung*

Die sogenannte Vorbewährung ist im Gesetz nunmehr in den §§ 61-61b JGG geregelt. Sie hat sich durch richterliche Praxis entwickelt und wird dann angewandt, wenn eine günstige Prognose i.S.d. § 21 I JGG nicht sichergestellt werden kann. Der Richter verurteilt den Jugendlichen zu einer Jugendstrafe, lässt aber noch offen, ob die Strafe zur Bewährung ausgesetzt wird. Dabei setzt er eine Frist, innerhalb derer der Jugendliche beweisen kann, dass er die Bewährung „verdient“ hat. Meistens ergehen gleichzeitig Weisungen und Auflagen (§§ 61b I, 10, 15 I und II, 23 I S. 1 bis 3, II JGG) und nach § 61b I S. 2 JGG soll das Gericht dem Verurteilten einen Bewährungshelfer bestellen. Die Frist darf sechs Monate nicht überschreiten (§ 61a I JGG). 266

> ***Bsp.:*** *Der Jugendliche Anton wurde zu einem Jahr Jugendstrafe verurteilt. Der Richter war sich jedoch nicht sicher, ob eine günstige Prognose i.S.d. § 21 I JGG bei Anton vorliegt. Also setzt er eine sechsmonatige Frist fest, innerhalb derer sich dies herausstellen soll.*

405 Laubenthal/Baier/Nestler, Jugendstrafrecht, Rn. 823.

406 A.A. Laubenthal/Baier/Nestler, Jugendstrafrecht, Rn. 823.

### b) Kritik und bisherige Rechtslage

*Kritik*

Befürworter der Vorbewährung verweisen auf die bessere Prognosemöglichkeit und die erzieherische Wirkung. Vor der jetzigen ausdrücklichen gesetzlichen Regelung habe bereits der Wortlaut der §§ 57 I S. 1, 59 I S. 2 JGG auf die Zulässigkeit einer nachträglichen Aussetzung und damit einer Vorbewährung hingewiesen. 267

Die Gegner halten die Vorbewährung für ein überflüssiges Instrument und verneinten bisher die Zulässigkeit der Vorbewährung schon deshalb, weil eine solche Maßnahme unter dem Vorbehalt des Gesetzes stehe, eine Rechtsgrundlage jedoch nicht gegeben (gewesen) sei.[407] Auch eine Regelungslücke habe wegen der vielfachen anderen Möglichkeiten nicht bestanden.

Durch die jetzige gesetzliche Regelung stellt der Gesetzgeber klar, dass aus seiner Sicht die Möglichkeit der Vorbewährung erwünscht ist.

Es soll so dem jugendlichen Straftäter, der erste positive Entwicklungen zeigt, welche aber im Zeitpunkt des Urteils noch keine günstige Sozialprognose rechtfertigen, eine zusätzliche Chance geboten werden, dem Gericht binnen sechs Monaten doch noch nachzuweisen, dass er sich allein die Verurteilung zur Bewährung zur Warnung gereichen lassen wird. Unter diesem erhöhten Druck der Vorbewährung, welche näher an der Vollzugsstrafe als an der Bewährung liegt, schaffen viele jugendliche Straftäter doch noch eine Abkehr von ihrem bisherigen kriminellen Leben. Anders als im Vollzug, wo eine Stabilisierung durch Therapien und Arbeit schwieriger zu erreichen ist und oft noch negative Einflüsse hinzukommen, gelingt es in diesen Fällen häufig, eine gute Basis für die Entwicklung der Jugendlichen zu schaffen. Der Erziehungsgedanke spricht daher ganz klar für die Möglichkeit der Vorbewährung, was der Gesetzgeber auch erkannt hat.[408]

## 3. Aussetzung der Verhängung (§ 27 JGG)

### a) Inhalt

*Aussetzung der Verhängung*

Eine weitere Möglichkeit der Bewährung, die das allgemeine Strafrecht nicht vorsieht, findet sich in § 27 JGG: 268

Bei der Aussetzung der Verhängung der Jugendstrafe ergeht zwar ein Schuldspruch, d.h. die Strafbarkeit durch Tatbestand, Rechtswidrigkeit und Schuld wird festgestellt. Wegen Zweifeln am Bestehen von schädlichen Neigungen (gilt nicht für die Schwere der Schuld!) kann der Richter die Verhängung der Jugendstrafe jedoch für eine bestimmte Zeit aussetzen.

> ***Bsp.:*** *Der Jugendliche Herbert hat einen Raub gem. § 249 StGB begangen. Ob eine Jugendstrafe wegen schädlicher Neigungen gem. § 17 II JGG erforderlich ist, kann nach Abschluss der Verhandlung nicht festgestellt werden. Der Richter kann die Verhängung der Jugendstrafe zunächst aussetzen.*

407 Streng, Jugendstrafrecht, Rn. 476 f.; Albrecht, S. 274.

408 Gesetzentwurf vom 24.04.2012, BT-Drs. 17/9389, S. 8.

*Vorbewährung*

Die Bewährungszeit beträgt gem. § 28 JGG zwischen einem und zwei Jahren. Ebenfalls wird der Jugendliche einem Bewährungshelfer unterstellt (§ 29 JGG) und kann Weisungen oder Auflagen zu erfüllen haben (§ 29 S. 2 i.V.m. § 23 JGG). Stellen sich in der Bewährungszeit schädliche Neigungen heraus, so erkennt der Richter nun auf Jugendstrafe (auch zur Bewährung gem. § 21 JGG möglich), ansonsten erfolgt Tilgung des Schuldspruchs, § 30 JGG. 269

**hemmer-Methode: Machen Sie sich noch einmal die Systematik klar: Ausgesetzt wird bei § 21 JGG die Vollstreckung, bei § 27 JGG die Verhängung, bei § 61 JGG die Entscheidung über die Bewährung. Während die Aussetzung gem. § 27 JGG wegen Zweifeln an schädlichen Neigungen i.S.d. § 17 II JGG erfolgt, bestehen bei der Vorbewährung Zweifel an einer günstigen Prognose i.S.d. § 21 I JGG!**

### b) Sog. Warnschussarrest

*Problem „Warnschussarrest"*

Umstritten war bisher, ob die Aussetzung der Verhängung gem. § 27 JGG mit der Anordnung von Jugendarrest verbunden werden kann. Bei der einfachen Jugendstrafe war diese Verbindung gem. § 8 II JGG a.F. ausgeschlossen. Nunmehr ist diese Verbindungsmöglichkeit durch § 16a JGG gesetzlich geregelt. 270

Eine Ansicht verteidigte bereits bisher die Verbindungsmöglichkeit folgendermaßen: Ein Jugendlicher, der definitiv keine schädlichen Neigungen besitzt und gegen den daher Jugendarrest angeordnet werden könne, sei schlechter gestellt als ein Jugendlicher, bei dem schädliche Neigungen noch zweifelhaft seien.

Der Warnschussarrest mache dem Verurteilten den Ernst seiner Situation deutlich und wirke sich so günstig auf die Zeit der Bewährung aus.[409] Außerdem würde in der Praxis statt des Jugendarrests dann eben die Untersuchungshaft angeordnet, welche weit schlimmere Folgen habe.

Die ablehnende Ansicht hält die Verbindung für eine unzulässige Doppelbestrafung, wenn hinterher doch noch Jugendstrafe verhängt wird.[410]

*Gilt ebenfalls für § 21 JGG*

Eine Verbindung von Jugendarrest und der Aussetzung zur Bewährung gem. § 21 JGG ist ebenfalls nach § 16a JGG zulässig. 271

## 4. Aussetzung des Strafrestes (§ 88 JGG)

*Aussetzung des Strafrestes*

Ebenfalls eine Aussetzung zur Bewährung kann vor Verbüßen der vollen Jugendstrafe gem. § 88 JGG angeordnet werden. Voraussetzung ist, dass mindestens sechs Monate bzw. ein Drittel (bei einer Jugendstrafe über einem Jahr) bereits verbüßt sind, § 88 II JGG. 272

Durch das Gesetz zur Bekämpfung von Sexualdelikten und anderen gefährlichen Straftaten vom 26.01.1998 wurden auch die Voraussetzungen des § 88 JGG geändert. Die frühere Erprobungsklausel ist einer Verantwortungsklausel unter Berücksichtigung des Sicherheitsinteresses der Allgemeinheit gewichen. Zwar sollte hierdurch keine Verschärfung der Voraussetzungen einer Strafrestaussetzung erfolgen, der Wortlaut legt eine solche aber nahe. Allerdings stellte das Sicherheitsinteresse der Allgemeinheit bereits nach alter Rechtslage ein Kriterium dar, das bei der Entscheidung nach § 88 JGG zu berücksichtigen war.[411]

409 LG Augsburg, NStZ 86, 507.

410 Hierzu kritisch Kaiser/Schöch/Kinzig, Fall 13, Rn. 13.

411 Vgl. Dessecker, Kriminalitätsbekämpfung durch Jugendstrafrecht?, StV 1999, 678 ff.

## § 6 DAS FORMELLE JUGENDSTRAFRECHT

Das JGG enthält weitgehend eigene Vorschriften über das Prozessrecht, so dass gem. § 2 JGG die StPO und das GVG nur subsidiär Anwendung finden.[412]

### A. Zuständigkeit der Jugendgerichte

*Gerichtszuständigkeit*

Über die Verfehlungen von Jugendlichen entscheiden die Jugendgerichte, § 33 I JGG. Diese Vorschrift gilt nach § 107 JGG auch für Heranwachsende, unabhängig davon, ob materielles Jugendstrafrecht i.S.v. des § 105 JGG anwendbar ist oder nicht. Diese sind keine selbständigen Gerichtsbehörden, sondern besondere Spruchorgane bei den Amts- und Landgerichten. Es entscheidet entweder das Jugendgericht als Strafrichter, das Jugendschöffengericht oder die Jugendkammer (§ 33 II JGG). Die sachliche Zuständigkeit ergibt sich aus den §§ 39 ff. JGG. 273

**hemmer-Methode: Trennen Sie in der Klausur sauber zwischen der Prüfung der Zuständigkeit der Jugendgerichte überhaupt, § 33 I JGG (evtl. i.V.m. § 108 JGG), sowie der sachlichen Zuständigkeit gem. §§ 39 ff. JGG (wieder evtl. über § 108 JGG)! Zeigen Sie dem Korrektor, dass Sie das System verstanden haben.**

*Heranwachsende*

Die Zuständigkeit der Jugendgerichte ergibt sich aus den §§ 107, 33 I JGG. Die Zuständigkeit ist immer schon dann begründet, wenn nur ein Teil mehrerer Taten oder ein Teil einer einheitlichen Tat im prozessualen Sinne vor Vollendung des 21. Lebensjahrs verwirklicht wurde.[413] 274

Hinweis: Stellt die (Erwachsenen-)Strafkammer erst in der Hauptverhandlung fest, dass der Angeklagte bei Tatbegehung möglicherweise Heranwachsender war, muss sie die Sache gem. §§ 2 JGG, 270 StPO an das zuständige Jugendgericht verweisen, da ansonsten der absolute Revisionsgrund des § 338 Nr. 4 StPO gegeben ist.

Die Regeln über die sachliche Zuständigkeit der einzelnen Jugendgerichte (Jugendrichter, Jugendschöffengericht, Jugendkammer) gelten über § 108 JGG auch für Heranwachsende, wobei die Besonderheiten des § 108 II, III JGG zu beachten sind. Heranwachsende werden also *immer* vor dem Jugendgericht verurteilt, unabhängig davon, ob materiell Jugendstrafrecht oder Erwachsenenstrafrecht angewandt wird (vgl. Rn. 221)!

*Gerichtsstand*

**hemmer-Methode: Für die örtliche Zuständigkeit, den sog. Gerichtsstand, gelten übrigens über § 2 JGG die §§ 7 ff. StPO. Daneben treten für das Jugendstrafrecht drei besondere Gerichtsstände, § 42 I JGG. Diesen hat der Staatsanwalt im Rahmen seines pflichtgemäßen Ermessens bei der Anklageerhebung den Vorzug zu geben, § 42 II JGG.**

#### I. Das Jugendgericht[414]

*Jugendgericht*

Die sachliche Zuständigkeit bestimmt sich ex ante nach der zu erwartenden Sanktion. Das Jugendgericht entscheidet am Amtsgericht als Einzelrichter über leichtere Verfehlungen. Die Staatsanwaltschaft darf beim Jugendgericht nur Anklage erheben, wenn die geringen Rechtsfolgen aus § 39 I JGG zu erwarten sind (sog. Anklagezuständigkeit der Staatsanwaltschaft). 275

412 Zu den ausbildungsrelevanten Besonderheiten in Strafverfahren gegen Jugendliche und Heranwachsende Hanft in JURA 2008, 368.

413 BGH StV 2003, 454 = jurisbyhemmer.

414 Zum Jugendrichter Jung in GA 2008, 599.

Das Jugendgericht kann aber gem. § 39 II JGG maximal Jugendstrafe bis zu einem Jahr anordnen, wenn sich später herausstellt, dass doch schärfere Sanktionen als die aus § 39 I JGG notwendig sind (sog. Rechtsfolgenkompetenz des Jugendgerichts). Hält er eine noch schwerere Sanktion für erforderlich, muss er die Sache durch Beschluss (§§ 2 JGG, 270 StPO) an das zuständige Gericht verweisen.

**hemmer-Methode: Als „minus" zur Jugendstrafe bis zu einem Jahr ist auch die Aussetzung der Verhängung derselben nach § 27 JGG möglich!**

## II. Das Jugendschöffengericht

*Jugendschöffengericht*

Das Schöffengericht (Amtsgericht) setzt sich gem. § 33a I JGG aus dem Jugendrichter und zwei Schöffen zusammen. Um dem Modell 275a
der Familie möglichst nahe zu kommen, sollen die Schöffen jeweils ein Mann und eine Frau sein. Es entscheidet als „Auffanggericht" über alle Verfehlungen, die nicht einem anderen Jugendgericht zugeordnet sind. Das Schöffengericht darf - anders als das Jugendgericht - alle Sanktionen ohne Begrenzung anordnen. Eine Ausnahme hiervon bildet lediglich die Verurteilung Heranwachsender nach allgemeinem Strafrecht zu einer Freiheitsstrafe von über vier Jahren (§ 108 III JGG). In letztgenanntem Fall müsste das Jugendschöffengericht die Sache gem. §§ 2 JGG, 270 StPO an die Jugendkammer als zuständigem höherem Gericht verweisen (vgl. § 108 III S. 2 JGG).

**hemmer-Methode: Allgemeine Rechtskenntnisse schulen! Könnte das Jugendgericht einen Heranwachsenden, der nach Erwachsenenstrafrecht zu beurteilen ist, zu mehr als vier Jahren Haft verurteilen, entstünde ein Widerspruch zum Erwachsenen-Schöffengericht, das gemäß §§ 24 I, 28 GVG nur höchstens vier Jahre Freiheitsstrafe verhängen darf! Will also das Jugendgericht mehr als vier Jahre verhängen, ohne dass die Voraussetzungen des § 105 JGG vorliegen, muss er die Sache an die Jugendkammer verweisen!**

Der Jugendstaatsanwalt darf in einer Strafsache, die in den Zuständigkeitsbereich des Jugendrichters fällt, wegen der besonderen Bedeutung des Falles auch Anklage zum Jugendschöffengericht erheben. Hierbei sollte er allerdings beachten, dass das Verfahren vor einem Kollegialgericht für den Angeklagten somit eine wesentlich größere Belastung darstellen und stärker stigmatisierend wirken kann.

## III. Die Jugendkammer

*Jugendkammer*

Die Jugendkammer teilt sich in eine kleine und eine große Kammer 276
am Landgericht auf.

### 1. Die große Jugendkammer

*Große Jugendkammer*

Die *große Jugendkammer* - bestehend aus drei Richtern und zwei 277
Schöffen (§ 33b I JGG) - entscheidet in erster Instanz über die Fälle, die normalerweise an das Schwurgericht gehen (vgl. § 74 II GVG). Außerdem kann eine Übernahme von Fällen des Jugendschöffengerichts stattfinden (§§ 41 I Nr. 2 i.V.m. 40 II JGG).

In der Berufungsinstanz entscheidet die große Kammer über die Berufung gegen Urteile des Jugendschöffengerichts (§ 41 II JGG).

### 2. Die kleine Jugendkammer

*Kleine Jugendkammer*

Die *kleine Jugendkammer* - ein Berufsrichter und zwei Schöffen - ist zuständig für die Berufung gegen Urteile des Jugendrichters (§§ 41 II i.V.m. 33b I JGG a.E.). 278

### 3. Revision

*Revision nach allgemeinen Regeln*

In den Fällen der *Revision* bleibt es bei den allgemeinen Vorschriften: Für die Berufungsurteile der großen und kleinen Jugendkammer sind die Oberlandesgerichte zuständig (§§ 333, 335 II StPO i.V.m. § 121 I Nr. 1b GVG), während die Revision gegen erstinstanzliche Urteile der (großen) Jugendkammer an den BGH geht (§ 333 StPO i.V.m. § 135 GVG). 279

**hemmer-Methode: Zuständigkeitsfragen werden in Klausuren gerne als Zusatzaufgaben gestellt. Verschenken Sie hier nicht unnötig Punkte! Da die gleichen Probleme auch in Strafrechtsklausuren auftauchen, machen Sie sich noch einmal den Aufbau und die Zuständigkeit der Strafgerichte klar! Achten Sie auf Fallen: Gegen erstinstanzliche Urteile von Landgerichten und Oberlandesgerichten gibt es keine Berufung - auch nicht im Jugendstrafverfahren!**

### IV. Verbindung von Jugend- und Erwachsenenstrafsachen

*Verbindung von Jugend- und Erwachsenenstrafsachen*

Ausnahmsweise können Strafsachen von Jugendlichen/Heranwachsenden und Erwachsenen verbunden werden (§ 103 JGG), wenn 280

*Voraussetzungen*

⇨ der nach den allgemeinen Vorschriften (§§ 2 bis 4 StPO) geforderte *Zusammenhang* besteht, d.h. wenn bei mehreren Tätern, Teilnehmern, Strafvereitlern, Begünstigern oder Hehlern Jugendliche/Heranwachsende und Erwachsene beteiligt sind und

⇨ wenn die Verbindung zur Erforschung der Wahrheit oder aus anderen wichtigen Gründen geboten ist (§ 103 I JGG).

Dabei ist jedoch der Ausnahmecharakter der Vorschrift zu beachten, da es nicht - nur wegen der Verbindung des Verfahrens mit Erwachsenen - zu unangemessenen Verfahrensverlängerungen für die Jugendlichen kommen soll. Zudem könnte aufgrund der leichten Beeinflussbarkeit von Jugendlichen eine ungewollte Einflussnahme seitens des Erwachsenen die Folge sein, was ebenfalls zu vermeiden ist.[415]

*Zuständigkeit*

Zuständig ist grundsätzlich für alle Angeklagten das Jugendgericht, solange nicht die Ausnahmen der §§ 102 oder 103 II S. 2 JGG greifen.

## B. Die Verfahrensbeteiligten

### I. Das Jugendgericht

*Jugendgericht*

Neben den zu fällenden Urteilen i.S.d. § 39 JGG hat das Jugendgericht (§ 33 I JGG) als Jugendgerichter (§ 33 II JGG) alle Aufgaben eines Amtsrichters zu erfüllen (§ 34 I JGG). Außerdem ist er Vollstreckungsleiter (§ 82 JGG), was normalerweise der Staatsanwaltschaft obliegt (vgl. § 451 StPO). 281

415 Vgl. Eisenberg, § 103 JGG,Rn.10.

In den Fällen des Jugendarrests ist das Jugendgericht sogar gem. § 90 II S. 2 JGG Vollzugsleiter. Im Übrigen fallen ihm die Aufgaben des Vormundschaftsrichters zu (§ 34 II, III JGG).

Als Qualifikation sollte das Jugendgericht gem. § 37 JGG „erzieherisch befähigt und in der Jugenderziehung erfahren sein."[416]

## II. Die Jugendstaatsanwaltschaft

*Jugendstaatsanwalt*

Die Aufgaben der Staatsanwaltschaft übernimmt eine spezielle Jugendstaatsanwaltschaft (§ 36 JGG), die ebenfalls den Anforderungen des § 37 JGG genügen muss. Streitig ist, ob ein Revisionsgrund vorliegt, wenn kein Jugendstaatsanwalt tätig war. Teilweise wird dies mit der Qualifizierung des § 36 JGG als bloße Ordnungsvorschrift verneint. Andere sehen aufgrund der Wichtigkeit einer speziellen Staatsanwaltschaft einen Revisionsgrund gem. § 337 StPO gegeben. *282*

## III. Die Erziehungsberechtigten und gesetzliche Vertreter

*Erziehungsberechtigte und gesetzliche Vertreter*

Die Erziehungsberechtigten i.S.v. §§ 1626, 1773 ff. BGB sind im Jugendstrafverfahren Prozessbeteiligte. Gem. § 67 JGG werden die dem Beschuldigten zustehenden verfahrensrechtlichen Positionen auf die Erziehungsberechtigten ausgedehnt: *283*

*Anspruch auf rechtliches Gehör*

⇨ Gem. § 67 I JGG kommt den Erziehungsberechtigten der **Anspruch auf rechtliches Gehör** zu; d.h. sofern dem Jugendlichen z.B. aus §§ 57 I S. 2, 58 I S. 2, 65 I, 88 IV S. 2 JGG ein Äußerungsrecht zusteht, steht dieses Recht in gleicher Weise dem Erziehungsberechtigten und den gesetzlichen Vertretern zu; im Falle des Rechts auf Gewährung des letzten Wortes nach § 258 II, III StPO gilt jedoch, dass der Erziehungsberechtigte von Amts wegen zeitlich vor dem Angeklagten in der Hauptverhandlung zu hören ist.[417] Ein Verstoß gegen § 258 II, III StPO i.V.m. § 67 I JGG begründet als Verfahrensfehler i.S.d. § 337 I StPO die Revision, sofern das Urteil möglicherweise auf der Gesetzesverletzung beruht, was sich nach der Rechtsprechung des BGH nur selten ausschließen lässt.[418]

*Fragerecht*

⇨ § 67 I JGG gibt den Erziehungsberechtigten und dem gesetzlichen Vertreter ein **Fragerecht** v.a. Dingen i.S.v. § 240 StPO, wonach Beschuldigter, Zeugen und Sachverständige befragt werden dürfen.

*Antragsrecht*

⇨ Hinzu kommt ein **Antragsrecht** i.S.v. § 67 I, II JGG, z.B. Beweisanträge oder Anträge auf Haftprüfung.[419]

*Anwesenheitsrecht*

⇨ Erziehungsberechtigte und gesetzliche Vertreter haben nach § 67 III JGG das Recht auf **Anwesenheit** bei Untersuchungshandlungen wie der Beschuldigte im Vorverfahren bzw. Ermittlungsverfahren.[420]

416 Kritisch zur Umsetzung des Normanspruchs: Drews, ZJJ 2005, 409 ff.

417 Laubenthal/Baier/Nestler, Jugendstrafrecht, Rn. 236 m.w.N.

418 Laubenthal/Baier/Nestler, Jugendstrafrecht, a.a.O., BGH StV 1998, 324 = **juris**byhemmer.

419 Laubenthal/Baier/Nestler, Jugendstrafrecht, Rn. 237.

420 Laubenthal/Baier/Nestler, Jugendstrafrecht, Rn. 238.

⇨ Der Jugendliche hat das damit korrespondierende Recht, sich mit seinem Erziehungsberechtigten und gesetzlichen Vertreter zu beraten. Hierauf ist er hinzuweisen (vergleichbar dem Recht auf einen Verteidiger, § 136 I S. 2 StPO). Anderenfalls sind die Vernehmungen des Jugendlichen unverwertbar, sobald ein Widerspruch erfolgt. Ein Verzicht auf dieses „Beratungsrecht" ist jedoch nach der Kommentarliteratur durch den Jugendlichen selbst bei umfassender Belehrung und ausdrücklichem Verzicht möglich. Rechtsprechung hierzu existiert jedoch nicht.

*Benachrichtigungspflicht/Ladung*

Aus den Anwesenheits- und Antragsrechten folgt zwangsläufig eine Benachrichtigungspflicht, die sich nun aus § 67a JGG ergibt. Weitere Benachrichtigungspflichten ergeben sich darüber hinaus aus § 168c V (i.V.m. § 163a) StPO. Weiterhin folgt aus § 50 II S. 1 JGG eine Verpflichtung des Gerichts zur Ladung, auf die nur aus dringenden Gründen verzichtet werden kann.[421]

*Anwesenheitspflicht*

Aus § 50 II S. 2 JGG folgt die Pflicht zur Anwesenheit mit den entsprechenden Folgen des Ausbleibens (vgl. § 50 II S. 2 i.V.m. § 51 I StPO). Aus dieser Vorschrift folgt ebenfalls, dass den Erziehungsberechtigten kein Zeugenstatus zukommt („gelten entsprechend").[422]

*Entzug der Rechte der Erziehungsberechtigten*

Gem. § 67 IV S. 1 JGG kann das Jugendgericht die oben genannten Rechte dem Erziehungsberechtigten bei Verdacht der Beteiligung an der Verfehlung des Jugendlichen bzw. bei Verurteilung wegen Beteiligung entziehen. Die Formulierung „verdächtig" verweist auf die Voraussetzungen für die Einleitung eines Ermittlungsverfahrens i.S.v. § 152 II StPO, wonach zureichende tatsächliche Anhaltspunkte genügen. Diese Vorschrift ergänzt die Vorschrift des § 51 II StPO, wonach die Erziehungsberechtigten in der Hauptverhandlung von dieser ausgeschlossen werden können, „sofern gegen die Anwesenheit Bedenken bestehen".

Ferner ist etwa bei Straftaten gegenüber dem gesetzlichen Vertreter zu berücksichtigen, dass zur Wahrnehmung der Rechte aus § 67 JGG ein Ergänzungspfleger zu bestellen ist, da der gesetzliche Vertreter nicht gleichzeitig Zeuge sein kann und die Rechte des § 67 JGG bei der eigenen Vernehmung wahrnehmen kann.

## IV. Der Verteidiger

### 1. Allgemeine Stellung des Verteidigers

*Verteidiger*

Grundsätzlich gelten für den Verteidiger über § 2 JGG die allgemeinen Vorschriften wie im Erwachsenenstrafrecht. Streitig ist allerdings, ob der Verteidiger immer auf die mildeste Sanktion hinwirken muss, auch wenn diese erzieherisch nicht sinnvoll ist.[423] 284

### 2. Notwendige Verteidigung

*Notwendige Verteidigung nach den Kölner Richtlinien*

Ein Problem ergibt sich bei der *notwendigen Verteidigung*, die in § 68 JGG geregelt ist. Ein Verteidiger ist u.a. dann zwingend, wenn auch im Erwachsenenstrafrecht ein Anwalt hinzugezogen werden muss (§ 68 Nr. 1 JGG i.V.m. § 140 StPO). Die in § 140 II StPO genannten Gründe müssen für das Jugendstrafrecht gesondert ausgelegt werden, was durch die sog. *Kölner Richtlinien* geschieht: 285

421 Eisenberg, § 67 Rn. 11c.

422 So auch Laubenthal/Baier/Nestler, Jugendstrafrecht, Rn. 240, Schaffstein/Beulke, Jugendstrafrecht, S. 213 f.; a.A. Eisenberg, § 67,Rn. 4.

423 So Albrecht, S. 342; Eisenberg, § 68, Rn. 11-13.

**Kölner Richtlinien:**

- „Schwere der Tat" liegt vor, wenn eine Jugendstrafe zu erwarten ist.
- „Schwierigkeit der Sach- oder Rechtslage" ist zu bejahen, wenn Zweifel über das Vorliegen der §§ 3, 105, 32 JGG oder §§ 20, 21 StGB bestehen, wenn Rechtsmittel eingelegt werden oder das Jugendschöffengericht zuständig ist.
- „Unfähigkeit, sich selbst zu verteidigen" kann z.B. bei schwereren Taten oder bei ausländischen Jugendlichen gegeben sein.

## V. Die Jugendgerichtshilfe

### 1. Rechtsnatur

*JGH als eigentümliches Prozessorgan*

Die Mitwirkung im Verfahren nach dem JGG obliegt als eine andere Aufgabe i.S.d. § 2 III SGB VIII zunächst den Trägern der öffentlichen Jugendhilfe (§ 3 III S. 1 SGB VIII). Sachlich zuständig sind nach § 85 I SGB VIII die örtlichen Träger Kreise bzw. kreisfreien Städte (§ 69 I S. 2 SGB VIII). Jugendgerichtshilfe stellt damit eine Pflichtaufgabe der örtlichen Träger öffentlicher Jugendhilfe dar, welche zu ihrer Aufgabenerfüllung gem. § 69 III SGB VIII jeweils ein Jugendamt errichten. Da die anderen Aufgaben der Jugendhilfe i.S.d. § 2 III SGB VIII bei ausdrücklicher gesetzlicher Bestimmung auch Trägern der freien Jugendhilfe gem. § 3 III S. 2 SGB VIII übertragen werden können und dies § 76 I SGB VIII durch Verweis auf § 52 SGB VIII für die Mitwirkung im Jugendstrafverfahren zulässt, darf Jugendgerichtshilfe auch von freien Vereinigungen ausgeübt werden. 286

Der Träger der Jugendgerichtshilfe (JGH) ist daher auch gem. § 38 I JGG das Jugendamt mit Unterstützung von Jugendhilfevereinigungen (die sog. Freien Träger, z.B. Evangelisches Hilfswerk, Caritas, Arbeiterwohlfahrt[424]). Die örtliche Zuständigkeit richtet sich dabei für die Mitwirkung im gerichtlichen Verfahren nach § 87b i.V.m. §§ 86 I-IV, 86a I-III SGB VIII. Danach ist bei Jugendlichen regelmäßig der gewöhnliche Aufenthalt der Eltern maßgeblich, bei Heranwachsenden deren gewöhnlicher Aufenthalt.

Ihrer Natur nach ist die JGH ein Prozessorgan sui generis.[425]

### 2. Aufgaben

*Ermittlungshilfe, Überwachungs- und Betreuungsaufgaben*

Die JGH leistet den Behörden zuvorderst *Ermittlungshilfe* bei der Erforschung der Persönlichkeit des Jugendlichen (§ 38 II, §§ 43 I S. 4 i.V.m. 38 IV JGG). Daneben hat sie *Überwachungs- und Betreuungsaufgaben* (vgl. § 38 V, VI JGG). 287

Hierdurch entstehen - ähnlich wie beim Bewährungshelfer - Konflikte, da einerseits der Jugendliche vertrauensvoll unterstützt werden soll, andererseits das Gericht von der JGH Ermittlungshilfe erwartet. Die JGH ist nicht verpflichtet, zur direkten Tataufklärung beizutragen. Ihr steht jedoch, wenn sie als Zeuge vernommen wird, kein Zeugnisverweigerungsrecht zu. In der Praxis wird der Jugendgerichtshelfer den Jugendlichen rechtzeitig darüber aufklären, dass er als Zeuge uneingeschränkt aussagepflichtig ist.

424 Streng, Jugendstrafrecht, Rn. 108.

425 Meier/Bannberg/Höffler, § 1, Rn. 34; Eisenberg, § 38, Rn. 23.

**hemmer-Methode: Machen Sie sich den Intra-Rollenkonflikt der JGH klar! Einerseits soll sie die Behörden unterstützen, sogar die Weisungsausführung überwachen, vgl. § 38 VI JGG. Andererseits ist sie Betreuer und Helfer des Jugendlichen nach § 38 V S. 1 JGG!**

*Heranziehung im Verfahren*

Im Verfahren ist die JGH stets heranzuziehen (§ 38 IV S. 1 JGG, ggfs. i.V.m. § 107 JGG). Sie hat ein Anwesenheits- und Rederecht in der Hauptverhandlung (§§ 50 III, 48 II S. 1 JGG). Unterbleibt die Mitteilung von Ort und Zeit der Hauptverhandlung an die JGH und erscheint sie daraufhin nicht im Prozess, so stellt dies einen Revisionsgrund dar.[426]

Wenn eine Benachrichtigung an die JGH ergeht und diese dann nicht erscheint, so bedeutet dies nicht automatisch einen Verstoß gegen § 244 II StPO. Etwas anderes gilt nur dann, wenn feststeht, dass die JGH etwas zur Aufklärung hätte beitragen können. Dies muss allerdings im Einzelfall dargelegt werden.[427]

*„Gerichtsgeher"*

**hemmer-Methode: Es ist wünschenswert, dass im Prozess derjenige JGH-Mitarbeiter erscheint, der auch mit dem Fall befasst ist (so auch § 38 II S. 4 JGG). Häufig stellt sich jedoch das Problem der sog. „Gerichtsgeher", die den Fall nur aus Akten kennen.**

*Ermittlungsbericht*

Zur Durchführung der Ermittlungshilfe verfasst die JGH einen schriftlichen Ermittlungsbericht, der in der Hauptverhandlung eingeführt werden kann.[428]

**hemmer-Methode: Die bloße Verlesung des Ermittlungsberichts in der Hauptverhandlung reicht nicht aus, denn es gilt gem. § 250 StPO der Grundsatz der Unmittelbarkeit! Streitig ist, ob der Gerichtsgeher, der den Fall nicht kennt, den Bericht verlesen darf.**

### Exkurs: Beteiligungsrechte der JGH

- ⇨ Recht auf Unterrichtung bei vorläufigen Festnahmen, Erlass bzw. Vollstreckung von Haftbefehlen (§ 72a JGG) und Recht auf Verkehr mit dem in Untersuchungshaft befindlichen Jugendlichen in gleichem Umfang wie ein Verteidiger (§ 72b JGG) 288
- ⇨ Recht auf Unterrichtung von der Einleitung und dem Ausgang eines Strafverfahrens gegen den Jugendlichen bzw. Heranwachsenden (§§ 70 S. 1, 109 I S. 2 JGG)
- ⇨ Antragsrecht zur Beseitigung des Strafmakels bei Minderjährigen (§ 97 I S. 2 JGG)

**Eine für die Arbeit der Jugendgerichtshilfe außerordentlich bedeutsame Entscheidung hat der BGH (NJW 2005, 765) getroffen. Hiernach ist die Jugendgerichtshilfe verpflichtet, vor der Befragung des Jugendlichen/Heranwachsenden diesen auf seine Aussagefreiheit und auf das Recht, einen Verteidiger zu befragen, hinzuweisen. Weiterhin fällt die Befragung der Angehörigen durch die JGH unter den Begriff der Vernehmung i.S.v. § 252 StPO, sodass eine Belehrung über bestehende Zeugnisverweigerungsrechte nach § 52 StPO zu erfolgen hat, deren Nichtbefolgung zu einem Verbot führt, den Bericht der Jugendgerichtshilfe in die Hauptverhandlung einzuführen.**

426 Es liegt dann sowohl ein Verstoß gegen die §§ 38 III, 50 III JGG als auch gegen die allgemeine prozessuale Aufklärungspflicht gem. § 244 II StPO vor.

427 BGH, Strafverteidiger 85, 153.

428 Streng, Jugendstrafrecht, Rn.106 ff., 112.

## C. Das Vorverfahren

*Besonderheiten im Vorverfahren*

Im Vorverfahren gelten wiederum im Wesentlichen die Vorschriften der StPO. Unterschiede ergeben sich lediglich aus den §§ 43 ff. JGG. Danach gehört die *Persönlichkeitserforschung* zur Ermittlungstätigkeit (§ 43 JGG); gegebenenfalls ist ein *Sachverständiger* hinzuzuziehen (§ 43 II JGG). Bei der Frage nach dem Sachverständigen besteht ein Ermessensspielraum, die Hinzuziehung empfiehlt sich jedoch z.B. bei Zweifeln über das Vorliegen der §§ 3, 105 JGG. 289

Die herausragende Norm im Vorverfahren ist jedoch § 45 JGG, der die sogenannte *Diversion* regelt.

*Unterrichtung des Jugendlichen*

Ende 2019 neu in das JGG aufgenommen ist eine ebenso umfangreiche wie detaillierte Unterrichtungspflicht gegebüber einem Jugendlichen, der als Beschuldigter vernommen werden soll. § 70a I 1 JGG sieht eine unverzügliche Unterrichtung über die Grundzüge des Jugendstrafverfahrens im Zuge der Inkenntnissetzung von der Beschuldigteneigenschaft vor. § 70a I 3, II JGG konkretisiert und ergänzen die Unterrichtung sodann um eine ganze Reihe von Einzelpunkten, wobei die Erforderlichkeit der jeweiligen Unterrichtung vom Einzelfall abhängt. § 70a III JGG erweitert für den Fall der Anordnung der Untersuchungshaft den Unterrichtungskanon ebenfalls.

*Altersgerechte Belehrungen*

Die Verpflichtung zu einer dem Alter und dem Entwicklungs- wie auch Bildungsstand entsprechenden Belehrung findet sich nunmehr in § 70b JGG n. F. Danach sind besondere Anforderungen an eine verständliche Belehrung des Jugendlichen selbst wie auch seiner Erziehungsberechtigten und gesetzlichen Vertreter erforderlich.

*Beschuldigtenvernehmung*

Ebenfalls Ende 2019 neu eingeführt sieht § 70c JGG eine dem Alter und dem Entwicklungs- wie auch Bildungsstand gerecht werdende Vernehmung vor. § 70c II ermöglicht eine Bild-und-Ton-Aufzeichnung.

## D. Diversion

### I. Allgemeines

*Diversion*

Das Jugendstrafrecht kennt ein System von informellen Reaktionsmöglichkeiten auf Straftaten, §§ 45, 47 JGG. Hierbei wird zugunsten einer formlosen Erledigung von der Verfolgung abgesehen. 290

Dies kann sowohl vor als auch nach Erhebung der Anklage geschehen. Sinn und Zweck ist die Beseitigung der stigmatisierenden Wirkung eines Prozesses und die Beschleunigung der Erledigung. Man spricht insoweit von *Diversion* (Ablenkung, Umleitung).[429]

*Verhältnis zu §§ 153 ff. StPO*

Streitig ist, ob die §§ 153 ff. StPO, die ja fdas Absehen von Verfolgung im Erwachsenenstrafrecht regeln, neben den §§ 45, 47 JGG anwendbar bleiben. Dies wird teilweise bejaht, teilweise wird entweder §§ 153 ff. StPO[430] oder §§ 45, 47 JGG[431] der Vorrang eingeräumt.

**hemmer-Methode: Die Diversion ist nicht nur theoretisch (insbesondere als Examensklausur) interessant, sondern sie hat auch eine enorme praktische Bedeutung: Über 60% der Jugendstraftaten werden informell nach den §§ 45, 47 JGG erledigt!**

429 Die Diversion hat ihren Ursprung in den USA, wo sie insbesondere seit den sechziger Jahren nachhaltig gefördert wurde, Brunner/Dölling, § 45, Rn. 4.

430 So Bohnert, NJW 1980,1927.

431 So Kaiser/Schöch/Kinzig, Fall 12, Rn. 63; Brunner/Dölling, § 45, Rn. 3.

## II. Voraussetzungen

### 1. Absehen von Verfolgung gem. § 45 I JGG

*Ohne richterliche Mitwirkung gem. § 45 I JGG*

Der Staatsanwalt kann (Ermessensentscheidung!) von der Verfolgung der Straftat absehen, wenn die Voraussetzungen des § 153 StPO vorliegen, d.h. wenn bei einem Vergehen nur geringe Schuld und kein öffentliches Interesse an der Verfolgung besteht. Die Zustimmung des Richters ist jedoch im Gegensatz zu § 153 StPO ausdrücklich nicht erforderlich. Diese Vorgehensweise eignet sich besonders für Erstverfahren im Bagatellbereich. Im Gegensatz zu § 153 StPO (keine Eintragung ins BZR) erfolgt hier eine Eintragung ins Erziehungsregister. 291

### 2. Absehen von Verfolgung gem. § 45 II JGG

*Ohne richterliche Mitwirkung gem. § 45 II JGG*

Hält der Staatsanwalt weder die Beteiligung eines Richters noch die Erhebung der Anklage für erforderlich, so muss er von der Verfolgung absehen, wenn eine „erzieherische Maßnahme" durchgeführt oder eingeleitet ist. Ein Geständnis ist nach h.M. nicht erforderlich.[432] 292

*Problem der erzieherischen Maßnahmen*

Unter erzieherischen Maßnahmen versteht man informelle Reaktionen bspw. der Eltern, der Schule, des Jugendamtes oder des Vormundschaftsgerichts. Hierunter fällt ebenfalls der in § 45 II S. 2 JGG geregelte Täter-Opfer-Ausgleich, in den große Hoffnungen gesetzt werden.[433]

Da der Täter-Opfer-Ausgleich im Diversionsverfahren weit weniger Sanktionscharakter hat als die Weisung gem. § 10 I S. 3 Nr. 7 JGG, stellt er ein viel effektiveres Erziehungsmittel dar und wird dementsprechend auch häufiger angewendet.

Entgegen dem Wortlaut des § 45 II JGG kann die Staatsanwaltschaft auch selbst erst erzieherische Maßnahmen initiieren. Streitig ist dann nur, wie weit diese gehen dürfen. Teilweise werden - im Hinblick auf den Richtervorbehalt des Art. 92 GG - nur Maßnahmen zugelassen, die sich unterhalb der Schwelle der in § 45 III JGG genannten Möglichkeiten halten.[434] Andere vertreten die Auffassung, dass der Staatsanwalt im Rahmen des § 45 III JGG sehr wohl die dort beschriebenen Mittel anwenden dürfe.[435]

### 3. Absehen von Verfolgung gem. § 45 III JGG

*Mit richterlicher Mitwirkung gem. § 45 III JGG*

Hält der Staatsanwalt zwar nicht die Erhebung der Anklage, aber doch die Anordnung von Maßnahmen durch den Richter für erforderlich, so regt er beim Richter die in § 45 III JGG genannten Maßnahmen an. Voraussetzung ist jedoch ein Geständnis des Jugendlichen. Entspricht das Jugendgericht der Anregung, so muss der Staatsanwalt von der Verfolgung absehen (§ 45 III S. 2 JGG). 293

*Aussetzung der Entscheidung zur Bewährung*

Nicht ausdrücklich geregelt, aber weithin anerkannt ist die sogenannte „Aussetzung der Entscheidung zur Bewährung".[436]

432 Albrecht, S. 121.

433 Brunner/Dölling, § 10, Rn. 12.

434 Eisenberg, § 45, Rn. 21.

435 Brunner/Dölling, § 45, Rn. 26.

436 Kaiser/Schöch/Kinzig, Fall 12, Rn. 71; Eisenberg, § 45, Rn. 30; Ostendorf/Drenkhahn, Jugendtrafrecht, Rn. 111 ff.

Der Staatsanwalt kann in Absprache mit dem Jugendgericht nur bedingt von der Verfolgung absehen; die Bedingung ist die Erfüllung der in § 45 III JGG angeordneten Maßnahmen. Kommt der Jugendliche den Maßnahmen nach, ist das Absehen von der Verfolgung zwingend (vgl. § 45 III S. 2 HS 2 JGG).

### 4. Einstellung des Verfahrens gem. § 47 JGG

*Diversion nach Anklageerhebung*

Während § 45 JGG zeitlich das Absehen von Verfolgung vor Anklageerhebung im Vorverfahren regelt, so besteht die Möglichkeit für den Richter auch nach Einreichung der Anklage. Unter den Voraussetzungen des § 47 I S. 1 Nr. 1 bis 4 JGG, die in etwa § 45 JGG entsprechen, kann der Richter das Verfahren mit Zustimmung des Staatsanwalts einstellen. Es besteht zudem die Möglichkeit der *vorläufigen Einstellung* (im Gegensatz zu § 45 ausdrücklich in § 47 I S. 2 JGG geregelt), d.h. der Jugendliche muss zunächst den erzieherischen Maßnahmen nachkommen, bis das Verfahren endgültig eingestellt wird. 294

**hemmer-Methode: Die Diversionsvorschriften gelten auch für Heranwachsende, soweit gem. § 105 JGG materiell Jugendstrafrecht angewendet wird, § 109 II JGG. Ob die Voraussetzungen des § 105 JGG vorliegen, kann die Staatsanwaltschaft entscheiden.**

## III. Kritik

*Kritik an der Diversion*

Trotz der Vorteile (Entstigmatisierung, Entdramatisierung, Beschleunigung), die die Diversion bietet, werden auch Einwände erhoben. So habe sich im Zuge der verstärkten Anwendung der Diversion die staatliche Sozialkontrolle nicht vermindert, sondern ausgeweitet; man spricht hierbei von dem sog. „Net-widening-Effekt“.[437] 295

Zudem herrsche im Diversionsverfahren eine weitgehende (auch regionale) Ungleichbehandlung.[438] Die Grundprinzipien des Strafverfahrens (bspw. das Legalitäts- und Akkusationsprinzip, Öffentlichkeit der Verhandlung) seien nicht gewährleistet.[439] Außerdem werde auf den Jugendlichen ein Geständnisdruck ausgeübt, weil er nur so auf die Möglichkeit der Einstellung nach §§ 45 III, 47 JGG hoffen kann. Dies stünde im Widerspruch zur Unschuldsvermutung.[440]

**hemmer-Methode: Die Diversion wirkt sich natürlich auch auf die Kriminalstatistik aus! So kann sie eine Begründung für den plötzlichen Rückgang von kleineren Delikten kurz nach Einführung der §§ 45, 47 JGG sein! Verknüpfen Sie Ihr Wissen, um maximale Ergebnisse zu erzielen!**

## Exkurs: Besondere Verfahrensarten

**I.** Das Strafbefehlsverfahren (§§ 407 ff. StPO) ist gem. § 79 I JGG gegen einen Jugendlichen und einen Heranwachsenden, auf den gem. § 105 JGG materielles Jugendstrafrecht Anwendung findet, nicht zulässig. Das beschleunigte Verfahren (§§ 417 ff. StPO) ist gem. § 79 I JGG gegen Jugendliche unzulässig. Ebenso ist die Privatklage gegen Jugendliche nicht möglich (§ 80 JGG, vgl. aber die Ausnahme des § 80 I S. 2 JGG). Die Nebenklage ist nur in den von § 80 III JGG erfassten Fällen möglich. 296

437 Kaiser, in Kleines Kriminologisches Wörterbuch, S. 91.

438 Albrecht, S. 132.

439 Schaffstein, in FS für Jescheck, S. 949.

440 Kuhlen, Diversion im Jugendstrafverfahren, 1988, S. 30 ff.

Das Adhäsionsverfahren der §§ 403-406c StPO darf ebenfalls gem. § 81 JGG nicht im Verfahren gegen Jugendliche angewendet werden. Dies gilt bei Anwendung von Jugendstrafrecht auf Heranwachsende über § 109 II JGG auch für Heranwachsende.

*Vereinfachtes Jugendverfahren*

**II.** Es besteht jedoch bei Jugendlichen (nicht bei Heranwachsenden, § 109 I JGG) die Möglichkeit eines *vereinfachten Jugendverfahrens* (§§ 76-78 JGG), welches zwischen dem normalen und dem formlosen Verfahren gem. §§ 45, 47 JGG steht. Bei kleineren Straftaten, die nur milde Sanktionen erwarten lassen, kann der Richter auf Antrag der Staatsanwaltschaft auch ohne die Anwesenheit letzterer das Verfahren durchführen. In der Praxis tritt dieses Procedere jedoch hinter der Diversion zurück.

**Exkurs Ende**

## E. Das Hauptverfahren

*Hauptverfahren*

Die §§ 47 ff. JGG bieten einige Sonderregelungen für das Hauptverfahren. Wie oben bereits erklärt, gehört auch die Einstellung des Verfahrens nach § 47 JGG systematisch ins Hauptverfahren. 297

**hemmer-Methode: Seitdem der strafprozessuale Deal mit Einfügen des § 257c StPO nunmehr explizit im Gesetz geregelt ist, ist die Frage wieder aktuell, ob eine Urteilsabsprache auch im Jugendstrafverfahren denkbar ist. Zu dieser wichtigen Frage vgl. Fahl, NStZ 2009, S. 613 ff.**

### I. Öffentlichkeit gem. § 48 JGG

*Einschränkung der Öffentlichkeit*

Im Gegensatz zum Erwachsenenverfahren ist die Öffentlichkeit grundsätzlich ausgeschlossen. Allerdings gestattet § 48 II JGG verschiedenen Personen die Anwesenheit (so z.B. den Erziehungsberechtigten, der JGH etc.).[441] 298

§ 48 JGG umfasst als Sonderregelung zu § 173 GVG auch die Urteilsverkündung. Ein Verstoß gegen § 48 I JGG stellt nach der Rspr. keinen absoluten Revisionsgrund nach § 338 Nr. 6 StPO dar, da der historische Schutzzweck des Öffentlichkeitsgrundsatzes - die Kontrollmöglichkeit durch die Öffentlichkeit - nicht tangiert ist.[442] Es liegt aber ein relativer Revisionsgrund nach § 337 StPO vor.

**hemmer-Methode: Durch den Ausschluss der Öffentlichkeit soll zum einen die Einschüchterung des Jugendlichen vermieden werden, andererseits soll sich der Jugendliche auch nicht in der Öffentlichkeit als „Held" aufspielen können!**

### II. Anwesenheit des Angeklagten

*Anwesenheit des Angeklagten*

Die Anwesenheitspflicht des Angeklagten wird in § 50 JGG gegenüber dem Erwachsenenstrafrecht ausgeweitet, weil zusätzlich besondere Gründe und die Zustimmung des Staatsanwalts vorliegen müssen. 299

Gleichzeitig wird sie durch § 51 JGG eingeschränkt, indem der Angeklagte ausgeschlossen werden kann, wenn „Nachteile für die Erziehung entstehen können".

441 § 48 II JGG gilt auch für Presseberichterstatter.

442 BGHSt 23, 176, 178 = **juris**byhemmer.

Zu den Rechten und Pflichten der anderen Verfahrensbeteiligten in der Hauptverhandlung siehe Rn. 283.

### III. Urteil

*Urteil und Kosten*

Das Urteil muss gem. § 54 I JGG neben der (auch im Erwachsenenstrafrecht erforderlichen) tatbezogenen auch eine täterbezogene Begründung aufweisen. Bezüglich der Verfahrenskosten kann davon abgesehen werden, sie dem Jugendlichen aufzuerlegen, § 74 JGG.[443] 300

**hemmer-Methode: Es stehen immer wieder Reformvorschläge für das Hauptverfahren im Raum. So wird z.B. die Schaffung eines sog. Tatinterlokuts vorgeschlagen, bei dem die Hauptverhandlung in zwei Teile gegliedert werden soll: Zunächst wird wie bisher die Schuld festgestellt, die Rechtsfolgen sollen in einem formloseren Rahmen in einem zweiten Schritt festgelegt werden.**
**Ebenso wird der sog. „Runde Tisch" diskutiert. Hierbei soll die Urteilsfindung in einem weniger förmlichen und damit kooperativen Stil durchgeführt werden!**

## F. Das Rechtsmittelverfahren

### I. Wahlrechtsmittel gem. § 55 II JGG

**hemmer-Methode: Das JGG regelt die Statthaftigkeit der Rechtsmittel nicht selbst. Zitieren Sie daher immer § 2 JGG i.V.m. § 333 StPO!**

*Entweder Berufung oder Revision*

Normalerweise kann ein Verurteilter Berufung und Revision einlegen. Im Jugendstrafrecht ist es jedoch erforderlich, dass die Sanktion möglichst schnell auf die Tat folgt, da sonst die erwünschte Wirkung auf den Jugendlichen ausbleibt. Daher gibt es für den Jugendlichen nur die Möglichkeit, entweder Berufung *oder* Revision einzulegen (§ 55 II S. 1 JGG). § 55 JGG ist als Prozessvoraussetzung in der Zulässigkeit zu prüfen! 301

**hemmer-Methode: Wenn der Staatsanwalt Berufung einlegt, kann der Jugendliche trotzdem Revision einlegen und andersherum. Dies ergibt sich bereits aus dem Wortlaut des § 55 II JGG: „*Wer* ... eingelegt hat ...".**
**§ 55 II JGG ist dann nicht von Bedeutung, wenn sowieso nur die Revision möglich ist - also gegen erstinstanzliche Urteile der großen Jugendkammer und des OLG!**

### II. Eingeschränkte Anfechtbarkeit gem. § 55 I JGG

*Keine Anfechtung wegen Umfang oder Art der Maßnahmen*

Wenn Erziehungsmaßregeln oder Zuchtmittel angeordnet wurden, kann das Urteil nicht aufgrund der Art oder des Umfangs der Erziehungsmaßregeln oder Zuchtmittel angefochten werden, § 55 I JGG. 302

> ***Bsp.:*** *Die Jugendliche Charlie S. hat einen Ladendiebstahl begangen und erhält eine Arbeitsweisung von 30 Stunden. Sie kann nicht Berufung einlegen mit der Begründung, die Anzahl der Stunden sei zu hoch, wohl kann sie ihre Unschuld geltend machen oder mit der Begründung anfechten, es habe sich überhaupt nicht um einen Diebstahl, sondern um eine Unterschlagung gehandelt.*

443 Anders bei den Kosten für einen Wahlverteidiger, BGHSt 36, 27 (29) = jurisbyhemmer.

### 1. Mildere Sanktion durch das Rechtsmittelgericht

*Mildere Sanktion*

Streitig ist, ob die höhere Instanz bei einer zulässigen Anfechtung die Sanktionen der ersten Instanz abändern und abmildern darf. 303

*Bsp.: Charlie hält sich für unschuldig und hat daher Berufung eingelegt. Die Jugendkammer befindet sie zwar schuldig, verhängt aber nur eine Arbeitsweisung in Höhe von 20 Stunden.*

Diese Möglichkeit wird einerseits bejaht[444], andererseits für unzulässig gehalten, weil sonst die Gefahr bestünde, dass der Jugendliche ohne hinreichenden Grund „zur Sicherheit" Rechtsmittel einlegt.

### 2. Strengere Sanktion durch das Rechtsmittelgericht

*Verbot der reformatio in peius*

Auch im Jugendstrafrecht gilt das Verbot der reformatio in peius aus §§ 331, 358 II StPO. Auf die Erziehungsmaßregeln und Zuchtmittel werden die §§ 331, 358 II StPO sinngemäß angewandt. 304

Es stellt sich jedoch im Jugendstrafrecht das Problem, welche Sanktion die mildere ist. Hierzu ist festzuhalten, dass Jugendstrafe immer die schärfste Sanktion darstellt.

Die §§ 21 und 27 JGG sind strenger als Erziehungsmaßregeln und Zuchtmittel. Innerhalb der Erziehungsmaßregeln und Zuchtmittel ist die Heimerziehung (§ 12 Nr. 2 JGG) am stärksten, gefolgt vom Dauerarrest. Bzgl. der restlichen Sanktionen muss im Einzelfall entschieden werden.

Streitig ist, ob der Jugendliche nach Einlegung der Berufung gegen dieses Urteil Revision einlegen kann mit der Begründung, die Berufungsinstanz habe eine Verschlechterung vorgenommen. Das BayObLG verneint dies, da eine Ausnahme zu § 55 II JGG nur möglich sei, wenn das Urteil „jeder gesetzlichen Grundlage entbehre", dies sei bei einem Verstoß gegen § 331 StPO nicht der Fall.[445]

Dagegen lässt sich einwenden, dass eine reformatio in peius im Regelfall nicht geeignet sein dürfte, das Vertrauen des Jugendlichen in die Justiz und den Staat zu stärken, und insoweit mit dem Erziehungsgedanken unvereinbar ist.

*Rechtsmittelbegrenzung bei Heranwachsenden*

Für Heranwachsende gilt die Verkürzung des Rechtsmittelzugs nur dann, wenn die Voraussetzungen des § 105 JGG bejaht wurden, § 109 I, II JGG.

*Bsp.: Anton, 19 Jahre alt, wird wegen räuberischer Erpressung zu einer Jugendstrafe von sechs Jahren verurteilt. Auf seine Berufung hin verhängt die Jugendkammer eine Freiheitsstrafe nach allgemeinem Strafrecht von sechs Jahren. Anton fragt sich, ob er nun noch Revision einlegen kann, oder ob diese wegen § 55 II JGG ausgeschlossen ist. Nach h.M. meint § 109 II JGG jeweils die angegriffene Entscheidung, ist also hier nicht einschlägig. Die Revision des Anton ist daher ohne weiteres zulässig. Sie wäre auch begründet, da eine Freiheitsstrafe insbes. wegen der Art und Weise des Vollzugs wie auch der Voraussetzungen der Restaussetzung schwerer wiegt als eine gleich lange Jugendstrafe.*

## G. Der Jugendliche in Untersuchungshaft

*Schädliche Wirkungen der U-Haft*

Die Untersuchungshaft wird allgemein als äußerst schädlich für den Jugendlichen eingeschätzt. 305

---

444 BGHSt 10, 198; Eisenberg, § 55, Rn. 53.

445 BayObLG, in NStZ 89, 194; lesenswert hierzu Pälzel, Der praktische Fall, JuS 95, 900.

Den Gefahren der Prisonisierung und möglicher seelischer Schäden soll zwar durch die Vorschriften des JGG (insbesondere der Unterbringung in einer getrennten Anstalt gem. § 93 I JGG) entgegengewirkt werden, die Praxis wird dem jedoch vielfach nicht gerecht.[446]

### I. Anordnung

*Anordnung der U-Haft eingeschränkt*

Es gelten zunächst die allgemeinen Vorschriften der §§ 112 ff. StPO. Allerdings schränkt § 72 JGG die Anordnung der Untersuchungshaft für Jugendliche ein. So gilt der Grundsatz der Subsidiarität, d.h. es muss zunächst versucht werden, den Jugendlichen durch eine vorläufige Anordnung über die Erziehung (§ 72 I JGG) vor der Untersuchungshaft zu bewahren. 306

> ***Bsp.:*** *Der Jugendliche erhält die Anordnung, den Arbeitsplatz zu wechseln, eine Lehrstelle anzunehmen, oder er wird in einer geeigneten Familie untergebracht.*

Weiterhin besteht die Möglichkeit der Heimunterbringung (§§ 72 IV i.V.m. 71 II JGG). Der Haftgrund der Fluchtgefahr kann vor Vollendung des sechzehnten Lebensjahres zudem nur unter den erhöhten Voraussetzungen des § 72 II JGG begründet werden. Zudem gilt das Beschleunigungsgebot des § 72 V JGG. Auch muss die JGH gem. § 72a JGG informiert werden und hat in demselben Umfang Anspruch auf Verkehr mit dem inhaftierten Jugendlichen wie dessen Verteidiger (§ 72b JGG).

### II. Anrechnung

*Anrechnung*

Grundsätzlich wird die Untersuchungshaft auf den Jugendarrest und die Jugendstrafe angerechnet (§§ 52, 52a I S. 1 JGG). Allerdings kann der Richter bei negativem *Nachtatverhalten* oder aus *erzieherischen Gründen* bei der Jugendstrafe davon absehen (§ 52a I S. 2 JGG), beim Jugendarrest besteht von vornherein ein Ermessensspielraum (§ 52 JGG: „kann“). 307

## H. Vollstreckung und Vollzug

Der Unterschied zwischen Vollstreckung und Vollzug besteht im Wesentlichen darin, dass die Vollstreckung das „Ob“ der Durchführung der Sanktion, der Vollzug das „Wie“ der Durchführung regelt. 308

### I. Die Vollstreckung

*Vollstreckung*

Die Vollstreckung ist in den §§ 449 ff. StPO geregelt, hinzu kommen die Regelungen der §§ 82-89a JGG. Voraussetzung der Vollstreckung ist die Rechtskraft des Urteils (§ 449 StPO).[447] 309

#### 1. Vollstreckungsleiter

*Vollstreckungsleiter*

Während im Erwachsenenstrafrecht die Staatsanwaltschaft bzw. die Strafvollstreckungskammer (§§ 451, 462a StPO) Vollstreckungsleiter sind, übernimmt diese Aufgabe für Jugendliche das Jugendgericht, § 82 I JGG. Um eine bessere Kommunikation zwischen dem Vollstreckungsleiter und dem Jugendlichen zu ermöglichen, wird die Aufgabe an das jeweils örtlich zuständige Jugendgericht abgegeben (§ 85 I, II JGG). 310

---

446 Albrecht, S. 230 f.; Kaiser/Schöch/Kinzig, Fall 10, Rn. 34.

447 Eine Durchbrechung dieses Grundsatzes findet sich in § 56 JGG, der die Teilvollstreckung erlaubt.

## 2. Aufgaben

*Aufgaben des Jugendgerichts*

**a)** Das Jugendgericht ist zum einen mit den Justizverwaltungsakten (z.B. die Ladung zum Strafantritt, die Benachrichtigung der Erziehungsberechtigten, die Einweisung in eine bestimmte Anstalt) betraut. Der Jugendliche kann sich gegen diese Entscheidungen mit einem Antrag auf gerichtliche Entscheidung gem. §§ 23 ff. EGGVG wehren. 311

**hemmer-Methode: Die jeweilige Rechtschutzmöglichkeit zu kennen, ist in der Klausur wichtig! Da viele Vorschriften für das Jugendstrafrecht nicht gelten, stellt der Antrag gem. § 23 EGGVG häufig die einzige Möglichkeit dar! Allerdings enthält das JGG seit dem 2. JGGÄndG vom Dezember 2007 nun einen speziellen Rechtsbehelf für Maßnahmen der Strafvollzugsbehörde im § 92 JGG.**
**Dessen Absatz VI stellt nunmehr klar, dass sich der Rechtsschutz eines jugendlichen Gefangenen, dessen Strafe in einer Erwachsenenstrafanstalt vollzogen wird, auch dementsprechend nach den Vorschriften des Erwachsenenvollzugsrechtsschutzes, also den §§ 109 ff. StVollzG, richtet.**

**b)** Daneben hat das Jugendgericht gem. § 83 JGG aber auch richterliche Entscheidungen zu treffen (§§ 86 bis 89a JGG, §§ 462a, 463 StPO). Der richtige Rechtsbehelf ist die sofortige Beschwerde gem. § 83 III JGG.

> ***Bsp.:*** *Die Entscheidung über die Aussetzung des Strafrestes nach § 88 JGG kann mit sofortiger Beschwerde angegriffen werden.*

## II. Der Vollzug

## 1. Der Jugendarrest

*Vollzug des Jugendarrests*

Vollzugsleiter des Jugendarrests ist das Jugendgericht, § 90 II S. 2 JGG. Der Jugendarrestvollzug soll das Ehrgefühl des Jugendlichen stärken und erzieherisch gestaltet werden (§ 90 I S. 1 JGG). Zudem bestehen Sonderbestimmungen in § 115 JGG i.V.m. JAVollzO. 312

## 2. Die Jugendstrafe

### a) Rechtliche Grundlagen

*Vollzug der Jugendstrafe*

Für den Jugendstrafvollzug galten früher die §§ 91, 92 JGG. Die eher kryptischen Vorschriften mussten gem. § 115 JGG durch Verwaltungsvorschriften ergänzt werden (VVJug), die ihrerseits dem BundesStVollzG angenähert waren. Bereits in den 80er Jahren wurden Forderungen nach einer umfassenden (einheitlichen) Regelung des Jugendstrafvollzugs laut. Da die Gesetzgebungskompetenz des Strafvollzugs allerdings mit der Föderalismusreform nunmehr Ländersache wurde, musste der Referentenentwurf für eine bundeseinheitliche Regelung aufgegeben werden.[448] 313

Das Bundesverfassungsgericht hatte in seinem Urteil vom 31.05.2006 festgestellt, dass das Fehlen einer gesetzlichen Regelung verfassungswidrig sei und daher eine Übergangsfrist bis Ende 2007 für die Schaffung von Jugendstrafvollzugsgesetzen bzw. speziellen Regelungen in allgemeinen Länderstrafvollzugsgesetzen gesetzt. Hierbei schrieb das BVerfG auch vor, dass das Vollzugsziel der „sozialen Integration“ Vorrang genießen muss.

448 Höynck, ZJJ 2008, 159.

Heraus kamen 16 Landesjugendstrafvollzugsgesetze,[449] die nur partiell gemeinsam erarbeitet wurden und insofern nur teilweise aufeinander abgestimmt bzw. ähnlich sind.

**hemmer-Methode: Diese unübersichtliche Rechtslage durch 16 verschiedene Landesgesetze (mit teils sogar divergierenden Vollzugszielen!) hatte man bereits vor der Föderalismusreform prognostiziert. Daher ist die Streichung des Vollzugs aus dem Katalog der konkurrierenden Gesetzgebung gem. Art. 74 I Nr. 1 GG einhellig auf Kritik gestoßen, vgl. nur Eisenberg, ZRP 2008, 14.**

## b) Vollzugsleiter und Aufgaben des Vollzugs

*Vollzugsleiter*

Vollzugsleiter ist der Leiter der Jugendstrafanstalt. 314

*Erziehung als Zweck des Vollzugs*

Der Jugendstrafvollzug hatte nach § 91 JGG a.F. die Erziehung des Jugendlichen zur Aufgabe; Schuldausgleich und Generalprävention konnten nicht als Vollzugsziel fungieren.[450] Grundlage hierfür bildeten gem. § 91 II JGG a.F. „Ordnung, Arbeit, Unterricht, Leibesübungen und sinnvolle Beschäftigung", wobei auch der gelockerte Vollzug vorgesehen war (§ 91 III JGG).

*Nunmehr Vollzugsziele teilweise auseinanderfallend*

Die Einführung verschiedener Landesgesetze brachte nunmehr auch auseinanderdriftende Vollzugsziele mit sich. Während in den meisten Bundesländern nach wie vor die Resozialisierung des Jugendstraftäters im Vordergrund stehen soll, wird bspw. im bayerischen Strafvollzugsgesetz deklariert, dass der Sicherungsauftrag (Schutz der Allgemeinheit) Vorrang genießen müsse. Die einzelnen, teils eklatanten Unterschiede ergeben sich allerdings erst bei den Feinheiten, also speziellen vollzugsrechtlichen Fragen (Besuchsrechte, Mitwirkung der Personensorgeberechtigten, Möglichkeit der Einzelunterbringung, Hafturlaub, Vollzugslockerungen etc.).

**hemmer-Methode: Allein schon aus Platzgründen können diese einzelnen, speziellen Unterschiede zwischen den Jugendstrafvollzugsgesetzen nicht dargestellt werden. Jedenfalls sollte man das Strafvollzugsgesetz des „eigenen" Bundeslandes gelesen haben und im Hinterkopf behalten, warum es zu dem „Split" gekommen ist bzw. welche rechtspolitischen Folgen es hat. Die wichtigsten Unterschiede arbeitet Eisenberg in NStZ 2008, 250 ff. heraus.**

Die Jugendlichen müssen in einer gesonderten Jugendstrafanstalt untergebracht werden. Während dies in § 92 a.F. JGG früher explizit geregelt war, ist diese Prämisse nun ebenfalls in den Landesgesetzen zu suchen.

## III. Rechtsbehelfe

*Rechtsbehelfe*

Die folgende Tabelle gibt (vereinfacht und damit nicht vollständig) einen Überblick über die Rechtsbehelfe gegen Vollstreckungs- und Vollzugsentscheidungen: 315

449 Zu den einzelnen Gesetzen etwa Ostendorf/Drenkhahn, Jugendstrafrecht, Fn. 106.

450 Zu den Leitprinzipien des Jugendstrafrechts nach der Reform Goerdeler, ZJJ 2008, 137; Stuppi, ZJJ 2007, 18.

| | Jugendliche | Erwachsene |
|---|---|---|
| **Vollstreckung** | Justizverwaltungsakte: §§ 23 ff. EGGVG<br>richterliche Entscheidungen: sofortige Beschwerde, § 83 III JGG | Beschwerde (z.B. §§ 453 II, 454 II, 462 III StPO) |
| **Vollzug** | § 92 JGG n.F. | § 109 StVollzG |
| **Untersuchungshaft (Vollstreckung)** | Haftprüfung, § 117 StPO; Haftbeschwerde, § 304 StPO | |

## I. Straf- und Erziehungsregister, Beseitigung des Strafmakels

### I. Straf- und Erziehungsregister

*Strafregister*

**1.** Im Jugendstrafrecht gelten für den Jugendlichen etwas günstigere Registrierungsvorschriften als für Erwachsene. Dies liegt an der zu vermeidenden Fernwirkung von Registrierungen (bspw. im späteren Berufsleben); andererseits kann die geeignete Sanktion durch das Gericht nur ausgewählt werden, wenn es über Vortaten informiert ist. *316*

Daher werden gem. § 4 BZRG die Jugendstrafe (einschließlich der §§ 21, 27 JGG), die Nebenfolgen gem. § 6 JGG und die Maßregeln gem. § 7 JGG eingetragen.

*Erziehungsregister*

**2.** Zusätzlich existiert ein Erziehungsregister, welches die Erziehungsmaßregeln, die Zuchtmittel und auch die Diversionsentscheidungen enthält. *317*

### II. Beseitigung des Strafmakels

*Strafmakelbeseitigung*

Ebenfalls günstiger ist die in den §§ 97 ff. JGG geregelte Beseitigung des Strafmakels. Sie soll u.a. einen zusätzlichen Anreiz zu einem straffreien Leben schaffen. Hinterher ist der Täter rehabilitiert, er darf sich unbestraft nennen und hat keine Auskunftspflicht mehr bzgl. seiner Delikte, vgl. § 53 BZRG. *318*

**1.** Wenn gem. § 100 JGG eine „Strafe oder ein Strafrest bei Verurteilung zu nicht mehr als zwei Jahren Jugendstrafe nach Aussetzung zur Bewährung erlassen" wird, so wird automatisch der Strafmakel erlassen.

*Voraussetzungen*

**2.** Ansonsten geschieht dies frühestens zwei Jahre nach Verbüßung, wenn eine positive Bewertung des Jugendlichen vorliegt, § 97 JGG.

Fraglich ist hier, welche Anforderungen an die Rechtschaffenheit des Täters zu stellen sind. Ein Teil der Lit. sieht hierin mehr als bloße Straffreiheit, vielmehr müsse der Täter ein Leben in sozialer Verantwortung mit einer positiven Einstellung zur Gesellschaft führen.

Dagegen lässt sich einwenden, dass Aufgabe des Strafrechts - auch des Jugendstrafrechts - allein die Bewertung des Legalverhaltens sein kann. Darüber hinausgehende Forderungen verstoßen gegen das Übermaßverbot.

# 4. KAPITEL: STRAFVOLLZUG

## § 1 ALLGEMEINES

Das Gebiet „Strafvollzug" beschäftigt sich im Wesentlichen mit der Durchführung der Freiheitsstrafe in den Justizvollzugsanstalten. Grundlage bildet das Strafvollzugsgesetz (StVollzG). *319*

### A. Geschichtlicher Überblick[451]

Das Ziel der Resozialisierung als Grundlage der modernen Freiheitsstrafe gewann erst im 16./17. Jahrhundert eigenständige Bedeutung neben Sühne und Vergeltung.[452] *320*

**hemmer-Methode: Der folgende geschichtliche Abriss erhebt keinen Anspruch auf Vollständigkeit. Dargestellt werden lediglich die wesentlichen Eckpunkte in der Geschichte des Strafvollzugs. Einen wichtigen „modernen Einschnitt" bildet hierbei der Übergang der Kompetenz für den Strafvollzug auf die Länder im Jahr 2006. Dieser Themenkomplex kann durchaus Gegenstand der mündlichen Prüfung sein (vgl. Bay. Staatsexamen 2005/2, Aufgabe 2, in der nach einem Vergleich zwischen dem heutigen Strafvollzug und dem des 19. Jahrhunderts unter dem Aspekt der Bedeutung des Faktors „Kommunikation im Strafvollzug" gefragt war).**

*Geschichte der Freiheitsstrafe im modernen Sinn*

| | |
|---|---|
| **1595** | Einrichtung des ersten Zuchthauses (Tuchthuis) für Männer in Amsterdam. Ziel: Erziehung durch Arbeit |
| **1597** | Amsterdamer Spinnhaus für Frauen |
| **1603** | Ebenfalls in Amsterdam: Eigenes Zuchthaus für Söhne wohlhabender Eltern - hiermit Beginn des gesonderten Jugendstrafvollzugs |
| **17. Jh.** | Erste Zuchthäuser in Deutschland; zumeist unmenschliche Bedingungen, insbesondere nach Ende des Dreißigjährigen Krieges |
| **1777** | Reformen in England durch JOHN HOWARD: entlohnte Arbeit, Hygiene, System gestufter Lockerungen, 1791 in Deutschland übernommen. |
| **1822-1825** | Errichtung des „Eastern Penitentiary" in Philadelphia nach dem Geist der Quäker: Mustergefängnis für den Vollzug strengster Einzelhaft (solitary system). In den Einzelzellen verbrachten die Insassen ihre Haftzeit nach der Idee Howards zunächst in uneingeschränkter Einsamkeit, um frei von negativen Einflüssen ihrer Mitgefangenen zu Gott und damit zur Reue zu finden und als ein anderer Mensch in die Freiheit zurückzukehren. |
| **1823** | Der Gouverneur des Staates New York eröffnete 1823 in Auburn im bewussten Gegensatz zum Eastern Penitentiary ein Gefängnis, in dem die Insassen nur nachts sowie in ihrer Freizeit die Strafe in den Einzelzellen verbüßten, während sie tagsüber in den Werkhäusern der Anstalt arbeiten mussten. |

451 Vgl. hierzu Historischer Überblick bei Laubenthal, Strafvollzug, Rn. 85 ff.

452 Kett-Straub/Streng, Strafvollzugsrecht, S. 6 ff.

| | |
|---|---|
| | Allerdings durften die Inhaftierten bei der Arbeit nicht miteinander sprechen, was in der Praxis durch brutale körperliche Misshandlungen bei Verstößen durchgesetzt wurde (silent system). Die divergierenden Vollzugsformen in Philadelphia und Auburn lösten in Nordamerika einen Systemstreit aus, bei dem sich das silent system aufgrund seiner ökonomischen Vorzüge (Ausbeutung der Insassen durch Arbeit) gegenüber dem solitary system durchsetzte. |
| **1842** | Eröffnung der Strafanstalt Pentonville in London, Verfolgen des solitary system in modifizierter Form in England: Einführung eines Progressivsystems, wonach ein Teil der Strafe in strenger Einzelhaft verbüßt wird, danach in Gemeinschaftshaft bei Leisten von Gemeinschaftsarbeit und möglicherweise Erarbeiten eines Anspruchs auf vorzeitige Entlassung.<br>In Deutschland: Nebeneinander divergierender Systeme, beeinflusst vom Eastern Penitentiary und Pentonville-überwiegend dem solitary system angenähert. |
| **1879** | Erster Entwurf eines Reichsstrafvollzugsgesetzes; der Bundesrat stimmt nicht zu. |
| **1927** | Regierungsentwurf zu einem Strafvollzugsgesetz scheitert mit der Reform des materiellen Strafrechts. Rechtsgrundlage des Strafvollzugs sind Ländervereinbarungen (ohne Rechtsnormqualität), die die Resozialisierung als Vollzugsziel vorsehen. |
| **1933** | Das Gewohnheitsverbrechergesetz führt die Sicherungsverwahrung ein. Im Strafvollzug tritt die Resozialisierung hinter Vergeltung und Generalprävention zurück. |
| **1945** | Der Alliierte Kontrollrat fordert die Rückkehr zu Umerziehung und Rückfallverhütung als Ziele des Strafvollzugs. |
| **1961** | Die Bundesländer schaffen die Dienst- und Vollzugsordnung (DVollzO) als einheitliche Verwaltungsvorschrift, die die Rechtsstellung des Gefangenen regelt. Das besondere Gewaltverhältnis wird noch als ausreichende Grundlage für Eingriffe in Rechte des Gefangenen angesehen. |
| **1972** | Das BVerfG stellt fest, dass das besondere Gewaltverhältnis als Rechtfertigung für Grundrechtseingriffe nicht genügt, und setzt dem Gesetzgeber eine Frist zur Schaffung eines förmlichen Gesetzes. |
| **1977** | Am 01.01. tritt das StVollzG in Kraft. |
| **2006** | Das Föderalismusreformgesetz tritt am 28.08.2006 in Kraft und die Gesetzgebungskompetenz für den Strafvollzug geht auf die Länder über. |
| **2008** | Das StVollzG gilt als partikulares Bundesrecht fort, soweit die Länder nicht von ihrer Kompetenz Gebrauch machen (mittlerweile in allen sechzehn Ländern geschehen). |

## B. Statistik

### I. Strafverfolgungsstatistik

*Strafverfolgungsstatistik*

Die Strafverfolgungsstatistik enthält die Anzahl der Abgeurteilten und der Verurteilten sowie die Art der vom Gericht getroffenen Entscheidung. 321

*Unterschied Abgeurteilte - Verurteilte*

*Abgeurteilte* sind Angeklagte, gegen die Strafbefehle erlassen wurden bzw. Strafverfahren nach Eröffnung des Hauptverfahrens durch Urteil oder Einstellungsbeschluss rechtskräftig abgeschlossen worden sind.

*Verurteilte* sind Angeklagte, gegen die nach allgemeinem Strafrecht Freiheitsstrafe, Strafarrest oder Geldstrafe verhängt worden ist. Sie bilden also eine Untergruppe der Abgeurteilten.

> **Bsp.:** *2016 gab es im gesamten Bundesgebiet insgesamt 900.615 Abgeurteilte und 737.873 Verurteilte.*[453]

Die Verfahrenseinstellungen gem. §§ 153, 153a StPO werden nicht erfasst.

### II. Strafvollzugsstatistik

*Strafvollzugsstatistik*

Die Strafvollzugsstatistik macht Angaben über die Anzahl der Justizvollzugsanstalten und ihre Belegung. 322

> **Bsp.:** *Am 31.03.2020 gab es in Deutschland insgesamt 42.2490 Gefangene. Zudem befanden sich 3.439 im Jugendstrafvollzug.*[454]

## C. Strafvollstreckung und Strafvollzug

*Unterschied Strafvollstreckung - Strafvollzug*

*Strafvollstreckung und -vollzug* stehen zeitlich am Ende der Strafverfolgung, ihnen ist ein intensiver Ausfilterungsprozess vorgeschaltet (fehlende Entdeckung oder Aufklärung der Tat, Einstellung des Verfahrens, Freispruch, etc.). Die Strafvollstreckung beschäftigt sich mit dem „Ob“, der Strafvollzug mit dem „Wie“ der Durchführung der Strafe. 323

Damit meint die *Strafvollstreckung* die Einleitung, Beendigung und generelle Überwachung der Strafdurchführung.[455] Hierzu gehören z.B. die Fragen über den Strafantritt, den Strafaufschub und die Strafrestaussetzung. Die Vollstreckung kann erst mit der Rechtskraft i.S.d. § 449 StPO beginnen.

Der *Strafvollzug* meint die Art und Weise der Durchführung freiheitsentziehender Kriminalsanktionen.[456] Hierunter fallen neben der Freiheitsstrafe i.S.v. § 38 StGB, worunter nach wohl h.M. nicht die Jugendstrafe i.S.v. § 17 JGG zu verstehen ist, auch der Vollzug freiheitsentziehender Maßregeln der Besserung und Sicherung (vgl. §§ 63, 64, 66 StGB), nicht aber die Untersuchungshaft.

---

453 Statistisches Bundesamt, Zahlen & Fakten/Gesellschaft & Staat/Rechtspflege/Strafverfolgung.

454 https://de.statista.com/statistik/daten/studie/72216/umfrage/gefangene-und-verwahrte-in-justizvollzugsanstalten-nach-bundeslaendern/

455 Roxin, Strafverfahrensrecht, § 56 A I.

456 Roxin, Strafverfahrensrecht, § 56 A I.

**hemmer-Methode: Die Unterscheidung ist ganz erheblich für die Zuständigkeit: Vollstreckungsleiter ist die Staatsanwaltschaft, Vollzugsleiter ist der Anstaltsleiter! Auch wirkt sich diese Differenzierung auf die in Frage kommenden Rechtsschutzmöglichkeiten des Gefangenen aus!**

## D. Normen des Strafvollzugs

*Unübersichtliche Rechtslage nach Föderalismusreform*

Folgende Tabelle soll einen kurzen Überblick über die anzuwendenden Normen im Strafvollzug geben. Im Rahmen der Föderalismusreform ging die Gesetzgebungszuständigkeit auf die Länder über. Seit der Föderalismusreform 2006 haben mittlerweile alle Länder von ihrer Kompetenz Gebrauch gemacht (2015 zog zunächst Sachsen-Anhalt nach, 2016 schließlich auch Berlin und Schleswig-Hollstein). Der Muster-Entwurf für ein Strafvollzugsgesetz hat sich dabei nur bedingt in den jeweiligen Landesgesetzgebungen durchsetzen lassen, mit der Folge, dass es faktisch sechzehn unterschiedliche Rechtsordnungen für den Strafvollzug gibt. Das (Bundes-)StVollzG hat aber gleichwohl weiterhin Bedeutung, insbesondere die §§ 109 ff. StVollzG über das gerichtliche Verfahren, da seitens der Landesgesetze auf diese verwiesen wird (z.B. Art. 197 III BayStVollzG; § 121 Nr. 6 StVollzG NRW; § 93 JVollzG BW). Verfassungsrechtliche Grundlage für die Fortgeltung des Bundesrechts ist Art. 125a I S. 2 GG. Das Skript orientiert sich weiterhin maßgeblich an den zwischenzeitlich subsidiär gewordenen Bestimmungen des StVollzG unter entsprechenden Hinweises auf einzelne Landesbestimmungen, soweit sich insbesondere zwischen den Ländern Abweichungen ergeben. Von einer vollständigen Anführung aller 16 Landesvorschriften wird abgesehen. 324

Diesbezüglich sei im Voraus darauf hingewiesen, dass die Ländergesetze Erwachsenen- und Jugendstrafvollzug nicht immer einheitlich geregelt haben und teils mit expliziten Sonderregelungen, teils mit Verweisungsvorschriften arbeiten. Die Unterschiede zum Bundesgesetz ergeben sich v.a. bei den speziellen Vollzugsbedingungen (Kleidung, Schriftwechsel, Vollzugslockerung). Soweit diesbezüglich besonders auffällige Unterschiede bestehen, werden diese an der entsprechenden Stelle dargestellt.

**hemmer-Methode: Der Übergang der Kompetenz auf die Länder wird nicht nur wegen der rechtlichen Unübersichtlichkeit kritisiert, sondern auch wegen eines drohenden „Vollzugstourismus“ (Bevorzugung bestimmter Länder durch Verurteilte wegen besserer Vollzugsbedingungen). Außerdem ist zu befürchten, dass die Länder zugunsten eines kostengünstigen Vollzugs bewährte Grundsätze und Vollzugsziele außer Acht lassen. Ob es tatsächlich zu einem „Wettbewerb der Schäbigkeit“ kam, überprüft Köhne in NStZ 2009, 130.**

| **Art der Strafe** | Anzuwendendes Recht |
|---|---|
| **Freiheitsstrafe** | Ländergesetze (z.B. BayStVollzG, HmbStVollzG, NJVollzG, StVollzG NRW, JVollzGB BW) |
| **Jugendstrafe** | Ländergesetze |
| **Untersuchungshaft** | Ebenfalls seit 01.01.2010 reformiert, bei Rechtsgrundlagen zu differenzieren:<br>Ob: StPO (insbesondere neu gestalteten § 114a StPO berücksichtigen)<br>Wie: Gesetzgebung der Länder |

## § 2 VOLLZUGSZIELE UND -GRUNDSÄTZE

*Vollzugsziele und -grundsätze*

Die Grundsätze des Strafvollzugs sind in den §§ 2-4 StVollzG geregelt, vgl. etwa auch Art. 2 S. 1 BayStVollzG, § 2 I HmbStVollzG und § 5 S. 2 NJVollzG, § 3 JVollzGB, § 3 LStVollzG SH. 325

### A. Vollzugsziel gem. § 2 StVollzG

#### I. Resozialisierung gem. § 2 S. 1 StVollzG[457]

*Vollzugsziel Resozialisierung*

Das Vollzugsziel definiert sich folgendermaßen: „Im Vollzug der Freiheitsstrafe soll der Gefangene fähig werden, künftig in sozialer Verantwortung ein Leben ohne Straftaten zu führen."[458] Ziel ist demnach die Resozialisierung des Gefangenen, die in die Gruppe der spezialpräventiven Zwecke fällt. 326

#### II. Schutz der Allgemeinheit gem. § 2 S. 2 StVollzG

*Schutz der Allgemeinheit*

Gleichzeitig dient der Vollzug der Freiheitsstrafe „auch dem Schutz der Allgemeinheit vor weiteren Straftaten." Eine weitere Aufgabe ist also die Sicherung des Täters, welche ebenfalls spezialpräventiv ist (sog. negative Spezialprävention).[459] 327

#### III. Verhältnis von Resozialisierung und Sicherung

*Zielkonflikt*

Auf den ersten Blick scheinen sich die beiden Ansätze zu widersprechen. Zum einen ist *nach* dem Vollzug der Schutz der Allgemeinheit nicht mehr notwendig, schließlich ist der Täter dann - im Idealfall - resozialisiert. Zum anderen gibt es im StVollzG ausreichende Sicherungsklauseln, die *während* des Vollzugs den Schutz der Allgemeinheit garantieren. Man spricht insofern von einem *Zielkonflikt*. Im Ergebnis wird davon ausgegangen, dass die Resozialisierung das Hauptziel (und damit einziges Vollzugsziel) bleibt, die Regelung in § 2 S. 2 StVollzG aber als Ultima-Ratio-Klausel eine eigene Bedeutung hat.[460] 328

Bezüglich der Vollzugsziele ergeben sich im Rahmen der Landesvollzugsgesetze besonders auffällige Diskrepanzen: So ist beispielsweise in Baden-Württemberg und in Bayern der Sicherungsauftrag dem Resozialisierungsauftrag vorangestellt,[461] in den übrigen Ländern sind beide Aufträge dagegen gleichstellt.[462]

#### IV. Verhältnis von Resozialisierung und Schuldausgleich

*Resozialisierung und Schuldausgleich*

Fraglich ist, ob neben der Spezialprävention auch der Strafzweck des Unrechtsausgleichs im Vollzug eine Rolle spielen darf. Diese Frage stellt sich insbesondere im Hinblick auf § 46 StGB, der den Schuldausgleich in den Mittelpunkt stellt. Gerade im Bereich der Vollzugslockerungen sind sich Rechtsprechung und Literatur nicht einig. 329

457 Mit Ausnahme von § 1 JVollzGB III und Art. 2 BayStVollzG jeweils § 2 der jeweiligen Landesgesetze.

458 So etwa auch § 2 LStVollzG SH; § 2 II JVollzGB (BW); § 1 StVollzG NRW.

459 § 5 LStVollzG SH; § 2 I S. 2 JVollzGB; § 6 StVollzG NRW; Art. 4 BayStVollzG; vgl. auch Kaiser/Schöch/Kinzig, Fall 14, Rn. 5.

460 Kaiser/Schöch/Kinzig, § 6, Rn. 25.

461 § 2 JVzollzGB I und § 1 JVollzGB III; Art. 2 BayStVollzG.

462 Kaiser/Schöch/Kinzig, Fall 10, Rn. 6.

*Schuldausgleich bei Lockerungen?*

***Bsp.:***[463] *Der 68-jährige Gefangene X war wegen Mordes an mindestens 18.900 Menschen im Rahmen des nationalsozialistischen Unrechtsregimes zu lebenslanger Haft verurteilt worden. Er beantragt nach 16 Jahren Haft Urlaub, der gem. § 13 StVollzG frühestens nach zehn Jahren gewährt werden kann.*

*Flucht- oder Missbrauchsgefahr liegen nicht vor (§§ 13 I S. 2 i.V.m. § 11 II StVollzG*[464]*). Der Anstaltsleiter verwehrt den Urlaub im Hinblick auf die Schwere der Schuld des X.*

Über die Rechtmäßigkeit dieser Entscheidung besteht Streit.

## 1. Rechtsprechung

*Ansicht der Rspr.*

Die Rechtsprechung[465] argumentierte zum Teil, aus der Vorschrift des § 13 III StVollzG könne bereits geschlossen werden, dass der Schuldgedanke bei der Gewährung von Urlaub eine Rolle spielen dürfe, da schließlich bei lebenslanger Freiheitsstrafe dies erst nach zehn Jahren möglich sei. Zudem würde die Einheit der Rechtsordnung es gebieten, den Schuldausgleich bei der Strafe allgemein zu beachten. Zumindest wenn eine Wirkung nach außen bestünde (der Urlaub gehöre gar nicht unmittelbar zum Vollzug, sondern unterbreche diesen ja), sei dies zulässig. 330

## 2. Literatur

*Ansicht der Literatur*

Hiergegen wendet sich ein Großteil der Literatur.[466] Bei der Frage nach der Zulässigkeit einer Berücksichtigung allgemeiner Strafzwecke sei zwischen Status- und Gestaltungsentscheidungen zu entscheiden. Statusentscheidungen betreffen das Ob und die Dauer einer Freiheitsstrafe, während Gestaltungsentscheidungen das Wie bzw. den Vollzug der Sanktion betreffen. Im Vollzug, in dem Gestaltungsentscheidungen getroffen werden, herrsche das Schuldprinzip nicht, sondern nur bei der Strafzumessung als einer Statusentscheidung gem. § 46 StGB. Aus der Regelung des § 13 III StVollzG lasse sich im Gegenteil schließen, dass hier eine abschließende Regelung gefunden worden sei, die eine bloße Prognoseerleichterung darstelle und den Schuldgedanken gerade außen vorlasse. Zudem sei die Einheit der Rechtsordnung nicht zwingend. 331

Auch würde der Urlaub den Vollzug nicht unterbrechen, er gehöre als Bestandteil der Resozialisierung dazu. Gestatte man dem lebenslang Gefangenen den Urlaub nicht, so sei dies im Übrigen auch vollzugspraktisch nicht sinnvoll, da damit den schädlichen Folgen des Freiheitsentzugs nicht entgegengewirkt werden könne, sog. Angleichungs- und Gegensteuerungsgrundsatz (vgl. § 3 II StVollzG[467]). Entscheidend sei jedoch vor allem, dass die Auslegung der Rechtsprechung eindeutig den Willen des Gesetzgebers unterlaufe, der als Hauptziel die Resozialisierung angeordnet habe.

463 Nach OLG Karlsruhe, JR 78, 213.

464 § 9 II Nr. 3, I JVollzGB; Art. 14 I S. 2 i.V.m. Art. 13 II BayStVollzG; § 46 I S. 1 Nr. 3, II BbgJVollzG.

465 OLG Frankfurt, NStZ 83, 140; OLG Nürnberg, NStZ 84, 92; zum Jugendstrafvollzug OLG Stuttgart, NStZ 87, 430; vgl. auch BVerfGE 64, 261 (272) = **juris**byhemmer.

466 Kaiser/Schöch/Kinzig, § 6, Rn. 39; Kaiser, NStZ 83, 142 f.; Müller-Dietz, JR 84, 353 ff.

467 § 2 II, III S. 1 JVollzGB III, Art. 5 I, II BayStVollzG, § 7 I, II BbgJVollzG, § 3 IV, V BremStVollzG, § 3 I S. 1, 2 HmbStVollzG, § 3 I S. 1, II HStVollzG, § 3 IV, V StVollzG M-V, § 2 I, II NJVollzG, § 7 I, II LJVollzG-RP, § 3 IV, V SLStVollzG, § 3 IV, V SächsVStVollzG, § 7 I, II ThürVollzGB.

### 3. Entscheidung des BVerfG vom 05.02.2004

*Ansicht des BVerfG*

In einem obiter dictum der Entscheidung des BVerfG zum Wegfall der Höchstdauer der Sicherungsverwahrung stellte das BVerfG fest, dass Gesichtspunkte der Vergeltung und des Schuldausgleichs auf die Ausgestaltung des Vollzugs keinen unmittelbaren Einfluss haben. Eine andere Praxis verstieße gegen § 2 StVollzG und missachte den gesetzgeberischen Willen, da der Gesetzgeber davon abgesehen habe, die Schwere der Tatschuld, den Schuldausgleich, die Sühne oder die Verteidigung der Rechtsordnung zu gesetzlichen Kriterien für den Vollzug der Freiheitsstrafe zu erheben. 332

Zudem habe der Gesetzgeber die nach dem Vergeltungsprinzip abgestuften, durch unterschiedliche Schwere der Vollzugsbedingungen charakterisierten Haftarten Einschließung, Haft, Gefängnis und Zuchthaus abgeschafft. Demzufolge finden Unrechtsgehalt der Tat und Schwere der Schuld nur in der Dauer der Freiheitsstrafe Ausdruck.

Nachdem der Richter über diese Dauer entschieden hat, ist es der Vollzugsbehörde verwehrt, bei der Ausgestaltung des Vollzugs eine nachträgliche vollzugseigene Strafzumessung zu betreiben.

Nach der Entscheidung des BVerfG ist wohl der Ansicht der Literatur zu folgen, die lediglich eine mittelbare Berücksichtigung von Schuldschwerekriterien in Form der Reflexwirkung anerkennt. Die Entscheidung über die Länge der zu verbüßenden, unter Schuldschwereerwägungen zustande gekommenen Strafe bestimmt auch beispielsweise über die vollzugliche Prognoseentscheidung i.R.d. § 11 II StVollzG mit. Denn die Versuchung, sich bietende Entweichungsmöglichkeiten zur Flucht zu nutzen, ist umso größer, je weiter entfernt der Entlassungszeitpunkt des Inhaftierten liegt.

**hemmer-Methode: Fest stand jedoch nach beiden Ansichten bereits vor der Entscheidung des BVerfG, dass die Berücksichtigung generalpräventiver Gesichtspunkte bei Vollzugsentscheidungen unzulässig ist.**

*Drei-Säulen-Theorie*

Die Stellung des Strafvollzugsrechts im System der Strafrechtspflege lässt sich durch die sog. Drei-Säulen-Theorie darstellen:[468] 333

**hemmer-Methode: Kritisiert wird an diesem Modell, dass eine scharfe Trennung der verschiedenen Strafziele und der Aufgaben der einzelnen Organe der Strafrechtspflege nicht möglich ist. Zur konkreten Problemlösung bietet die Drei-Säulen-Theorie daher wenig Hilfe, wohl aber zum Verständnis des Systems.**

## B. Gestaltungsgrundsätze des Vollzugs (§ 3 StVollzG)

### I. Angleichungsgrundsatz gem. § 3 I StVollzG[469]

*Angleichungsgrundsatz*

Gem. § 3 I StVollzG (Art. 5 I BayStVollzG) soll das „Leben im Vollzug den allgemeinen Lebensverhältnissen soweit als möglich angeglichen werden." Der Gefangene hat hierauf keinen Anspruch (vgl. Wortlaut „soll"), die Vorschrift kann jedoch zur Auslegung herangezogen werden.[470] 334

468 Vgl. Höflich/Schriever, Grundriss Vollzugsrecht, S. 11.

469 § 2 II JVollzGB III, Art. 5 I BayStVollzG.

470 § 2 II, III S. 1 JVollzGB III, Art. 5 I, II BayStVollzG, § 7 I, II BbgJVollzG, § 3 IV, V BremStVollzG, § 3 I S. 1, 2 HmbStVollzG, § 3 I S. 1, II HStVollzG, § 3 IV, V StVollzG M-V, § 2 I, II NJVollzG, § 7 I, II LJVollzG-RP, § 3 IV, V SLStVollzG, § 3 IV, V SächsVStVollzG, § 7 I, II ThürVollzGB.

***Bsp.:*** *Der Gefangene A möchte in seinem Haftraum eine Tagesdecke auf sein Bett legen, damit es wohnlicher aussieht. Legt man § 19 II StVollzG mit Hilfe des § 3 I StVollzG aus, so ist ihm dies wohl zu gestatten.*

### II. Gegenwirkungsgrundsatz gem. § 3 II StVollzG[471]

*Gegenwirkungsgrundsatz*

„Schädlichen Folgen des Freiheitsentzuges ist entgegenzuwirken", § 3 II StVollzG (Art. 5 II BayStVollzG).[472] Zweck ist die Vermeidung der sog. Prisonisierung, d.h. die Anpassung des Gefangenen an ein sozial unerwünschtes, subkulturelles Wertesystem, der „Gefängnisgesellschaft" in der Haftanstalt.[473] 335

### III. Eingliederungsgrundsatz gem. § 3 III StVollzG[474]

*Eingliederungshilfe*

Dem Gefangenen soll geholfen werden, sich in das Leben in Freiheit einzugliedern, § 3 III StVollzG (Art. 5 III BayStVollzG). Hierunter fallen neben den sozialen Hilfestellungen nach §§ 74, 75 StVollzG auch die Lockerungen des Vollzugs.[475] 336

## C. Allgemeine Rechtsstellung des Gefangenen

### I. Freiheitsbeschränkungen nur gem. § 4 II S. 1 StVollzG[476]

*Freiheitsbeschränkungen*

§ 4 II S. 1 StVollzG (Art. 4 II S. 1 BayStVollzG) bestimmt: „Der Gefangene unterliegt (lies: nur) den in diesem Gesetz vorgesehenen Beschränkungen seiner Freiheit." Hier ist insbesondere die Vorschrift des § 196 StVollzG i.V.m. Art. 2 II und Art. 10 GG von Bedeutung. 337

**hemmer-Methode: Das „besondere Gewaltverhältnis" wurde abgeschafft, daher stehen die Eingriffe in die Freiheit des Strafgefangenen wie bei allen anderen Personen unter dem Vorbehalt des Gesetzes![477]**

*Einschränkungen über § 196 StVollzG hinaus*

Dies heißt jedoch nicht, dass andere Einschränkungen nicht möglich sind. 338

⇨ Es gelten weiterhin die Grundrechtsschranken.

***Bsp.:*** *Der von dem Gefangenen B verfasste Brief wird unter Berufung auf § 31 StVollzG angehalten. § 31 StVollzG kann das Grundrecht der Meinungsfreiheit einschränken, da das StVollzG ein „allgemeines Gesetz" i.S.d. Art. 5 II GG ist. Allerdings ist natürlich eine Auslegung „im Lichte der Verfassung" notwendig.*

⇨ Die in § 196 StVollzG genannten Grundrechtseinschränkungen können Reflexwirkungen auf andere Grundrechte entfalten.

---

471 § 2 III S. 1 JVollzGB III, Art. 5 II BayStVollzG, § 7 II BbgVollzG, § 3 I S. 2 HmbStVollzG, § 3 II HStVollzG, § 3 V StVollzG M-V, § 2 II NJVollzG, § 7 II LJVollzG-RP, § 3 V SLStVollzG, § 3 V SächsStVollzG, § 7 II ThürVollzGB.

472 § 2 II, III S. 1 JVollzGB III, Art. 5 I, II BayStVollzG, § 7 I, II BbgJVollzG, § 3 IV, V BremStVollzG, § 3 I 1, 2 HmbStVollzG, § 3 I 1, II HStVollzG, § 3 IV, V StVollzG M-V, § 2 I, II NJVollzG, § 7 I, II LJVollzG-RP, § 3 IV, V SLStVollzG, § 3 IV, V SächsVStVollzG, § 7 I, II ThürVollzGB.

473 Kaiser/Schöch/Kinzig, § 6 Rn. 70 ff.

474 § 2 IV JVollzGB III, Art. 5 III BayStVollzG, § 8 II BbgVollzG, § 3 I S. 3 HmbStVollzG, § 3 V HStVollzG, § 3 II StVollzG M-V, § 2 III NJVollzG, § 8 II LJVollzG-RP, § 3 II SLStVollzG, § 3 II SächsStVollzG, § 8 II ThürVollzGB.

475 Kaiser/Schöch/Kinzig, § 6 Rn. 73 ff.

476 Art. 6 II S. 1 BayStVollzG, § 4 III S. 1 BbgVollzG, § 5 III S. 1 HmbStVollzG, § 6 I S. 1 HStVollzG, § 4 IV S. 1 StVollzG M-V, § 3 S. 1 NJVollzG, § 4 III S. 1 LJVollzG-RP, § 4 IV S. 1 SLStVollzG, § 4 IV S. 1 SächsStVollzG, § 4 III S. 1 ThürVolllzGB. § 3 II JVollzGB III enthält keine explizite Regelung.

477 Kaiser/Schöch/Kinzig, § 5, Rn. 43.

*Bsp.: Art. 6 GG ist in § 196 StVollzG nicht ausdrücklich genannt. Trotzdem ist bspw. die Einschränkung der Erziehungstätigkeit einer Mutter, die sich in Haft befindet, möglich, weil die Erziehungstätigkeit ein Reflex der allgemeinen Fortbewegungsfreiheit ist.*

**hemmer-Methode: Die Grundrechte spielen eine wichtige Rolle im Strafvollzug, da der Staat hier extrem eingreift. Es handelt sich letztendlich um Altbekanntes, da nur eine normale Grundrechtsprüfung gefragt ist!**[478]

## II. Generalklausel des § 4 II S. 2 StVollzG

*§ 4 II S. 2 StVollzG als Generalklausel*

Die Generalklausel bildet einen Auffangtatbestand, sie ist daher systematisch nach dem Grundsatz aus § 4 II S. 1 StVollzG zu prüfen. Folgende Voraussetzungen müssen gegeben sein: 339

### 1. Eingriffsgrund

#### a) Aufrechterhaltung der Sicherheit

Streitig ist, ob bei Einschränkungen zum Zwecke der „Aufrechterhaltung der Sicherheit" die Sicherheit der Anstalt oder der Allgemeinheit gemeint ist. Für letztere Auffassung spricht der Wortlaut, da in allen anderen Fällen die Formulierung „Sicherheit und Ordnung der Anstalt" gebraucht wird.[479] 340

#### b) Schwerwiegende Störung der Ordnung der Anstalt

*Störung der Anstaltsordnung*

Hier muss es sich um eine so erhebliche Störung der Anstalt handeln, dass ohne die Einschränkung das Funktionieren des Anstaltsbetriebs insgesamt außer Kraft gesetzt wird.[480] 341

*Ultima-Ratio-Klausel*

Beide Alternativen setzen voraus, dass eine Beschränkung des Gefangenen *unerlässlich* ist, es handelt sich also um eine Ultima-Ratio-Klausel.

### 2. Fehlende anderweitige gesetzliche Regelung

*Subsidiarität der Generalklausel*

Probleme bereitet die Formulierung „Soweit das Gesetz eine besondere Regelung nicht enthält ...". Es kann auf die Generalklausel dann nicht zurückgegriffen werden, wenn das Gesetz Eingriffe entweder positiv (d.h. die Einschränkung ist erlaubt) oder negativ (d.h. die Einschränkung ist abschließend verboten) regelt. 342

*Bsp.: Der Anstaltsleiter kontrolliert den Brief des Gefangenen C.*

Hier ist kein Raum für die Generalklausel des § 4 II S. 2 StVollzG, weil § 29 III StVollzG (Art. 32 III BayStVollzG) die Briefüberwachung abschließend regelt, und eine Briefkontrolle also nur unter den dort vorgeschriebenen Voraussetzungen möglich ist.

*Besuchsverbot für Angehörige*

*Der Gefangene D übermittelt seiner Ehefrau Nachrichten während der Besuchszeit, um seinen Drogenring außerhalb der Anstalt aufrechtzuerhalten. Können die Besuche untersagt werden?* 343

---

478 Lesen Sie hierzu Pälzel, Der praktische Fall, JuS 95, 900.

479 Kaiser/Schöch/Kinzig, § 5, Rn. 68; § 6, Rn. 27.

480 Calliess/Müller-Dietz, § 4, Rn. 19.

Das Besuchsverbot ist in § 25 StVollzG (Art. 28 BayStVollzG) geregelt. Eine Gefährdung der Sicherheit und Ordnung der Anstalt (§ 25 Nr. 1 StVollzG) geht von dem Verhalten des D wohl kaum aus, seine Tätigkeit richtet sich ja ausschließlich nach außen. Aber auch § 25 Nr. 2 StVollzG ist nicht einschlägig, da die Angehörigen ausdrücklich ausgenommen sind. Somit ist der Fall eigentlich abschließend geregelt, § 4 II S. 2 StVollzG wäre nicht anwendbar. Jedoch wird teilweise § 4 II S. 2 i.V.m. § 2 S. 2 StVollzG als Ultima-Ratio-Klausel herangezogen, wenn Grundrechte anderer verletzt werden. Damit wäre ein Besuchsverbot gestützt auf die Ultima-Ratio-Klausel möglich.

*Trennscheibenregelung*

*Beim Besuch seines Verteidigers wird zwischen dem Drogenhändler E und seinem Anwalt eine Trennscheibe errichtet, um die Übergabe von Drogen zu vermeiden. Ist dies evtl. über § 4 II S. 2 StVollzG zulässig?* 344

Die Trennscheibe ist bei Verteidigerbesuchen möglich, soweit der Mandant Terrorist ist. Dies gilt sowohl für das Ermittlungsverfahren (§ 148 II StPO) als auch für den Vollzug (§§ 26 I S. 4 i.V.m. 29 I S. 2 StVollzG i.V.m. § 148 II S. 3 StPO). Streitig ist die Frage, ob diese Parallelsituation auf den hier vorliegenden Fall (Drogenhändler statt Terrorist) angewandt werden darf.

Eine Ansicht argumentiert, die Trennscheibe sei für Drogenhändler gerade nicht geregelt, so dass man auf § 4 II S. 2 StVollzG zurückgreifen könne. Außerdem wäre sogar ein Besuchsverbot (§ 25 StVollzG) möglich, somit a maiore ad minus erst recht die Überwachung durch Trennscheibe.[481]

Dagegen wird eingewandt, dass sehr wohl eine abschließende Regelung vorliege. Dadurch, dass der Gesetzgeber nur bei Terroristen eine Trennscheibe angeordnet hat, folge argumentum e contrario, dass für Drogendealer dieses Vorgehen unzulässig sei. Ein Rückgriff auf § 4 II S. 2 StVollzG sei nicht möglich.

**hemmer-Methode: In den Landesstrafvollzugsgesetzen ist der Trennscheibeneinsatz bei Privatbesuchen nunmehr ausdrücklich normiert, vgl. Art. 30 III BayStVollzG, § 28 II S. 2 HmbStVollzG, § 28 II NJVollzG.**

*Anders beurteilt hat der BGH jedoch folgenden Fall:*

*Ein wegen versuchter räuberischer Erpressung in Tateinheit mit erpresserischem Menschenraub und gefährlicher Körperverletzung zu einer langjährigen Freiheitsstrafe Verurteilter, gegen den die Maßregel der Sicherungsverwahrung angeordnet wurde, drohte mehrfach der JVA als auch dem Ministerpräsidenten des Landes Baden-Württemberg an, Juristen und anstaltsfremde Personen töten zu wollen bzw. seinen Zwangspflichtverteidiger als Geisel zu nehmen und zu töten. Der Leiter der JVA ordnete daraufhin an, dass Verteidigerbesuche ohne Aufsicht und ohne Fesselung, aber mit Trennscheibe auf Grundlage des § 4 II S. 2 StVollzG durchzuführen seien.*

Nach Ansicht des BGH darf die Vollzugsbehörde die Anordnung eines Trennscheibeneinsatzes bei einem Verteidigerbesuch auf § 4 II S. 2 StVollzG stützen, um der konkreten, anderweitig nicht ausschließbaren Gefahr zu begegnen, dass der Strafgefangene seinen Verteidiger als Geisel nimmt. Für diesen zu beurteilenden Sachverhalt enthalte die Normierung eines Trennscheibeneinsatzes nach §§ 27 III, IV, 29 I S. 2 StVollzG, 148 II S. 3 StPO keine besondere Regelung i.S.v. § 4 II S. 2 StVollzG. In diesem Fall würde sich der Gefangene des Verteidigers wie eines Dritten bedienen ohne Bezug zu seinem Recht auf Verteidigung. Der Grund für die Ablehnung des § 4 II S. 2 StVollzG als Ermächtigungsgrundlage für den Trennscheibeneinsatz, nämlich der Grundsatz des freien Verkehrs zwischen Verteidiger und Gefangenen trotz des Verdachts verteidigungsfremder Zwecke aufgrund des hohen Rangs des freien Verkehrs für eine effektive Verteidigung, stehe in einem solchen Fall nicht in Rede.

481 OLG Celle, NStZ 81, 116.

*Entzug der Berufsausbildung*

*Dem Gefangenen X wurde i.S.d. § 37 III StVollzG eine Berufsausbildung gewährt. Nach zwei Monaten missbraucht er diese Möglichkeit jedoch, indem er immer wieder Unruhe stiftet. Wie kann ihm die Berufsausbildung wieder entzogen werden?* 345

Das Gesetz regelt den Entzug nicht ausdrücklich, so dass sich hier verschiedene Meinungen gebildet haben:

Es handelt sich um einen actus contrarius, die Entziehung der Berufsausbildung kann dann geschehen, wenn der Gefangene nicht mehr *geeignet* ist i.S.d. § 37 III StVollzG.

Andere bilden eine Analogie zu § 49 II VwVfG, da es sich bei der Berufsausbildung um einen begünstigenden Verwaltungsakt handele. Problematisch ist allerdings, dass § 2 VwVfG die Strafverfolgung ausdrücklich ausschließt.

Teilweise wird eine Analogie zu Normen im StVollzG gebildet: Die Berufsausbildung gehört u.a. in den Katalog der Maßnahmen für den Behandlungsplan gem. § 7 StVollzG. Einige Maßnahmen (z.B. die Lockerungen nach § 7 II Nr. 7 StVollzG) können wieder entzogen werden (gem. § 14 II StVollzG). Im Falle der Berufsausbildung ist daher eine Analogie zu den anderen Fällen zu bilden.

Eine letzte Ansicht vertritt, dass es keine gesetzliche Regelung gibt und daher die Berufsausbildung nur unter den Voraussetzungen des § 4 II S. 2 StVollzG wieder entzogen werden darf.

### 3. Die Rechtsbeschränkung ist zur Abwehr der Sicherheitsgefahr oder Ordnungsstörung *unerlässlich*

Der uktima-ratio-Grundsatz ist gerade im Strafvollzug aufgrund der ohnehin bereits ganz allgemein vorhandenen Freiheitsentziehung gegenüber dem Einzelnen bei jeder Einzelentscheidung, die auf weitere Restriktionen gerichtet ist, unbedingt zu berücksichtigen.

**hemmer-Methode: Nichts fällt so unangenehm auf wie oberflächliche Gesetzesarbeit! Suchen Sie immer zuerst im StVollzG, ob der Eingriff oder ein ähnlicher Fall ausdrücklich geregelt ist. Die oben genannten Beispiele sind nur Ausschnitte aus der Masse der diskutierten Fälle. Sie müssen jedoch nicht jeden Einzelfall kennen. Machen Sie sich das Argumentationsmuster klar!**

## § 3 DER BEGINN DES VOLLZUGS

*Beginn des Vollzugs*

Hier lassen sich im Wesentlichen drei Schritte unterscheiden.[482] 346

### A. Strafantritt

*Strafantritt*

Nach Eintritt der Rechtskraft (§ 449 StPO) wird der Verurteilte zum Strafantritt geladen. Entweder stellt sich der Verurteilte selbst oder er wird (bspw. bei flüchtigen Verurteilten) durch die Vollstreckungsbehörde der Vollstreckung und dem Vollzug zugeführt (§ 457 StPO). Möglich ist auch die sog. Anschlussvollstreckung, d.h. der Gefangene wechselt die Vollzugsanstalt oder wird von der Untersuchungshaft in die endgültige Anstalt überwiesen. 347

### B. Annahme zum Vollzug

*Annahme zum Vollzug*

Ist der Betroffene in der Strafanstalt erschienen, folgt die Annahme zum Vollzug, d.h. das faktische Akzeptieren eines rechtskräftig Verurteilten im Vollzugssystem. Dies passiert auch, wenn der Geladene in der falschen Anstalt erscheint. 348

### C. Aufnahme in den Vollzug, § 5 StVollzG

*Aufnahme in den Vollzug*

Mit der Aufnahme als förmlicher Akt ändert sich der gesetzliche Status des Betroffenen, er ist nun als Gefangener allen Rechten und Pflichten des Vollzugs unterworfen.[483] Im Aufnahmeverfahren muss der Gefangene über seine Rechte und Pflichten belehrt werden, § 5 II StVollzG (Art. 7 II S. 1 BayStVollzG). Es erfolgt eine ärztliche Untersuchung (Art. 7 III BayStVollzG) und die Vorstellung beim Anstaltsleiter, § 5 III StVollzG (Art. 7 II S. 2 BayStVollzG: „Zugangsgespräch")[484]. All dies muss in Abwesenheit der anderen Gefangenen geschehen (§ 5 I StVollzG). 349

### D. Vollstreckungs- und Vollzugsplan

#### I. Vollstreckungsplan, § 152 StVollzG

*Vollstreckungsplan*

Gem. § 152 StVollzG stellen die Landesjustizverwaltungen (vgl. § 139 StVollzG) einen sog. Vollstreckungsplan auf. Dieser regelt die Frage, *wo* die Strafe zu vollstrecken ist. Hiermit soll die Aufteilung der verschiedenen Gefangenen auf eine jeweils für sie passende Anstalt gewährleistet werden. 350

**hemmer-Methode: Bei Problemen, die den Vollstreckungsplan betreffen, ist Vollstreckungsrecht anzuwenden!**

#### 1. Klassifizierung

*Klassifizierung*

Um dies sicherzustellen, ordnet man den Gefangenen verschiedene Klassifikationsmerkmale zu. 351

---

482 Laubenthal, Strafvollzug, Rn. 300 f.

483 Laubenthal, Strafvollzug, Rn. 312.

484 Vgl. Kett-Straub/Streng, Strafvollzugsrecht, S. 64.

*Allgemeine Merkmale*

**a)** Unter die in § 152 III StVollzG (Art. 174 BayStVollzG) erwähnten „allgemeinen Merkmale" fallen z.B. das Lebensalter, die Vollzugsdauer oder der Erstvollzug. Auch die vorläufige Einweisung in eine Einweisungsanstalt (§ 152 II StVollzG) gehört hierzu.

*Gesetzliche Trennungsprinzipien*

**b)** Diesen Einteilungsmöglichkeiten gehen jedoch die gesetzlichen Trennungsprinzipien vor. So werden Männer und Frauen getrennt untergebracht (§ 140 II StVollzG/Art. 166 II BayStVollzG), ebenso erfolgt die Trennung zwischen Freiheitsstrafvollzug und Sicherungsverwahrung (§ 140 I StVollzG). Das Gleiche gilt für die Trennung von Jugendlichen, die eine Jugendstrafe verbüßen, und Erwachsenen (§ 92 JGG a. F.).[485] Auch Untersuchungshäftlinge (Nr. 11 UVollzO) sollen nicht mit den sonstigen Häftlingen zusammengelegt werden.

### 2. Differenzierung

*Differenzierung*

Neben der Klassifizierung existiert die sog. Differenzierung. Hiermit ist die Unterscheidung zwischen offenem und geschlossenem Vollzug gemeint (§ 141 II StVollzG). Im offenen Vollzug können sich die Gefangenen grundsätzlich frei bewegen, Wohnräume und sogar Außentüren können offenbleiben. Die Übergänge sind fließend, es besteht ein „Kontinuum vom geschlossenen über den halboffenen bis zum offenen Vollzug."[486] 352

## II. Vollzugsplan, § 7 StVollzG

*Vollzugsplan*

Der Vollzugsplan regelt das „Wie" der Behandlung des einzelnen Gefangenen (Art. 9 BayStVollzG). 353

**hemmer-Methode: Vollstreckungs- und Vollzugsplan dürfen nicht verwechselt werden. Wie immer beschäftigt sich die Vollstreckung mit dem „Ob" bzw. mit dem „Wo" und der Vollzug mit dem „Wie" der Durchführung der Strafe!**

*Abgrenzung zwischen Vollzugs- und Vollstreckungsplan*

Die Abgrenzung zwischen Vollzug und Vollstreckung kann schwierig sein.

> ***Bsp.:*** *Der Verurteilte F möchte nicht in eine Einweisungsanstalt (§ 152 II S. 1 StVollzG) eingewiesen werden. Wie kann er sich dagegen wehren?*
>
> Hier ist streitig, ob eine Vollzugsentscheidung vorliegt (denn schließlich wird auch über das „Wie" des Vollzugs entschieden). Der Rechtsschutz würde sich dann nach den §§ 109 ff. StVollzG richten. Nimmt man eine Vollstreckungsentscheidung an (hierfür spricht i.Ü. bereits die Formulierung in § 152 II StVollzG), so ist der richtige Rechtsbehelf die gerichtliche Entscheidung gem. § 458 StPO.

**hemmer-Methode: Die Verlegung in eine andere Anstalt (vgl. § 8 StVollzG; Art. 11 BayStVollzG) ist eine Vollzugsentscheidung, so dass auf § 109 StVollzG zurückgegriffen werden kann.**

## III. Erstellung des Vollzugsplans

*Erstellung des Vollzugsplans*

Grundlage des Vollzugsplans, der festlegt, was mit dem einzelnen Gefangenen im Rahmen des Strafvollzugs zu geschehen hat, ist der Behandlungsplan[487] gem. § 6 StVollzG.[488] Probleme ergeben sich in zweierlei Hinsicht: 354

---

485 Vgl. nunmehr § 3 IV JVollzGB I, Art. 166 I BayStVollzG, § 17 I BbgJVollzG, § 94 I BremStVollzG, § 98 II HmbStVollzG, §§ 170I NJVollzG, § 17 I Nr. 2 LVollzG-RP; § 17 I Nr. 2 ThürVollzGB.

486 Kaiser/Schöch/Kinzig, Fall 14, Rn. 36 f.

487 Vgl. hierzu Jung, Der praktische Fall, JuS 86, 49 ff.

488 §§ 4 f. JVollzGB III, Art. 8 f. BayStVollzG, §§ 13 ff. BbgJVollzG, §§ 8 f. BremStVollzG, §§ 7 f. HmbStVollzG, §§ 9 f. HStVollzG, §§ 7 ff. StVollzG M-V, § 9 NJVollzG, §§ 13 ff. LJVZollG-RP, §§ 7 ff. SLStVollzG, §§ 7 ff. SächsStVollzG, §§ 12 ff. ThürJVollzGB.

***Bsp.:** Der Gefangene verlangt eine Abschrift des Vollzugsplans.*

Eine Ansicht verweigert dem Gefangenen sogar die Einsicht in den Vollzugsplan. Die Gegenansicht legt § 6 III StVollzG (Erörterung des Plans mit dem Gefangenen) weiter aus und bejaht einen Anspruch auf Aushändigung einer Abschrift.[489]

*Der Gefangene lehnt eine aktive Mitwirkung an der Behandlungsuntersuchung ab. Der Anstaltsleiter möchte hiergegen Disziplinarmaßnahmen (§§ 102 ff. StVollzG) verhängen.*

Voraussetzung ist eine Pflichtverletzung (§ 102 I StVollzG), wobei die verweigerte Mitwirkung gem. § 4 I StVollzG in Betracht kommt. Allerdings besteht keine Mitwirkungs*pflicht,* so dass Disziplinarmaßnahmen ausscheiden. Dem Gefangenen können jedoch Nachteile (z.B. die Versagung von Vollzugslockerungen) durch seine Verweigerungshaltung entstehen (str.).

**hemmer-Methode: Der Vollzugsplan als solcher ist mit dem Antrag gem. § 109 StVollzG nach neuerer Rspr. des BVerfG angreifbar.**[490]

## Exkurs: Sozialtherapeutische Anstalt

*Sozialtherapeutische Anstalt*

Im Vollzugsplan (vgl. § 7 II Nr. 2 StVollzG; Art. 11 I BayStVollzG) kann auch festgelegt werden, dass der Gefangene in einer sozialtherapeutischen Anstalt untergebracht wird.[491] Hierbei handelt es sich um gesonderte Anstalten (§§ 9, 123 ff. StVollzG), die dem Gefangenen mit Hilfe einer Gruppen- oder Einzeltherapie die Eingliederung in das Leben außerhalb des Vollzugs erleichtern sollen. Die integrative Sozialtherapie unterscheidet sich von den zahlreichen Behandlungsangeboten im Normalvollzug vor allem durch die systematische Verknüpfung psychotherapeutischer, pädagogischer und arbeitstherapeutischer Vorgehensweisen. Das Gesetz sagt sehr wenig zur Ausgestaltung der Therapie, so dass nicht nur die klassische psychotherapeutische Behandlung, sondern auch soziales Training im weiteren Sinne angeboten wird. 355

*Voraussetzungen*

I.R.d. umfangreichen Reformen des Sexualstrafrechts wurden auch die Vorschriften über die sozialtherapeutischen Anstalten geändert. Bisher mussten der Gefangene und der Leiter der sozialtherapeutischen Anstalt ihre Zustimmung zur Unterbringung in einer sozialtherapeutischen Anstalt erteilen. Der Gefangene musste behandlungsfähig und therapiebedürftig sein. Seit 1998 differenziert das Gesetz zwischen bestimmten Sexualstraftätern und anderen Gefangenen. Gefangene, die wegen einer Sexualstraftat zu einer zeitigen Freiheitsstrafe von mehr als zwei Jahren verurteilt wurden, sind nach § 9 I StVollzG unter den Voraussetzungen der § 6 II S. 2 oder § 7 IV StVollzG auch ohne ihre Zustimmung in eine sozialtherapeutische Anstalt oder Abteilung zu verlegen, wenn die dort durchgeführte Behandlung angezeigt ist. Angezeigt ist die Behandlung in einer sozialtherapeutischen Einrichtung insbesondere dann, wenn der Gefangene zur Verringerung der Rückfallgefahr behandlungsbedürftig erscheint, wenn er behandlungsfähig ist und wenn die im Normalvollzug zur Verfügung stehenden Behandlungsmöglichkeiten nicht ausreichend erscheinen.

Damit korrespondiert allerdings auch ein Recht auf Verlegung in eine sozialtherapeutische Anstalt für Sexualstraftäter.

489 Kaiser/Schöch/Kinzig, § 7, Rn. 17.

490 BVerfG, NStZ 1993, 304.

491 Hierzu Calliess/Müller-Dietz, § 9, Rn. 1 ff.

Andere Gefangene können gemäß § 9 II StVollzG mit ihrer Zustimmung in eine sozialtherapeutische Abteilung verlegt werden, wenn die besonderen therapeutischen Mittel und sozialen Hilfen der Anstalt zu ihrer Resozialisierung angezeigt sind.

Bis 31.12.2002 stellte § 9 I StVollzG jedoch lediglich eine Sollvorschrift dar (vgl. auch § 199 II StVollzG), damit bis Ende 2002 die zusätzlich erforderlichen (schätzungsweise ca. 2000) Therapieplätze geschaffen werden konnten.

Insgesamt sind die Schritte des Gesetzgebers in Richtung Sozialtherapie durchaus positiv zu beurteilen. Die praktische Umsetzung dürfte sich aber aufgrund des hohen finanziellen und personellen Aufwands problematisch gestalten. Auch hat sich gezeigt, dass die Behandlung in sozialtherapeutischen Anstalten zwar beachtliche Erfolge erzielt, jedoch kein „Allheilmittel" darstellt. Therapeutische Maßnahmen im Normalvollzug dürfen daher nicht vernachlässigt werden.[492]

**Exkurs Ende**

492 Schöch, Das Gesetz zur Bekämpfung von Sexualdelikten und anderen gefährlichen Straftätern, NJW 1998, 1257 ff.

## § 4 ORGANISATION DES STRAFVOLLZUGS

*Strafvollzug als Ländersache*

356 Grundsätzlich ist Strafvollzug Ländersache (Art. 30, 70 I, 83 ff. GG). Oberste Vollzugsbehörden sind demnach die Landesjustizverwaltungen, also die Landesjustizministerien (§ 151 I StVollzG; Art. 173 I BayStVollzG). Diese haben die Aufsicht über die untere Vollzugsbehörde, die Justizvollzugsanstalten (vgl. § 139 StVollzG; Art. 165 BayStVollzG).[493] Von der Möglichkeit der Einrichtung einer Mittelbehörde in Gestalt eines Landesjustizvollzugsamts (§ 151 I S. 2 StVollzG) hat bisher kein Land Gebrauch gemacht.[494]

### A. Der Anstaltsleiter

*Anstaltsleiter*

357 Die Zentralfigur der Justizvollzugsanstalt ist der *Anstaltsleiter*. Er hat die volle Außen- und Innenkompetenz (§ 156 II StVollzG[495]) und ist selbst die Vollzugsbehörde. Es besteht jedoch die Möglichkeit der Delegation gewisser Aufgaben (vgl. § 156 I S. 2 a.E., III StVollzG).

### B. Vollzugsbedienstete und Vollzugshelfer

*Vollzugsbedienstete*

358 Die *Vollzugsbediensteten* (§ 155 StVollzG; Art. 176 BayStVollzG) sind in der Regel Beamte, die die verschiedenen Aufgaben im Vollzug wahrnehmen (so z.B. allgemeiner Verwaltungs- und Vollzugsdienst, Seelsorger, Ärzte, etc., vgl. § 155 II StVollzG).

*Vollzugshelfer*

Demgegenüber handeln die *Vollzugshelfer* (nicht im Gesetz genannt) aus Privatinitiative, sie unterstützen den Vorgang der Resozialisierung durch Gruppenarbeit o.Ä.

### C. Der Anstaltsbeirat

*Anstaltsbeirat*

359 Gem. §§ 162 ff. StVollzG (Art. 185 ff. BayStVollzG) sind sog. *Anstaltsbeiräte* zu bilden. Sie stellen ein Außengremium dar, welches den Gefangenen im Vollzug unterstützt und ein Bindeglied zwischen ihm und der Gesellschaft darstellen soll. Die Anstaltsbeiräte haben ein umfassendes und unüberwachtes Kommunikationsrecht sowie ein Informations- und Kontrollrecht, § 164 StVollzG.

### D. Gefangenenmitverantwortung, § 160 StVollzG

*Gefangenenmitverantwortung*

360 Um die Gefangenen möglichst früh an das Leben in Freiheit zu gewöhnen, soll gem. § 160 StVollzG die *Gefangenenmitverantwortung* (Art. 116 BayStVollzG) – im Jugendstrafvollzug die Gefangenenvertretung (Art. 158 BayStVollzG) ermöglicht werden. Die Betroffenen sollen an Entscheidungen mitbeteiligt werden, soweit es eine Angelegenheit von gemeinsamem Interesse ist und sie sich zur Mitwirkung eignet (Letzteres ist z.B. zu verneinen bei Fragen der Sicherheit und Ordnung der Anstalt).

---

493 In manchen Ländern (Niedersachsen, Nordrhein-Westfalen) sind sog. Justizvollzugsämter i.S.d. § 151 I S. 2 StVollzG zwischengeschaltet.

494 Kett-Straub, Strafvollzugsrecht, S. 31.

495 Art. 177 II S. 1 BayStVollzG, § 104 II HmbStVollG, § 176 I S. 1 NJVollzG, § 75 I HStVollzG, § 13 II JVollzGB III, § 97 II StVollzG-NRW.

Ein Anspruch besteht allerdings nicht (vgl. Wortlaut „soll"). Streitig ist, ob diese Insassenvertretung zumindest begrenzt legitimiert ist, einen Antrag gem. § 109 StVollzG zu stellen.[496] Dieses sollte zumindest für die Rechte aus § 160 StVollzG bejaht werden, damit die Gefangenenmitverantwortung nicht rechtlos gestellt ist.

*Gefangenenmitverantwortung als e.V.*

**hemmer-Methode: Dass ein Antrag zulässig ist, sagt natürlich noch nichts über seinen letztendlichen Erfolg aus. Die Rechte der Gefangenenmitverantwortung sind recht eingeschränkt. So ist heftig umstritten, ob ein Recht der Gefangenen besteht, die Gefangenenmitverantwortung in Form eines *eingetragenen Vereins* zu betreiben. Dies wird teilweise mit dem Hinweis auf Art. 9 GG bejaht, andere halten in diesem Bereich § 160 StVollzG für abschließend.**[497]

496 Zustimmend Kaiser/Schöch/Kinzig, § 9, Rn. 39.

497 OLG Karlsruhe, NStZ 83, 527 fordert die Zustimmung der Anstaltsleitung.

## § 5 DAS LEBEN IM VOLLZUG

**hemmer-Methode: Der Alltag im Vollzug ist relativ ausführlich im StVollzG geregelt. Hier können nur die wichtigsten Regelungen herausgegriffen werden. Wird ein unbekannter Bereich abgefragt, gilt wie immer: Suchen Sie zuerst im Gesetz nach einer passenden Norm!** 361

Die folgenden Abschnitte können auch unter dem Stichwort der Kommunikation im Strafvollzug zusammengefasst werden. Als Kommunikationsformen im Strafvollzug kommen intramural der Besuchsempfang (§§ 24 ff. StVollzG; Art. 27 ff. BayStVollzG), der Schriftwechsel (§§ 28 ff. StVollzG; Art. 31 f. BayStVollzG), Ferngespräche und Telegramme (§ 32 StVollzG; Art. 35 BayStVollzG) sowie der Paketempfang (§ 33 StVollzG) – der etwa in Bayern nicht mehr vorgesehen ist (Art. 36 I S. 2 BayStVollzG)[498] – in Betracht. Extramurale Kommunikationsformen sind die Vollzugslockerungen des § 11 StVollzG (Art. 13 ff. BayStVollz) (Außenbeschäftigung, Freigang, Ausführung und Ausgang), Hafturlaub gem. § 13 StVollzG sowie Urlaub, Ausgang, Ausführung zur Entlassungsvorbereitung (§ 15 StVollzG), aus wichtigem Anlass (§ 35 StVollzG) bzw. zur Wahrnehmung gerichtlicher Termine (§ 36 StVollzG) sowie der offene Vollzug i.S.v. § 10 StVollzG. Gerade in diesem speziellen Bereich können die Länder „feinjustieren", weswegen sich hier in den einzelnen Ländergesetzen auch die auffälligsten Unterschiede ergeben.

### A. Besuch

#### I. Anspruch auf Besuch

*Grundsätzlich besteht ein Anspruch auf Besuch*

362 Grundsätzlich gilt gem. § 23 StVollzG, dass der Gefangene Kontakt zur „Außenwelt" unterhalten darf, hierbei handelt es sich um einen einklagbaren Anspruch. Dies gilt ebenfalls für das Recht, Besuch zu empfangen, § 24 I StVollzG.

#### II. Einschränkungen

#### 1. Dauer

363 Ein Anspruch besteht gem. § 24 I S. 2 StVollzG lediglich auf eine Stunde Besuch monatlich. Darüber hinaus „sollen" Besucher unter bestimmten Voraussetzungen zugelassen werden (§ 24 II StVollzG). Besuche von Verteidigern, Rechtsanwälten und Notaren unterliegen jedoch keiner zeitlichen Einschränkung, § 26 StVollzG.

#### 2. Durchsuchung

*Vorherige Durchsuchung*

364 Um die Sicherheit zu gewährleisten, kann (Ermessensvorschrift!) der Besuch nur unter der Bedingung erlaubt werden, dass sich der Besucher durchsuchen lässt (§ 24 III StVollzG). Dies gilt auch für die sonst privilegierte Gruppe der Verteidiger, Rechtsanwälte und Notare (vgl. § 26 I S. 2 StVollzG). Die Durchsuchung des Inhaftierten hingegen richtet sich nach § 84 StVollzG.

498 Kett-Straub/Streng, Strafvollzugsrecht, S. 130.

## 3. Überwachung

*Sicht- oder Gesprächsüberwachung*

Die nächste Stufe der Einschränkung ist die Überwachung, § 27 StVollzG. Auch hier gibt es unterschiedliche Eingriffe. Aus Gründen der Behandlung oder der Sicherheit und Ordnung der Anstalt kann eine *Sichtüberwachung* gem. § 27 I S. 1 StVollzG vorgenommen werden. 365

> **Bsp.:** *Der Anstaltsleiter befürchtet, dass die Freundin des Gefangenen diesem Drogen übergeben will. Er ordnet eine Beobachtung des Besuchs an.*

Wenn die Sichtüberwachung nicht ausreichend ist, kann die *Gesprächsüberwachung* geboten sein (§ 27 I S. 2 StVollzG). Die Verwertung der hieraus gewonnenen Informationen richtet sich nach § 180 VIII StVollzG.

*Privilegierung des Verteidigers*

Die Überwachungsregeln gelten nicht für Verteidiger (§ 27 III StVollzG).[499] Der Verteidiger darf auch - im Gegensatz zu anderen Besuchern (§ 27 IV S. 1 StVollzG) - unbeschränkt Schriftstücke übergeben, § 27 IV S. 2 StVollzG. Allerdings ist bei Vorliegen einer terroristischen Straftat i.S.v. § 129a StGB die Trennscheibe zulässig (vgl. §§ 27 IV S. 3, 29 I S. 2 StVollzG i.V.m. § 148 II S. 3 StPO).[500]

## 4. Abbruch des Besuchs

*Besuchsabbruch*

Bei Verstoß gegen das StVollzG oder gegen Anordnungen aufgrund dieses Gesetzes (z.B. die Hausordnung) kann der Besuch auch abgebrochen werden. 366

> **Bsp.:** *Der Gefangene unterhält sich in aller Breite mit seinem alten Freund über den geplanten nächsten Hungerstreik. Nach einer erfolglosen Abmahnung wird der Besuch von dem Vollzugsbeamten beendet.*

## 5. Besuchsverbot

*Besuchsverbot*

Eine noch schärfere Maßnahme ist das Besuchsverbot gem. § 25 StVollzG wegen Gefährdung der Sicherheit oder Ordnung der Anstalt oder wegen schädlichen Einflusses auf den Gefangenen oder der Behinderung seiner Eingliederung. (Die schärfste Maßnahme ist die Kontaktsperre nach §§ 31 ff. EGGVG, deren strenge Voraussetzungen jedoch selten vorliegen werden.) 367

**hemmer-Methode: Zum Problem des Besuchsverbots gegen Angehörige siehe Rn. 343. Eine Grenze findet das Angehörigenprivileg des § 25 StVollzG auch in Art. 1, 2, 6 GG: Der Anstaltsleiter kann Besuche minderjähriger Angehöriger des Gefangenen jedenfalls dann untersagen, wenn es sich bei dem Besucher um das Opfer eines sexuellen Missbrauchs durch den Angeklagten handelt und das Kind nur wegen der Verantwortungslosigkeit der Mutter mit dem Gefangenen in Kontakt gebracht wird, ZfStrVo 1999, 182.**

---

499 In § 27 III StVollzG ist nur der Verteidiger genannt. Der Gegenschluss ergibt daher, dass Rechtsanwalts- und Notarbesuche sehr wohl überwacht werden können.

500 Zur Problematik der Trennscheibe siehe Rn. 344.

## Exkurs: Ermessen und unbestimmter Rechtsbegriff

**hemmer-Methode: Es fällt auf, dass viele Regelungen im StVollzG Ermessensentscheidungen (vgl. Wortlaut „können", „sollen") enthalten. Andererseits gibt es eine Masse von unbestimmten Rechtsbegriffen. Machen Sie sich die aus dem Verwaltungsrecht bekannte Problematik im Folgenden noch einmal klar!**

*Ermessen*

**1.** Bei Vorliegen eines *Ermessensspielraums* hat der Gefangene lediglich einen Anspruch auf fehlerfreie Ermessensentscheidung der Vollzugsbehörde, das Ermessen kann natürlich auch auf Null reduziert sein. Das Gericht kann daher die Entscheidung (z.B. innerhalb eines Antrags nach § 109 StVollzG) nur auf Ermessensfehler hin überprüfen. 368

*Unbestimmte Rechtsbegriffe*

**2.** Anders liegt der Fall bei *unbestimmten Rechtsbegriffen* (z.B. „grob unrichtig" in § 31 I Nr. 3 StVollzG). Diese sind grundsätzlich vom Gericht voll überprüfbar. Eine Ausnahme wird allerdings gemacht, wenn der Vollzugsbehörde ein *Beurteilungsspielraum* zusteht.[501] Hier überprüft das Gericht nur, ob die Behörde vom richtigen Sachverhalt ausgegangen ist, richtige Wertmaßstäbe angelegt und ihren Beurteilungsspielraum nicht überschritten hat. 369

Problematisch ist ein Beurteilungsspielraum im Hinblick auf Art. 19 IV GG, der grundsätzlich die volle Überprüfbarkeit von Verwaltungsentscheidungen durch die Gerichte garantiert.

*Für* die Anerkennung des Beurteilungsspielraums spricht allenfalls in Ausnahmefällen die größere Sachnähe und Sachverhaltskenntnis der Behörde.

**hemmer-Methode: In der Klausur können Sie die Entscheidung für oder gegen die Anerkennung des Beurteilungsspielraums evtl. dahingestellt lassen - nämlich dann, wenn die Behörde jedenfalls die Grenzen ihres Beurteilungsspielraums überschritten hätte.**

Im Strafrecht ist ein solcher Beurteilungsspielraum für Prognoseentscheidungen anerkannt.[502] Streitig ist im Strafvollzug, ob dies auch für die Beurteilung der Flucht- und Missbrauchsgefahr bei Vollzugslockerungen gilt (§§ 11 II, 13 StVollzG).[503]

*Unbestimmter Rechtsbegriff und Ermessen*

**3.** Wenn eine Norm sowohl einen unbestimmten Rechtsbegriff als auch eine Ermessensentscheidung beinhaltet (z.B. § 31 StVollzG), ist folgendermaßen vorzugehen: Da die unbestimmten Rechtsbegriffe den *Tatbestand* betreffen und das Ermessen die *Rechtsfolge*, ist von der Prüfungsreihenfolge her immer zuerst das Vorliegen des unbestimmten Rechtsbegriffs zu bejahen, ehe auf die fehlerfreie Ermessensausübung eingegangen wird.

**hemmer-Methode: Diese Unterscheidung muss natürlich auch in der Klausur auftauchen. Zeigen Sie dem Korrektor, welchen Prüfungsmaßstab Sie in der Begründetheit eines Antrags gem. § 109 StVollzG ansetzen!**

501 Bekanntestes Beispiel: die gerichtliche Kontrolle von Prüfungsentscheidungen!

502 Zur Prognose siehe auch Rn. 118 ff.

503 Vgl. hierzu Rn. 329 ff.

## B. Schriftwechsel

*Anspruch auf Schriftwechsel*

Der Gefangene hat das Recht auf Schriftwechsel, § 28 I StVollzG. Doch auch hier gibt es mögliche Einschränkungen. 370

### I. Überwachung

*Überwachung*

Grundsätzlich sind die Schreiben über die Anstalt zu vermitteln (§ 30 StVollzG). Aus Gründen der Behandlung oder der Sicherheit oder Ordnung der Anstalt können dann Briefe überwacht werden, § 29 III StVollzG. Diese Norm ist somit eine Konkretisierung der §§ 4 II S. 1, 196 StVollzG i.V.m. Art. 10 GG. In der Regel wird die ausgehende Post inhaltlich überwacht, während bei der eingehenden Post eine Sichtkontrolle ausreicht.[504] Überwachungsverbote enthalten jedoch § 29 I StVollzG für den Fall des Verteidigers, § 29 II StVollzG für Parlamentarier, die Menschenrechtskommission etc. und § 164 II S. 2 StVollzG für den Fall der Anstaltsbeiräte. 371

**Bsp.:** *Der Anstaltsleiter erlässt aus Gründen der Sicherheit und Ordnung die Anordnung, dass alle Briefe der Gefangenen im geschlossenen Vollzug immer inhaltlich überprüft werden. Diese Maßnahme ist zulässig, da gerade im geschlossenen Vollzug ein hohes Sicherheitsbedürfnis bzgl. Drogen besteht.*

### II. Anhalten von Schreiben

*Anhalten von Schreiben*

Unter den Voraussetzungen des § 31 StVollzG können Schreiben nicht nur überwacht, sondern auch angehalten werden. Die Ermessensentscheidung des Anstaltsleiters muss immer unter Berücksichtigung der Meinungsfreiheit aus Art. 5 I S. 1 GG getroffen werden.[505] 372

Dabei ist auch zu beachten, dass § 31 I StVollzG abschließend die Gründe für ein Anhalten von Schreiben regelt. Ein Anhalten darf deshalb nicht auf eine andere Norm gestützt werden (Umgehungsverbot!). Ein Anhalteverbot regelt § 31 IV i.V.m. § 29 I, II StVollzG.

**Bspe.:**

*Der Gefangene K schreibt seinem ehemaligen Komplizen, sein Ausbruchsplan sei nun endgültig ausgereift. Hier kann das Schreiben wegen Gefahr für die Sicherheit oder Ordnung der Anstalt (§ 31 I Nr. 1 StVollzG) angehalten werden.*

*Der Gefangene L schreibt seiner Ehefrau folgende Zeilen zur Situation in der Anstalt: „Wäre so was im Dritten Reich passiert, würde S (Anstaltsleiter) schon aufgehängt sein ...“.*

Hier könnte eine grobe Beleidigung gem. § 31 I Nr. 4 StVollzG vorliegen. Problematisch ist jedoch, dass der Adressat die Ehefrau ist, wodurch auf das Grundrecht aus Art. 6 GG zu achten ist. Zumindest bei Untersuchungshäftlingen ist das Anhalten des Schreibens damit unzulässig, bei „normalen“ Gefangenen ist die Frage umstritten.[506]

### III. Untersagen des Schriftwechsels

*Verbot des Schriftwechsels*

Schließlich kann unter den gleichen Voraussetzungen, unter denen auch ein Besuchsverbot ergehen kann, auch der Schriftwechsel mit bestimmten Personen untersagt werden, § 28 II StVollzG. 373

---

504 Zum Ganzen Laubenthal, Strafvollzug, Rn. 491 f.

505 BVerfG, NStZ 96, 55 = **juris**byhemmer.

506 Kaiser/Schöch/Kinzig, § 6, Rn. 85.

Zu der Erlaubnis von Ferngesprächen und dem Empfang vom Paketen siehe §§ 32, 33 StVollzG.

**hemmer-Methode: Die Landesgesetze sind bezüglich des Besuchsrechts weitestgehend an das StVollzG angelehnt, für Jugendliche wird unter Berücksichtigung der bundesverfassungsgerichtlichen Judikatur die Mindestbesuchsdauer auf vier Stunden im Monat angehoben. Wesentlich strenger verfahren die Länder bezüglich des Paket- und Schriftwechsels. Während gem. § 33 StVollzG der Verurteilte dreimal jährlich ein Paket mit Nahrungs- und Genussmitteln empfangen darf, ist in den Ländergesetzen stets eine Erlaubnis einzuholen. Bezüglich des Schriftwechsels fällt die Systematik des Gesetzes auf, dass Regelungen zur Erlaubnis nicht vor den einschlägigen Vorschriften (also v.a. auch vor dem grundsätzlich nicht zu überwachenden Schriftverkehr) geregelt sind, weswegen der Eindruck einer ständigen Kontrolle erweckt wird.**

## C. Vollzugslockerungen

*Lockerungen des Vollzugs*

Unter den Vollzugslockerungen versteht man den offenen Vollzug, den Urlaub und die Lockerungen i.S.d. § 11 StVollzG. 374

### I. Offener Vollzug, § 10 StVollzG (Art. 12 BayStVollzG)

#### 1. Offener Vollzug als Regelvollzugsform

*Offener Vollzug ist die Regel*

Nach h.M. stellt der offene Vollzug - im Gegensatz zum geschlossenen Vollzug - die Regel dar.[507] 375

**hemmer-Methode: Hier ergibt sich der zweite „große" Unterschied in den Landesgesetzen; diese sind insofern nicht so „idealistisch" wie § 10 StVollzG und passen sich der Realität (nämlich der Tatsache, dass die Regel der geschlossene Vollzug ist) an, indem der geschlossene Vollzug als Regelvollzug festgelegt wird. Diese Grundentscheidung hat auch unmittelbaren Einfluss auf die Vollzugslockerung, die man in Zukunft wohl auch nur unter wesentlich strengeren Voraussetzungen gewähren wird.**

Dies ergibt sich bereits aus der Formulierung des § 10 StVollzG: Der Gefangene „soll" im offenen Vollzug untergebracht werden (§ 10 I StVollzG), „im Übrigen" ist der geschlossene Vollzug zu wählen (§ 10 II StVollzG).

#### 2. Voraussetzungen

##### a) Zustimmung des Gefangenen

Um dem Gefangenen ein ausreichendes Maß an Selbstbestimmung zu gewährleisten, ist seine Zustimmung erforderlich. 376

##### b) Keine Flucht- oder Missbrauchsgefahr

*Fehlende Flucht- und Missbrauchsgefahr*

Es darf nicht zu befürchten sein, dass der Gefangene fliehen wird oder neue Straftaten begehen wird. Notwendig ist für die Ablehnung der Lockerung der konkrete Hinweis auf eine nicht unerhebliche Gefahr. Dies wird in der Regel der Fall bei süchtigen Gefangenen oder „Ausbrechern" sein.[508] 377

---

507 Kaiser/Schöch/Kinzig, § 10, Rn. 32.

508 Kaiser/Schöch/Kinzig, § 7, Rn. 30.

Die Missbrauchsgefahr wird dahingehend teleologisch reduziert, dass nicht jede zu befürchtende Straftat zum Ausschlussgrund wird. Ein gewisses Risiko muss eingegangen werden.

**hemmer-Methode: Die Formulierung in § 10 StVollzG „nicht zu befürchten ist, ...“ muss im Kontext zu vergleichbaren Prognoseentscheidungen gesehen werden. So muss bei der bedingten Entlassung gem. § 57 StGB auch keine sichere Prognose vorliegen, die Entlassung ist möglich, wenn sie unter Berücksichtigung des Sicherheitsinteresses der Allgemeinheit verantwortet werden kann. A maiore ad minus kann die Auslegung bei der bloßen Vollzugs*lockerung* nicht strenger gehandhabt werden.**[509]

*Im Zweifel zu Lasten des Gefangenen*

In unklaren Fällen wird jedoch zu Lasten des Gefangenen entschieden.

### c) Lockerungen bei lebenslanger Freiheitsstrafe

*Lockerungen bei lebenslanger Strafe*

Vollzugslockerungen verbessern die Chancen auf Gewährung einer Strafrestaussetzung, auf die der zu lebenslanger Strafe verurteilte Gefangene in besonderem Maße „angewiesen“ ist. Dadurch gewinnt der Aussetzungsmaßstab des § 57 I Nr. 2 (i.V.m. § 57a I S. 1 Nr. 3) StGB auch auf solche straf*vollzug*lichen Entscheidungen Einfluss, die die Prognose nach § 11 II StVollzG betreffen. Insoweit fällt die Versagung von Vollzugslockerungen auch in den Schutzbereich der Art. 2 II GG und Art. 104 GG. Dieser Freiheitsanspruch des Gefangenen gewinnt umso höhere Bedeutung gegenüber dem Sicherheitsinteresse der Allgemeinheit, je länger die Freiheitsstrafe bereits vollzogen wurde. 378

Die JVA darf sich nicht auf pauschale Wertungen der Flucht- oder Missbrauchsgefahr beschränken, sondern muss die Unvertretbarkeit des mit der Auflockerung verbundenen Risikos unter Berücksichtigung der Grundrechte des Gefangenen besonders sorgfältig darlegen.[510]

**hemmer-Methode: Die Darstellung dieser BVerfG-Entscheidung soll Ihnen verdeutlichen, wie Grundrechte, Vollstreckungs- und Vollzugsrecht ineinandergreifen können. Hier kommt es - wie meist - weniger auf die Kenntnis des Einzelproblems an. Verdeutlichen Sie sich das Argumentationsmuster!**

## II. Urlaub, § 13 StVollzG[511]

### 1. Aufgabe

*Sinn und Zweck*

Wie die anderen Lockerungen auch, dient der Urlaub dem Resozialisierungsziel sowie dem Eingliederungsgrundsatz. Es soll vermieden werden, dass der Gefangene später mit seinem Leben in Freiheit überfordert ist. 379

Die Lockerungen sind also keine „Belohnungen“, sondern sollen das Erreichen des Vollzugsziels erleichtern. Konsequenterweise hätte ein nicht resozialisierungsbedürftiger Gefangener keinen Anspruch auf Lockerungen.

509 Kaiser/Schöch/Kinzig, § 7, Rn. 48.

510 Vgl. BVerfG StV 1998, 432 = jurisbyhemmer.

511 § 9 I, II Nr. 3 JVollzGB III, Art. 14 I i.V.m. 13 II BayStVollzG, § 46 I S. 1 Nr. 3, II BbgJVollzG, § 38 I Nr. 3, II BremStVollzG, § 12 I S. 1 Nr. 4, S. 2 HmbStVollzG, § 13 II, III Nr. 4 HStVollzG, § 38 I Nr. 3, II StVollzG M-V, § 13 I Nr. 3, II NJVollzG, § 45 I S. 1 Nr. 3, II LJVZollG-RP, § 38 I Nr. 3, II SLStVollzG, § 38 I Nr. 3, II SächsStVollzG, § 46 I Nr. 3 ThürJVollzGB.

Hier ist jedoch das Gegenwirkungsverbot des § 3 II StVollzG zu beachten: Die schädlichen Wirkungen des Vollzugs müssen natürlich auch bei nicht resozialisierungsbedürftigen Betroffenen vermieden werden!

## 2. Voraussetzungen

*Voraussetzungen*

Der Urlaub kann nur unter folgenden Voraussetzungen gewährt werden. 380

### a) Keine Flucht- oder Missbrauchsgefahr

*Keine Flucht- oder Missbrauchsgefahr*

Gem. § 13 I S. 2 StVollzG gelten die Voraussetzungen für die Lockerungen (§ 11 II StVollzG) entsprechend. Also muss neben der Zustimmung des Gefangenen eine Flucht- oder Missbrauchsgefahr verneint werden. Hierzu sei auf die Ausführungen zum offenen Vollzug verwiesen. 381

Streitig ist, ob der Vollzugsbehörde ein vom Gericht nur eingeschränkt überprüfbarer Beurteilungsspielraum zusteht.

Teilweise wird dies bejaht mit der Begründung, die Situation sei mit anderen Fällen, in denen ein solcher Spielraum bestünde (Planungs- und Prüfungsentscheidungen im Öffentlichen Recht), zu vergleichen. Die Arbeit der Vollzugsbediensteten, die tagtäglich mit dem Gefangenen zu tun hätten, sei für das Gericht nach objektiven Kriterien nur schwer zu beurteilen.[512]

Andere verneinen den Beurteilungsspielraum mit dem Hinweis auf den Ausnahmecharakter desselben.

### b) Mindestverbüßung

*Mindestens 6 Monate in Haft, weniger als 18 Monate Reststrafe*

Der Urlaub wird in der Regel gewährt, wenn der Gefangene sich bereits sechs Monate in Haft befindet (§ 13 II StVollzG), für lebenslang Verurteilte gilt eine Mindestfrist von zehn Jahren (§ 13 III StVollzG). Zusätzlich enthalten die Verwaltungsvorschriften zum Strafvollzug die Maßgabe, dass der Gefangene in der Regel ungeeignet ist, wenn er noch mehr als 18 Monate Reststrafe verbüßen muss. Als Ende der Vollzugszeit wird von dem Zeitpunkt ausgegangen, in dem eine Restaussetzung gem. § 57 StGB möglich ist (also in der Regel nach zwei Dritteln der Strafe). 382

## 3. Urlaubsdauer

*21 Tage Urlaub*

Der Gefangene kann bis zu 21 Tagen Urlaub im Jahr erhalten (§ 13 I S. 1 StVollzG); hier gelten in den einzelnen Ländern unterschiedliche Regelungen.[513] Dieser muss nicht zusammenhängend gewährt werden (vgl. Wortlaut „Tage"). Ein Wochenende (Samstag bis Sonntag) gilt mittlerweile nur als ein Urlaubstag. 383

**hemmer-Methode: Noch einmal: Der Gefangene hat keinen Anspruch auf Urlaubsgewährung, sondern nur auf fehlerfreie Ermessensausübung!**

---

512 BGHSt 30, 320 (325 ff.) = jurisbyhemmer.

513 Vgl. Kaiser/Schöch/Kinzig, Fall 14, Rn. 36 i.V.m. Fn. 65.

## 4. Sonderformen des Urlaubs

*Sonderformen des Urlaubs*

Neben dem Urlaub nach § 13 StVollzG besteht der Arbeitsurlaub (§ 42 StVollzG), der Urlaub aus wichtigem Anlass (§ 35 StVollzG) und der Entlassungsvorbereitungsurlaub nach § 15 III StVollzG (das Pendant für die sozialtherapeutische Anstalt findet sich in § 124 StVollzG). 384

**hemmer-Methode: Denken Sie daran: Bei der Gewährung von Urlaub kann sich die Frage stellen, ob der Anstaltsleiter wegen der Schwere der Schuld oder wegen generalpräventiver Überlegungen die Lockerung versagen darf (vgl. Rn. 329 ff.)!**

## III. Lockerungen i.e.S., § 11 StVollzG

*Lockerungen gem. § 11 StVollzG*

In § 11 I StVollzG wird zwischen verschiedenen Lockerungsmöglichkeiten unterschieden: 385

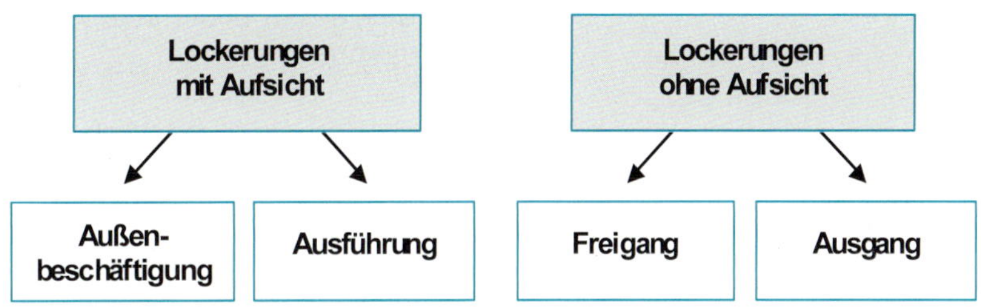


*Außenbeschäftigung, Freigang, Ausführung und Ausgang*

Bei der Außenbeschäftigung und dem Freigang (§ 11 I Nr. 1 StVollzG) ist das Ziel des Verlassens der Haftanstalt, dass der Betroffene einer Beschäftigung nachgeht. Dieses ist bei der Ausführung und dem Ausgang nicht notwendig. Unter den Freigang fallen z.B. das freie Arbeitsverhältnis (§ 39 I StVollzG), die Ausbildung oder die Selbstbeschäftigung (§ 39 II StVollzG) außerhalb der Anstalt.[514]

Voraussetzung ist nach § 11 II StVollzG die Zustimmung des Gefangenen und die fehlende Flucht- oder Missbrauchsgefahr.[515]

> ***Bsp.:*** *Der Gefangene Iglesius möchte am Wochenende „seine Ehe ausüben" und zu diesem Zweck die Haftanstalt zwei Tage (Wochenende) verlassen.*
>
> Fraglich ist, ob Iglesius der Ausgang (§ 11 I Nr. 2 StVollzG) gestattet werden kann. Einerseits könnte dies verneint werden, da sich das Wochenende nur schwer unter den Gesetzeswortlaut „bestimmte Tageszeit" subsumieren lässt. Andererseits ergibt sich aus der Formulierung „namentlich", dass die in § 11 StVollzG aufgezählten Lockerungen nicht abschließend sind. Der Streit ist jedoch insofern unerheblich, als I genauso gut Urlaub i.S.d. § 13 StVollzG nehmen kann, da ein Wochenende nur als ein Urlaubstag gezählt wird.[516]
>
> ***Bsp.:*** *Der Gefangene Karl hat einen Fernstudiengang belegt und möchte über mehrere Tage an Lehrgängen teilnehmen. Nach welcher Vorschrift richtet sich dieser „Dauerausgang"?*

*Dauerausgang*

> Der Urlaub kommt hier nicht in Betracht, da die Lehrgänge nicht der Erholung dienen. Für die Gewährung des Ausgangs fehlt es am Merkmal der „bestimmten Tageszeit".

514 Zur Arbeit i.E. siehe Rn. 387 ff.

515 Siehe Rn. 376 f.

516 Siehe Rn. 383.

Daher legt man den Begriff der Arbeit in § 11 I Nr. 1 StVollzG weit aus und begreift hierunter auch die in Frage stehenden Lehrgänge, die dem Karl unter den üblichen Lockerungsvoraussetzungen gewährt werden können.[517]

Außerdem muss der Anstaltsleiter sein Ermessen fehlerfrei ausüben.

### IV. Weisungen

Der Anstaltsleiter kann dem Gefangenen gemäß § 14 I StVollzG für Lockerungen (§ 11 StVollzG) und Urlaub (§ 13 StVollzG) Weisungen erteilen. Darunter fallen insbesondere: 386

- ⇨ Anordnungen, die den Aufenthaltsort oder bestimmte Tätigkeiten während des Außenaufenthalts betreffen
- ⇨ sich zu bestimmten Zeiten an einem bestimmten Ort zu melden
- ⇨ das Verbot, bestimmte Gegenstände zu besitzen oder bei sich zu führen
- ⇨ das Verbot, alkoholische Getränke oder Ähnliches zu sich zu nehmen

Der Anstaltsleiter kann nach § 14 II S. 1 StVollzG außerdem Lockerungen und Urlaub *widerrufen*, wenn die Voraussetzungen der Nr. 1 - 3 vorliegen.

Er kann sie auch *zurücknehmen*, wenn er sie in Unkenntnis bestimmter Tatsachen oder Umstände erteilt hat.

**hemmer-Methode: Beachten Sie § 14 II StVollzG, wonach zureichende tatsächliche Anhaltspunkte für Rücknahme oder Widerruf vorliegen müssen!**

## D. Die Arbeit

### I. Die Arbeitspflicht, § 41 StVollzG

*Arbeitspflicht*

Der Gefangene unterliegt gem. § 41 StVollzG[518] einer Arbeitspflicht, solange die Arbeit körperlich angemessen ist. Die Arbeit soll zudem seinen Fähigkeiten entsprechen und wirtschaftlich ergiebig sein (§ 37 II StVollzG). Im Zuge der Föderalismusreform haben die Länder Brandenburg, Rheinland-Pfalz, Saarland und Sachsen eine Arbeitspflicht abgeschafft, die übrigen Länder haben eine solche beibehalten.[519] 387

Hierbei handelt es sich lediglich um eine Sollvorschrift, daher muss die Anstalt nicht zwingend optimal fördernde Arbeiten verteilen. Die Gefangenen können entweder in Eigenbetrieben der Anstalt oder (wie meist) in Unternehmensbetrieben, die sich in der Regel auf dem Anstaltsgelände befinden, beschäftigt werden.

517 Calliess/Müller-Dietz, § 11, Rn. 3.

518 § 47 I JVollzGB III; Art. 43 BayStVollzG; § 37 II S. 2 BremStVollzG; § 38 HmbStVollzG; § 27 HStVollzG; § 22 StollzG M-V; § 38 I NJVollzG; § 29 ThürVollzGB.

519 Vgl. Kaiser/Schöch/Kinzig, Fall 10, Rn. 64 ff.

Im Falle der Beschäftigung in Eigenbetrieben liegt die Arbeitsorganisation bei der Anstalt, während gem. § 149 IV StVollzG im Fall der Beschäftigung in Unternehmerbetrieben die Übertragung der technischen und fachlichen Leitung auf Angehörige der externen Firmen möglich ist (die Aufsicht über die Gefangenen verbleibt aber auch in letztgenanntem Fall beim Anstaltspersonal). Gem. § 149 I StVollzG ist die Behörde allerdings zur Errichtung von Eigenbetrieben verpflichtet, deren Verhältnisse gem. § 149 II StVollzG den Verhältnissen außerhalb der Institution anzugleichen sind. Im Falle der Beschäftigung in Unternehmerbetrieben erfolgt die Tätigkeit in von der Anstalt zur Verfügung gestellten Räumlichkeiten oder außerhalb der Anstalt in Betrieben bzw. bei sonstigen Arbeitgebern (sog. unechter Freigang). Bei einem Verstoß gegen die Arbeitspflicht kommen Disziplinarmaßnahmen in Frage.[520]

## II. Besondere Arten der Arbeit

### 1. Ausbildung und Fortbildung, § 37 III StVollzG

*Aus- und Fortbildung*

Durch die Regelung in § 37 III StVollzG wird die Ausbildung der sonstigen Arbeit gleichgestellt. Die Ausbildungsmöglichkeiten stehen jedoch nur „geeigneten" Gefangenen zu. 388

Hierunter ist die individuelle Begabung und Leistungsfähigkeit des einzelnen Gefangenen zu verstehen.[521] Des Weiteren ist die Zustimmung des Gefangenen erforderlich. Zum Entzug einer Ausbildungsmöglichkeit siehe Rn. 345.

### 2. Freies Beschäftigungsverhältnis, § 39 I StVollzG

*Freies Beschäftigungsverhältnis*

Bei einem freien Beschäftigungsverhältnis schließt der Gefangene mit seinem Arbeitgeber (außerhalb der Anstalt) einen Arbeitsvertrag. Das freie Beschäftigungsverhältnis ist in der Regel zu gestatten, wenn die Voraussetzungen des Freigangs vorliegen (§ 39 I S. 2 i.V.m. § 11 II StVollzG) und Gründe des Vollzugs nicht entgegenstehen. 389

Letzteres kann der Fall sein, wenn die Anstalt keine ausreichenden Kontrollmöglichkeiten hat.[522] Eine Pflicht zur Vermittlung eines Beschäftigungsverhältnisses besteht nicht, geregelt ist nur die Gestattung.

### 3. Selbstbeschäftigung, § 39 II StVollzG

*Selbstbeschäftigung*

Bei der Selbstbeschäftigung handelt es sich meist um freiberufliche Tätigkeiten, die erlaubt werden können, wenn das Ziel in § 37 I StVollzG hierdurch besser erreicht werden kann und Gründe des Vollzugs nicht entgegenstehen. Im Gegensatz zum freien Beschäftigungsverhältnis ist die Selbstbeschäftigung nicht die Regel, sondern die Ausnahme. Insbesondere müssen immer die organisatorischen Möglichkeiten der Anstalt berücksichtigt werden, die u.U. einer Selbstbeschäftigung entgegenstehen. Wenn die Arbeitskraft innerhalb der Anstalt dringend benötigt wird, kann die Selbstbeschäftigung versagt werden. Insbesondere hat nicht jeder Gefangene einen Anspruch darauf, in seinem alten Beruf weiter zu arbeiten. 390

520 Zum Ganzen unbedingt lesen: Kaiser/Schöch/Kinzig, Fall 18, Rn. 12 ff.

521 Calliess/Müller-Dietz, § 37, Rn. 4.

522 Zum Ganzen Laubenthal, Strafvollzug, Rn. 392 ff.

*Selbstbeschäftigung außerhalb der Anstalt str.*

Streit herrscht bezüglich der Frage, ob die Selbstbeschäftigung auch außerhalb der Anstalt zulässig ist. 391

Eine Ansicht verneint dies mit der Begründung, dass in § 39 II StVollzG im Gegensatz zu § 39 I S. 2 StVollzG nicht auf die Lockerungsvoraussetzungen hingewiesen wird. Der Gesetzgeber habe offensichtlich die Selbstbeschäftigung außerhalb der Anstalt nicht gewollt.[523]

Die Gegenansicht lässt die Selbstbeschäftigung außerhalb der Anstalt zu: Der Verweis in § 39 I S. 2 StVollzG habe lediglich klarstellende Funktion, für die Selbstbeschäftigung (die ja nicht unbedingt außerhalb der Anstalt geschehen muss) sei eine solche Verweisung gar nicht sinnvoll. Zudem begünstige diese Art der Arbeit das Erreichen des Vollzugsziels. Des Weiteren treten verfassungsrechtliche Probleme im Hinblick auf Art. 12 GG und Art. 3 GG auf, wenn man die Beschäftigung wegen ihrer Selbständigkeit verbietet.[524]

**hemmer-Methode: In der Klausur kann Ihnen ein Gefangener unterkommen, der die Arbeit verweigert, weil er eine andere haben möchte. Prüfen Sie die Möglichkeiten der §§ 37 ff. StVollzG durch und gehen Sie dann noch auf die Vollzugsziele und -grundsätze ein (§§ 2, 3 StVollzG), um eine Rechtfertigung für die Arbeitsverweigerung zu finden!**

## III. Exkurs: Vergütung und Verwendung finanzieller Mittel

### 1. Vergütung

*Arbeitsentgelt*

Dem Gefangenen steht gem. § 43 StVollzG ein Arbeitsentgelt oder eine Freistellung von der Arbeit zu. Das Arbeitsentgelt beträgt gemäß § 43 I i.V.m. § 200 StVollzG[525] 9% der Bezugsgröße nach § 18 des Vierten Sozialgesetzbuches. Für das Jahr 2021 berägt dieser Wert vorläufig 39.480,00 €. 392

> ***Bsp.:*** *Für das Jahr 2021 beträgt der Tagessatz 14,21/85 €, d.h. der Stundenlohn betrug 1,78 €, der Monatslohn 307,71 €! (Bezugsgröße i.S.d. § 18 SGB IV gem. § 2 Sozialversicherungs-Rechengrößenverordnung 2020 des Bundesministeriums für Gesundheit und Soziale Sicherung: 39.480,00 € ⇨ 9 % gem. § 200 StVollzG: 3.553,20 € ⇨ Tagessatz = 250ter Teil der Eckvergütung (§ 43 II S. 3 StVollzG): 14,21 €).*

### 2. Das Urteil des BVerfG vom 01.07.1998

In der Entscheidung vom 01.07.1998[526] hatte sich das BVerfG umfassend zu Fragen der Arbeitspflicht, des Arbeitsentgelts und des Sozialversicherungsschutzes für Strafgefangene geäußert. Hier können nur die wichtigsten Aussagen des Urteils zusammengefasst werden: 393

523 OLG Hamm, NStZ 86, 428.

524 Kaiser/Schöch/Kinzig, § 7, Rn. 133.

525 § 49 II S. 2, 3 JVollzGB III, Art. 46 II S. 2, 3 BayStVollzG, § 66 II BbgJVollzG, § 55 II BremStVollzG, § 40 II Nr. 1 HmbStVollzG, § 38 HStVollzG, § 55 II StVollzG M-V, § 40 I S. 2 NJVollzG, § 65 II LVollzG-RP, § 55 II SLStVollzG, § 55 II SächsStVollzG, § 66 III ThürJVollzGB.

526 Abgedruckt z.B. in StV 1998, 438.

### a) zum Arbeitsentgelt

⇨ Dem Resozialisierungsanspruch des Gefangenen aus Art. 2 I, 1 I GG steht auf Seiten des Staates ein Resozialisierungsauftrag gegenüber, der seine Grundlage im Schutz der Menschenwürde und dem Sozialstaatsprinzip findet. 394

⇨ Pflichtarbeit ist nur dann ein wirksames Resozialisierungsmittel, wenn sie angemessen entlohnt wird: Nur so kann dem Gefangenen die Bedeutung der Arbeit zur Schaffung und Sicherung seiner Lebensgrundlage verdeutlicht werden, und nur dann bereitet Arbeit auf ein Leben in Freiheit vor.

⇨ Die angespannte Haushaltslage der Länder darf nicht länger ein Argument gegen die Anpassung der Gefangenenentlohnung sein. Insbesondere sind Alternativen zur Vergütung in Geld denkbar, z.B. Haftzeitverkürzung, Urlaub, sozialversicherungsrechtliche Anwartschaften, etc. Die besonderen Bedingungen des Strafvollzugs wie Marktferne, etc. dürfen bei der Berechnung der Vergütung berücksichtigt werden.

⇨ Differenzierte Lohnleistungen nach Art der Beschäftigung bzw. der erbrachten Leistungen gelten als zulässig. Dabei muss aber die sachgerechte Auswahl der Gefangenen für die jeweiligen Tätigkeiten und die Eröffnung von Ausbildungs- und Fortbildungsmöglichkeiten gewährleistet sein.

⇨ § 200 I StVollzG ist damit in seiner derzeitigen Fassung verfassungswidrig und bleibt längstens bis zum 31.12.2000 anwendbar. Sollte bis dahin keine Neuregelung existieren, entscheiden ab diesem Zeitpunkt die zuständigen Gerichte über die Höhe des Arbeitsentgelts.[527]

⇨ (Eine Änderung erfolgte durch Art. 1 Gesetz vom 27.12.2000, BGBl. I S. 2043)

⇨ Die Erhebung eines Haftkostenbeitrags vom Gefangenen ist grds. verfassungskonform.

**hemmer-Methode: Positiv hervorzuheben ist das klare Bekenntnis des BVerfG zum Resozialisierungsgebot und dessen Verfassungsrang. Kritisieren lässt sich hingegen, dass dem Gesetzgeber wiederum ein sehr weiter Gestaltungsspielraum belassen wurde. Auch sind die Alternativvorschläge zur finanziellen Vergütung noch wenig konkret. Zum einen ist eine nichtmonetäre Entlohnung relativ realitätsfern. Die vorgeschlagene Haftzeitverkürzung fügt sich nur schwer in das System der Strafrestaussetzung ein. Sie könnte auch zu Gleichbehandlungsproblemen führen, da - anders als auf dem freien Arbeitsmarkt - hier Grundrechte der Gefangenen betroffen sind. Ferner ist die Haftverkürzung für gefährliche Straftäter ungeeignet.**

### b) zur Kranken- und Altersrentenversicherung

§ 198 III StVollzG wurde vom BVerfG für verfassungskonform befunden; weder das Resozialisierungsgebot noch der Gleichbehandlungsgrundsatz forderten eine Einbeziehung der Strafgefangenen. 395

**hemmer-Methode: Fraglich ist, ob hier nicht eine Differenzierung bzgl. der jeweiligen Haftdauer erforderlich wäre.**

527 Dieser Teil der Entscheidung findet sich auch im Gesetzestext in der Fußnote zu § 200 StVollzG.

### c) zur Arbeitspflicht

- Art. 12 III GG gestattet grundsätzlich die Pflichtarbeit bei Strafgefangenen. § 41 I S. 1 StVollzG ist damit verfassungsgemäß. 396

- Art. 12 III GG fordert aber, dass die Vollzugsbehörden die öffentlich-rechtliche Verantwortung für das Arbeitsverhältnis behalten. Zu zugewiesener Arbeit in einem privaten Betrieb außerhalb der Anstalt ist daher die Zustimmung des Gefangenen erforderlich, nicht jedoch zur Beschäftigung in einem anstaltsinternen Unternehmerbetrieb. (§ 41 III StVollzG n.F. gewährleistet insofern mehr, als das GG fordert.)

- Disziplinarmaßnahmen aufgrund rechtswidriger Arbeitsverweigerung sind somit zulässig. Da die Arbeitszuweisung eine Behandlungsmaßnahme darstellt und somit auf freiwillige Mitarbeit des Gefangenen hinzuwirken ist, sollten Disziplinarmaßnahmen ultima-ratio-Charakter haben.

### d) zum „unechten Freigang“

*Unechter Freigang*

Unter dem Namen „unechter Freigang“ ist eine Vollzugspraxis zu verstehen, bei der die zugewiesene Arbeit in einem Privatbetrieb außerhalb der Anstalt verrichtet wird. Die Anstalt erhält vom Unternehmen den Tariflohn, während sie an den Gefangenen nur die übliche Vergütung entrichtet. Das BVerfG-Urteil stellt klar, dass der unechte Freigang im Grunde nicht zulässig ist, da § 39 I StVollzG nicht durch bestimmte Vollzugspraktiken eingeengt werden darf - ansonsten läge eine „Verdingung“ von Gefangenen vor, die auch Art. 12 III GG nicht gestattet. Nur dort, wo ein freies Beschäftigungsverhältnis nicht zur Verfügung steht und die JVA die nötige Kontrolle behält, kann künftig ein Gefangener noch nach dem Modell des unechten Freigangs beschäftigt werden. 397

## 3. Der Beschluss des BVerfG vom 24.03.2002[528]

Im Ergebnis stellte das BVerfG fest, dass die §§ 43, 200 StVollzG nach der gesetzlichen Neuregelung durch Art. 1 Gesetz vom 27.12.2000 (BGBl. I, S. 2043) noch verfassungsgemäß sind: 398

- Die vom Gesetzgeber in §§ 43, 200 StVollzG geregelte Entlohnung in Gestalt einer Kombination von monetären und nichtmonetären Leistungen ist nicht derart unangemessen, dass sie nicht mehr zur Resozialisierung beizutragen vermag.

- Angesichts der durch die maßvolle Erhöhung der Bezugsgröße von 5% auf 9% entstehenden Mehrkosten einerseits, der aber gleichwohl deutlichen Verbesserung für die Gefangenen andererseits hat der Gesetzgeber mit der Neuregelung die äußere Grenze einer verfassungsrechtlich zulässigen Bezugsgröße noch gewahrt.

- Die Erhöhung ist auch wegen der Gewährung nicht-monetärer Leistungen - Freistellung durch Hafturlaub oder Haftverkürzung- noch verfassungsgemäß.

## 4. Verwendung

*Verwendung*

Der Gefangene kann nicht völlig frei über sein Geld verfügen, sondern er muss es zu bestimmten Zwecken aufteilen. 399

528 Vgl. hierzu NStZ 2003, 109 ff. mit Anmerkung Lohmann.

So stehen dem Gefangenen gem. § 47 StVollzG drei Siebtel seiner im Strafvollzugsgesetz geregelten Bezüge als Hausgeld (z.B. für Einkäufe) zu.

Ist der Gefangene unterhaltspflichtig, so hat er einen Teil davon auf die Unterhaltsleistungen zu verwenden, § 49 StVollzG. Vier Siebtel der Bezüge werden zur Sicherung des notwendigen Lebensunterhalts des Gefangenen und seiner Unterhaltsberechtigten für die ersten vier Wochen nach seiner Entlassung so lange als „Überbrückungsgeld“ festgelegt, bis der festgesetzte Überbrückungsgeldbetrag erreicht ist (§ 51 StVollzG). Nach Erreichen des Überbrückungsgeldsolls fließen diese vier Siebtel dem Eigengeld des Gefangenen i.S.v. § 52 StVollzG zu, über das er an sich frei verfügen kann, das er aber nicht im Besitz haben und grundsätzlich nicht für den in § 22 StVollzG geregelten Einkauf in der Anstalt verwenden darf.

**Exkurs Ende**

## E. Die Freizeit

*Freizeitgestaltung*

Die Anstalt muss dafür sorgen, dass die Gefangenen ein Freizeitangebot während ihrer Haftzeit nutzen können (vgl. § 67 StVollzG[529]). Ein Anspruch auf ein bestimmtes Freizeitangebot besteht jedoch nicht. 400

### I. Zeitungen und Zeitschriften, § 68 StVollzG[530]

*Zeitungen und Zeitschriften*

Der Gefangene hat einen Anspruch auf Zeitungen und Zeitschriften in angemessenem Umfang, solange deren Verbreitung nicht mit Strafe oder Geldbuße bedroht ist, § 68 II StVollzG. 401

**hemmer-Methode: Hier spielt neben den gesetzlichen Vorgaben auch schlicht die Grundhaltung der Länder (eher streng oder nicht) eine erhebliche Rolle. Soweit das „Leben im Vollzug“ auch rechtlich vom Bundesgesetz abweicht, basiert dies meist auf Motivationen der Kosteneinsparung. So ist bspw. in Hamburg und Niedersachsen der Grundsatz umgekehrt, dass der Gefangene Anstaltskleidung trägt, vgl. § 88 StVollzG. Vielmehr muss er eigene Kleidung (auf eigene Kosten) tragen. Außerdem ist in den Landesgesetzen im Gegensatz zum Bundesstrafvollzugsgesetz festgelegt, dass der Insasse sich an anfallenden Stromkosten zu beteiligen hat.**

***Bspe.:***

*Der Gefangene M möchte zwei Tageszeitungen und drei Wochenzeitungen abonnieren. Dies ist noch angemessen.*

*Der Gefangene M bestellt eine Zeitschrift, in der u.a. Artikel enthalten sind, die sich ausschließlich mit der heftigen Beschimpfung der Staatsanwälte beschäftigt. Der Anstaltsleiter möchte die jeweiligen Ausgaben anhalten.*

Gem. § 68 II S. 2 StVollzG ist es möglich, wegen Gefährdung des Vollzugsziels oder der Sicherheit und Ordnung der Anstalt einzelne Ausgaben nicht an den Gefangenen weiterzuleiten. Wegen der hier angenommenen übermäßig überzogenen und böswilligen Kritik an den Strafverfolgungsbehörden kann hier von einer Vollzugszielgefährdung gesprochen werden.

529 § 57 JVollzGB III, Art. 69 BayStVollzG, § 65 BbgJVollzG, § 54 BremStVollzG, § 50 HmbStVollzG, § 30 HStVollzG, § 54 StVollzG M-V, § 64 NJVollzG, § 64 LJVZollG-RP, § 54 SLStVollzG, § 54 SächsStVollzG, §§ 55 ff. ThürJVollzGB.

530 §§ 59 f. JVollzGB III, Art. 70 f. BayStVollzG, §§ 60 f. BbgJVollzG, §§ 50 f. BremStVollzG, §§ 51 f. HmbStVollzG, § 30 II, III HStVollzG, §§ 50 f. StVollzG M-V, §§ 65 f. NJVollzG, §§ 59 f. LJVZollG-RP, §§ 50 f. SLStVollzG, §§ 50 f. SächsStVollzG, §§ 60 f. ThürJVollzGB.

Allerdings ist immer der Verhältnismäßigkeitsgrundsatz (hier in Verbindung mit dem Grundrecht auf Informationsfreiheit aus Art. 5 I GG) zu beachten, so dass als milderes Mittel auch das Schwärzen der betreffenden Seiten in Betracht kommt.

**hemmer-Methode: Beim Empfang von Zeitungen ist immer auch die zu gewährleistende Übersichtlichkeit des Haftraums gem. § 19 II StVollzG zu beachten!**

## II. Rundfunk und Fernsehen, § 69 StVollzG (Art. 71 BayStVollzG)

*Rundfunk und Fernsehen*

Grundsätzlich kann der Gefangene am Anstaltsempfang teilnehmen, § 69 I StVollzG. Ein eigenes Hörfunkgerät war schon bisher in der Regel zu gestatten (beachte aber die Beschränkung über §§ 69 II Alt. 2, 70 StVollzG). Für die Zulassung eigener Fernsehapparate war bisher ein begründeter Ausnahmefall erforderlich. 402

Durch das Vierte Gesetz zur Änderung des Strafvollzugsgesetzes vom 26.08.1998 wurde § 69 II StVollzG geändert, so dass für Radio und Fernsehen nun die gleichen Voraussetzungen gelten. Mit der Neuregelung soll einerseits dem Angleichungsgrundsatz Rechnung getragen werden, andererseits ein gewisser Ausgleich für das oftmals ungenügende Freizeit- und Fortbildungsangebot in den Haftanstalten geschaffen werden. 403

**Bsp.:** *Der Gefangene Bruno wird in eine andere JVA verlegt. Als der Anstaltsleiter ihm nicht gestattet, seinen eigenen Fernseher aufzustellen, ist Bruno empört. In der alten Anstalt habe er die Erlaubnis ja auch gehabt; diese könne man ihm nicht einfach so nehmen. Hat er Recht?*

Fraglich ist, ob die Erlaubnis bzgl. des eigenen Fernsehgeräts nur für die konkrete JVA gilt, in der Bruno zuerst einsaß. Nach der Rspr. war dies bislang der Fall, der Gefangene konnte sich insoweit nicht auf Vertrauensschutz berufen. Anders wurde diese Frage für Radiogeräte entschieden, da diese gewissermaßen zur Grundausstattung gehörten. Der neue § 69 II StVollzG rechtfertigt eine solche Differenzierung nicht mehr. Künftig genießt der Gefangene auch hinsichtlich seines eigenen Fernsehgeräts Vertrauensschutz.

## III. Gegenstände für die Freizeitbeschäftigung, § 70 StVollzG

*Sonstige Freizeitgegenstände*

Die Gefangenen dürfen in angemessenem Umfang Gegenstände (Bücher, Kassettenrecorder, Musikinstrumente, etc.) in ihrem Haftraum aufbewahren, solange die Ausnahmen nach § 70 II StVollzG[531] nicht eingreifen. Bzgl. der Gefährdung der Sicherheit und Ordnung der Anstalt (§ 70 II Nr. 2 Alt. 2 StVollzG) hat die Rechtsprechung folgende Kriterien entwickelt:[532] 404

**(1)** Der Gegenstand wird danach kontrolliert, ob er sich als Versteck (z.B. für Waffen oder Rauschgift) eignet. Hier kommt als milderes Mittel auch das Verplomben oder Versiegeln des Gegenstandes in Betracht.

**(2)** Bei elektrischen Geräten wird die realistische Möglichkeit des Umfunktionierens zur Nachrichtenübermittlung nach außen oder auch innerhalb der Anstalt geprüft.

531 § 58 JVollzGB III, Art. 72 BayStVollzG, § 53 HmbStVollzG, § 30 IV HStVollzG, § 67 NJVollzG. In den übrigen Ländern fehlt es an vergleichbaren Regelungen, vgl. Kaiser/Schöch/Kinzig, Fall 14, Fn. 31.

532 Zum Ganzen Laubenthal, Strafvollzug, Rn. 617 f.

***Bspe.:***

*Der Gefangene Otto, der leicht beeinflussbar ist und sich schon häufig von seinen Mitgefangenen zu Pflichtverstößen hat anstiften lassen, möchte zwei Lautsprecherboxen für seinen Kassettenrecorder in seinem Haftraum aufstellen.*

Der Anstaltsleiter kann dies unter Hinweis auf die Gefährdung der Sicherheit und Ordnung der Anstalt verbieten, da in den Lautsprecherboxen leicht Drogen o.ä. versteckt werden können und bei Otto die Gefahr besteht, dass er, entweder selbst oder unter dem Druck der Mitgefangenen, von diesem Versteck Gebrauch macht.

*Der zu lebenslanger Freiheitsstrafe verurteilte Peppi beantragt die Haltung eines Wellensittichs in seinem Haftraum.*

Zwar könnte hier die Sicherheit und Ordnung der Anstalt durch die Gefahr der Übertragung von Krankheiten gefährdet sein, allerdings ist bei Lebenslangen auch im Hinblick auf § 3 II StVollzG die Haltung von Kleintieren zuzulassen, da hier die Extrembelastung des Gefangenen berücksichtigt werden muss.

**hemmer-Methode: In einer solchen Klausur müssen Sie natürlich ausführlicher auf die Rechtmäßigkeit der Entscheidung des Anstaltsleiters eingehen (eine solche wird Ihnen in der Regel vorgelegt werden). Denken Sie immer an das Verfassungsrecht: Neben den Grundrechten spielt z.B. der Vertrauensgrundsatz als Ausfluss des Rechtsstaatsprinzips eine Rolle. Je länger der Gefangene eine Vergünstigung genießt, desto stärker ist sein Vertrauen und desto schwieriger kann ihm die Vergünstigung wieder entzogen werden!**

## F. Sicherheit und Ordnung, §§ 81 ff. StVollzG (Art. 87 ff. BaySt-VollzG)

*Sicherheit und Ordnung der Anstalt*

Naturgemäß kommt der Sicherheit und Ordnung in Justizvollzugsanstalten eine hohe Bedeutung zu. Umfasst wird hiervon die Fluchtverhinderung, die Abwehr von Gefahren für die Vollzugsbediensteten und die Gefangenen und die Gewährleistung eines geordneten Zusammenlebens in der Anstalt.[533] Die Einschränkung des Gefangenen und das Vollzugsziel der Resozialisierung stehen hierbei in einem Spannungsverhältnis. Der Gesetzgeber hat daher in § 81 StVollzG die Sicherheitsvorschriften gewissen Beschränkungen unterworfen (Selbstverantwortungsgrundsatz, Subsidiarität der Beschränkungen und Pflichten, Verhältnismäßigkeit). *405*

Bei den Vorschriften über die Sicherheit und Ordnung unterscheidet man zwischen Verhaltensvorschriften (§§ 82, 83 StVollzG) und allgemeinen und besonderen Sicherungsmaßnahmen (§§ 84 ff. StVollzG).

*Verhaltensvorschriften*

| **Verhaltensvorschriften (§§ 82, 83 StVollzG)** |
|---|
| ⇨ Sich-Richten nach dem Tagesablauf der Anstalt (z.B. durch die Hausordnung gem. § 161 II Nr. 2 StVollzG) |
| ⇨ Allgemeine Gehorsamspflicht, Gefangener darf den ihm zugewiesenen Bereich nicht verlassen |
| ⇨ Ordnungs- und Meldepflicht |
| ⇨ Gewahrsam von Erlaubnis abhängig |

*406*

533 Kaiser/Schöch/Kinzig, Fall 8, Rn. 2.

*Sicherungsmaßnahmen*

| **Sicherungsmaßnahmen (präventiv)** | |
|---|---|
| Allgemeine Sicherungsmaßnahmen (§§ 84-87 StVollzG) | Besondere Sicherungsmaßnahmen (§§ 88 ff. StVollzG) |
| ⇨ Durchsuchung<br>⇨ Sichere Unterbringung<br>⇨ Erkennungsdienstliche Maßnahmen<br>⇨ Festnahmerecht | § 88 II StVollzG |
| | Voraussetzungen (§ 88 I StVollzG)<br>⇨ Erhöhte Fluchtgefahr<br>⇨ Gefahr von Gewalttätigkeiten<br>⇨ Gefahr der Selbsttötung oder -verletzung |
| | Besonders streng:<br>⇨ Einzelhaft (§ 89 StVollzG)<br>⇨ Fesselung (§ 90 StVollzG) |

*Problem Festnahmerecht*

Probleme ergeben sich bei der Abgrenzung des Festnahmerechts 407
der *Vollzugs*behörde und der *Vollstreckungs*behörde. Die Vollstreckungsbehörde ist (per Haftbefehl gem. § 457 StPO) zuständig, wenn die unmittelbare Verfolgung des Gefangenen nicht alsbald zur Wiederergreifung führt, d.h. wenn die Beziehung des Gefangenen zur Anstalt sich räumlich oder zeitlich gelöst hat. Vorher steht das Festnahmerecht der Vollzugsbehörde zu.

## G. Unmittelbarer Zwang, §§ 94 ff. StVollzG

*Unmittelbarer Zwang*

Unter bestimmten Voraussetzungen kann gegenüber dem Gefan- 408
genen unmittelbarer Zwang angewendet werden (zur Definition siehe § 95 StVollzG). Voraussetzung ist zum einen die *Akzessorietät*, d.h. dass die Durchführung von Vollzugs- und Sicherheitsmaßnahmen rechtmäßig sein muss. Zum anderen gilt das Prinzip der *Subsidiarität* (§ 94 I StVollzG) und der *Verhältnismäßigkeit* (§ 96 StVollzG), außerdem ist eine *Androhung* gem. § 98 StVollzG erforderlich.

*§§ 94 ff. StVollzG sind keine selbständige Rechtsgrundlage*

Zu beachten ist, dass hier keine selbständige Rechtsgrundlage vorliegt, sondern dass nur das „Wie" der Durchführung geregelt ist.

Der Gebrauch von Schusswaffen und die ärztliche Zwangsbehandlung sind gesondert in den §§ 99, 101 StVollzG festgelegt.

*Hungerstreik*

***Bsp.:*** *Der Gefangene Quentin tritt in den Hungerstreik. Kann er* 409
*zwangsernährt werden?*

Rechtsgrundlage ist die Fürsorgepflicht der Anstalt gem. § 56 I StVollzG. Bezüglich der Durchführung der ärztlichen Maßnahmen tritt das Problem auf, dass das Persönlichkeitsrecht des Gefangenen nach Art. 1, 2 I GG mit der Sicherungsaufgabe der Anstalt in Widerspruch steht. Eine Zwangsernährung ist - sofern sie mit einem körperlichen Eingriff verbunden ist - nur unter den engen Voraussetzungen des § 101 I StVollzG zulässig (beachte dabei auch die Anordnungs- und Leitungskompetenz des Arztes gem. § 101 III StVollzG).

*HIV-Test*

*Der Gefangene R, der als heroinabhängig gilt, soll einem HIV-Test unterzogen werden. Ist dies möglich?*[534] 410

Die Voraussetzungen des § 101 I StVollzG, d.h. eine konkrete Gefahr, ist wegen der Drogenabhängigkeit des R zu bejahen. Ein allgemeiner Zwangstest, ohne den hier vorliegenden Hinweis auf eine Risikogruppe, ist jedoch unzulässig.[535]

## H. Fixierung

*Fixierungsmaßnahmen*

Nach der FIxierungs-Entscheidung des BVerfG und der hieraus resultierenden Verpflichtung des Gesetzgebers, entsprechende Rechtsvorschriften zu schaffen, hat der Bundesgesetzgeber auch für den Strafvollzug die Anforderungen an eine dortige Fixierung in § 171a StVollzG geregelt. Als Fixierung ist nach § 171a I 1 StVollzG eine Fesselung zu vertehen, durch die die Bewegungsfreiheit des Gefangenen vollständig aufgehoben wird. Sie ist nach § 171a I 1 Hs. 2 StVollzG nur zulässig, solange und soweit eine gegenwärtige erhebliche Gefahr von Gewalttätigkeiten gegen Personen, der Selbsttötung oder der Selbstverletzung besteht und die Fixierung zur Abwehr dieser Gefahr unerlässlich ist.

*Anordnung oder Genehmigung*

Während eine absehbar nur kurzfristige Fixierung von der Anstaltsleitung angeordnet werden kann (§ 171a II 1 StVollzG), bedarf eine nicht nur kurzfristige Fixierung der richterlichen Anordnung oder, bei Gefahr im Verzug, der nachträglichen Genehmigung (§ 171a II 2 StVollzG). Weiterhin ist die Hinzuziehung eines Arztes obligatorisch (§ 171a II 3 StVollzG).

*Durchführung*

Für die Durchführung der Fixierung sieh § 171a IV 1 StVollzG eine angemeessene medizinische Überwachung sowie eine permanenten Sicht- und Sprechkontakt durch geschulte Vollzugsbedienstete (§ 171a IV 2 StVollzG) vor. Die Anordnung, die maßgeblichen Gründe hierfür, ihre Durchsetzung, ihre Dauer und die Art der Überwachung sind durch die Anstalt gem. § 171a V StVollzG zu dokumentieren.

## I. Disziplinarmaßnahmen, §§ 102 ff. StVollzG[536] (Art. 109 ff. BayStVollzG)

*Disziplinarmaßnahmen*

Bei schuldhaften Pflichtverstößen des Gefangenen hat die Anstalt die Möglichkeit, diese mit Disziplinarmaßnahmen zu ahnden. Folgendes Prüfungsschema bietet sich an: 411

*Voraussetzungen*

*Folgen*

| | |
|---|---|
| **Voraussetzungen** (§ 102 StVollzG) | ⇨ Schuldhafter Verstoß<br>⇨ Gegen Pflicht durch oder aufgrund des StVollzG (z.B. §§ 20 I, 27 IV, 30 I, 30 III, 41 I, 56 II, 82, 83 I StVollzG) |
| **Folgen** (§ 103 StVollzG) | ⇨ Katalog gem. § 103 II StVollzG ⇨ beachte Verhältnismäßigkeit beim Arrest (§ 103 II StVollzG), Verbindungsmöglichkeiten (§ 103 III StVollzG), Spiegelungsprinzip (§ 103 IV StVollzG)<br>⇨ Immer Subsidiarität (§ 102 II StVollzG)<br>⇨ Immer Ermessensentscheidung |

534 Lesen Sie hierzu Eisenberg/Fischer, Der praktische Fall, JuS 91, 754 ff.

535 Kaiser/Schöch/Kinzig, Fall 8, Rn. 23.

536 Vgl. hierzu Teil II Frage 1, Bayerisches Staatsexamen 2006/I, wo nach der Rechtmäßigkeit der Verhängung von Disziplinarmaßnahmen aufgrund eines Ausbruchsversuchs gefragt war.

*Verfahren*

| | |
|---|---|
| **Verfahren** (§§ 105 ff. StVollzG) | ⇨ Zuständigkeit: Anstaltsleiter (§ 105 I StVollzG) ⇨ beachte: bei Verfehlungen gegen Anstaltsleiter Zuständigkeit der Aufsichtsbehörde (§ 105 II StVollzG)<br>⇨ Verfahren: §§ 106, 107 StVollzG |

*Ausbruch aus der Anstalt*

**Bsp.:** *Der Gefangene S bricht aus der Anstalt aus, wird jedoch kurze Zeit später gefasst. Der Anstaltsleiter will gegen S Disziplinarmaßnahmen verhängen. Ist dies möglich?* 412

Voraussetzung ist gem. § 102 I StVollzG ein schuldhafter Pflichtverstoß gegen Normen des StVollzG. Fraglich ist, ob auf § 82 II S. 2 StVollzG zurückgegriffen werden kann. Ausdrücklich ist das Ausbrechen aus der Anstalt nicht geregelt, der Wortlaut „zugewiesener Bereich" meint nur Gebiete innerhalb der Anstalt. Ob hierin eine konkludente Pflicht liegt, die Anstalt an sich nicht zu verlassen, ist umstritten.

Eine Ansicht verneint dies mit dem Hinweis, dass der Ausbruch strafrechtlich nicht geahndet wird und es sich bei den Disziplinarmaßnahmen um Quasistrafrecht handelt. Der Ausbruch trägt bewusst dem Freiheitsbedürfnis der Gefangenen Rechnung.[537] 413

Die Gegenansicht argumentiert, dass, wenn schon ein zugewiesener Bereich nicht verlassen werden darf, a maiore ad minus auch nicht aus der ganzen Anstalt ausgebrochen werden darf. Den Gefangenen trifft vielmehr eine „Vollzugsduldungspflicht". Somit sind Disziplinarmaßnahmen zulässig.

537 Differenzierend zum Ganzen Calliess/Müller-Dietz, § 102, Rn. 8 ff.

## § 6 RECHTSBEHELFE

**hemmer-Methode: Die Rechtsbehelfe sind von essentieller Bedeutung für die Klausur, da - wie im Öffentlichen Recht - die meisten Fragen auf die Erfolgsaussichten eines Rechtsbehelfs abzielen.**[538]

### A. Beschwerde gem. § 108 StVollzG

*Beschwerde gem. § 108 StVollzG*

Der Gefangene kann sich mit der Beschwerde direkt an den Anstaltsleiter wenden, § 108 I StVollzG[539]. Hierbei handelt es sich nicht um ein förmliches Rechtsmittel, sondern um eine anstaltsinterne Konfliktregelung. *414*

Daneben bleibt auch die Möglichkeit der Dienstaufsichtsbeschwerde bestehen (§ 108 III StVollzG).

### B. Rechtsbehelfe außerhalb des StVollzG

*Verfassungsbeschwerde, Petitionsrecht, Anrufung der Europäischen Kommission für Menschenrechte*

Selbstverständlich kann der Gefangene auch Verfassungsbeschwerde gem. Art. 93 I Nr. 4a GG erheben. Ebenfalls steht ihm das Petitionsrecht gem. Art. 17 GG zu sowie die Anrufung der Europäischen Kommission für Menschenrechte und die Individualbeschwerde zum Europäischen Gerichtshof für Menschenrechte gem. Art. 34 EMRK. *415*

### C. Antrag auf gerichtliche Entscheidung, §§ 109 ff. StVollzG

*Antrag gem. §§ 109 ff. StVollzG*

Der weitaus wichtigste Rechtsbehelf ist der Antrag auf gerichtliche Entscheidung. Der Antrag des Gefangenen hat Aussicht auf Erfolg, wenn er zulässig und begründet ist. Unbeschadet der Föderalismusreform und der nunmehr geltenden Landesrechtsordnungen ist für den gerichtlichen Rechtsweg weiterhin der Bund in konkurrierender Gesetzgebung (Art. 74 GG) zuständig, was in den verschiedenen Landesstrafvollzugsgesetzen durch entsprechende Bezugnahme auf die §§ 109 ff. StVollzG, insoweit eher deklaratorisch, betont wird.[540] *416*

**hemmer-Methode: Achten Sie auf korrekte Wortwahl: Es handelt sich hier um einen *Antrag*, nicht um eine Klage!**

## I. Zulässigkeit

### 1. Rechtswegeröffnung, § 109 I StVollzG

*Maßnahme*

Voraussetzung für den Rechtsweg nach § 109 I StVollzG ist eine Maßnahme auf dem Gebiet des Strafvollzugs zur Regelung eines Einzelfalls. *417*

538 Zur Vertiefung Laubenthal, Strafvollzug, Rn. 749 ff.

539 § 92 JVollzGB III, Art. 115 BayStVollzG, § 105 BbgJVollzG, § 92 BremStVollzG, § 91 HmbStVollzG, § 57 HStVollzG, § 91 StVollzG M-V, § 101 NJVollzG, § 102 LJVZollG-RP, § 91 SLStVollzG, § 95 SächsStVollzG, § 103 ThürJVollzGB.

540 § 93 JVollzGB III, Art. 208 BayStVollzG, § 104 V BbgJVollzG, § 128 Nr. 2 BremStVollzG, § 103 Nr. 2 HmbStVollzG, § 83 Nr. 3 HStVollzG, § 90 V StVollzG M-V, § 102 NJVollzG, § 101 V LJVZollG-RP, § 118 Nr. 2 SLStVollzG, § 120 Nr. 1 SächsStVollzG, § 142 Nr. 3 ThürJVollzGB.

**hemmer-Methode: Beachten Sie trotz der grundsätzlichen Ähnlichkeit der Rechtsbehelfe im Strafvollzug zu denen im Verwaltungsrecht folgenden gravierenden Unterschied: Unter Maßnahmen sind auch *Realakte* zu verstehen. Sie müssen die Regelung eines *Einzelfalls* beinhalten, d.h. allgemeine Anordnungen wie z.B. die Hausordnung fallen nicht unter den Maßnahmebegriff. Eine *Regelung* liegt nur vor, wenn durch die Maßnahme unmittelbare Rechtswirkung verursacht wird. Zuletzt muss es sich um eine Maßnahme *auf dem Gebiet des Strafvollzugs* handeln. Hier können Abgrenzungsprobleme zu Strafvollstreckungsmaßnahmen auftreten.**[541]

### 2. Statthafte Antragsart

*Statthafte Antragsart*

Der Antrag kann verschiedene Ziele verfolgen: 418

- Anfechtungsantrag (§ 109 I S. 1 StVollzG)
- Verpflichtungsantrag (§ 109 I S. 2 StVollzG)
- Vornahmeantrag (§ 113 StVollzG)
- Fortsetzungsfeststellungsantrag (§ 115 III StVollzG)
- Eilantrag (§ 114 StVollzG)

### 3. Antragsbefugnis, § 109 II StVollzG

*Antragsbefugnis*

Der Antragsteller muss eine mögliche Rechtsverletzung geltend machen. 419

*Antragsbefugnis auch für Nichtgefangene*

**hemmer-Methode: In diesem Prüfungspunkt ist - ebenfalls wie im Öffentlichen Recht - bereits eine Norm zu zitieren, die dem Antragsteller ein subjektives Recht oder zumindest ein Recht auf fehlerfreie Ermessensentscheidung gewährt. Neben den Vorschriften des StVollzG können auch Grundrechte herangezogen werden!**
**Die Antragsbefugnis steht nicht nur dem Gefangenen zu, sondern auch dem Verteidiger, den Besuchern, etc., soweit sie eine Rechtsverletzung geltend machen. Erforderlich ist somit eine „drittschützende" Norm, ähnlich wie im Verwaltungsrecht!**

### 4. Vorverfahren, § 109 III StVollzG

*Vorverfahren*

Ein Vorverfahren ist nur in manchen Bundesländern erforderlich.[542] 420

### 5. Zuständigkeit, § 110 StVollzG

*Zuständigkeit*

Zuständig ist die Strafvollstreckungskammer, in deren Bezirk die beteiligte Vollzugsbehörde ihren Sitz hat, § 110 StVollzG, § 78a GVG.

### 6. Form und Frist, § 112 StVollzG

*Form und Frist*

Zu den Form- und Fristvorgaben lesen Sie § 112 StVollzG.

541 Siehe Rn. 353.

542 So in Bremen, Hamburg, Schleswig-Holstein, vgl. Laubenthal, Strafvollzug, Rn. 783.

### 7. Beteiligtenfähigkeit

*Beteiligtenfähigkeit*

Die Beteiligtenfähigkeit richtet sich nach § 111 StVollzG.

**hemmer-Methode: Schreiben Sie keine Romane zur Zulässigkeit, wenn hierin kein Problem liegt!**

## II. Begründetheit

*Begründetheit*

Je nach Antragsart folgt nun die Begründetheitsprüfung, die wie im Verwaltungsrecht vorzunehmen ist (vgl. § 115 StVollzG). 421

***Bspe.:***

*Ein Anfechtungsantrag ist begründet, wenn die Maßnahme rechtswidrig ist und der Antragsteller hierdurch in seinen Rechten verletzt wird.*

*Bei einem Verpflichtungsantrag verpflichtet das Gericht die Behörde, den Antragsteller unter Beachtung der Rechtsauffassung des Gerichts neu zu bescheiden, § 115 IV S. 2 StVollzG, wenn die Sache noch nicht spruchreif ist. (Dies ist i.d.R. der Fall bei Ermessensentscheidungen, nicht jedoch bei einer Ermessensreduzierung auf Null.)*

# D. Rechtsbeschwerde, § 116 StVollzG

*Rechtsbeschwerde gem. § 116 StVollzG*

Gegen die gerichtliche Entscheidung gibt es nur noch die Rechtsbeschwerde gem. § 116 StVollzG zum OLG (§ 117 StVollzG). Voraussetzung ist, dass die Entscheidung zur *Fortbildung des Rechts* oder zur *Sicherung einer einheitlichen Rechtsprechung* geboten ist, d.h. wenn sich die Überprüfung geradezu aufdrängt. Wie bei einer Revision werden ausschließlich Gesetzesverstöße überprüft (§ 116 II StVollzG). 422

**Zulässigkeit der Rechtsbeschwerde, §§ 116 ff. StVollzG:**

1. Beschluss der Strafvollstreckungskammer i.S.d. § 115 I StVollzG
2. Gebotenheit der Überprüfung (§ 116 I StVollzG)
   - ⇨ zur Fortbildung des Rechts oder
   - ⇨ zur Sicherung einer einheitlichen Rechtsprechung
3. Beschwerdebefugnis, § 116 II StVollzG
4. Form, Frist und Begründung, § 118 StVollzG
5. Beteiligtenfähigkeit, § 111 StVollzG

# E. Gerichtliches Verfahren, §§ 121a, 121b StVollzG

*Gerichtliches Verfahren*

Im Jahr 2019 neu in den §§ 121a und § 121b StVollzG geregelt ist das gerichtliche Verfahren. Es gilt für allle Maßnahmen nach den Vollzugsgesetzen, die eine vorherige gerichtliche Anordnung erforderlich oder im Nachhinein einer gerichtlichen Genehmigung bedürfen (§ 121a I 1 StVollzG).

*Verfahrensrecht*

Prozessual ist über § 121b I 1 StVollzG das Verfahrensrecht des FamFG maßgeblich, in Unterbringungssachen (§ 312 Nr. 4 FamFG) das dortige Verfahrensrecht hierzu. Der Instanzenzug ist in § 121b I 3 StVollzG, die Kostenfreiheit in § 121b II StVollzG geregelt.

## E. Antrag auf gerichtliche Entscheidung gem. §§ 23 ff. EGGVG

*Antrag gem. §§ 23 ff. EGGVG*

Für Jugendliche gelten die Rechtsbehelfe des StVollzG nicht, sie können sich gegen Vollzugsentscheidungen mit dem Antrag gem. § 23 EGGVG wehren.[543] 423

**<u>Zulässigkeit des Antrags gem. § 23 EGGVG:</u>**

- ⇨ Maßnahme der Vollzugsbehörde, § 23 I S. 2 EGGVG
- ⇨ Antragsbefugnis, § 24 EGGVG
- ⇨ Frist, § 25 EGGVG
- ⇨ Zuständigkeit, § 26 EGGVG

### Exkurs: Untersuchungshaft

*Exkurs: Untersuchungshaft*

Die Untersuchungshaft fällt zwar nicht unter den Begriff des Strafvollzugs[544], dennoch ähneln sich die Probleme naturgemäß. 424

Allerdings bestehen deutliche Unterschiede in der Rechtsstellung, da der Untersuchungshäftling kein Strafgefangener ist. Er gilt bis zur Rechtskraft des Urteils als unschuldig, woraus eine gewisse Zurückhaltung des Staates bei Eingriffen in die Freiheit des Betroffenen notwendig ist.

**hemmer-Methode: Die Unschuldsvermutung kann als Faustregel zur Eingriffsbegrenzung dahingehend formuliert werden: „Welche Eingriffe wären gerade noch zumutbar, wenn sich der Beschuldigte nachträglich als unschuldig herausstellen sollte?“**

### I. Anzuwendende Normen

*Anwendbare Vorschriften*

Die zentrale Vorschrift für den Vollzug der Untersuchungshaft ist § 119 StPO. Das StVollzG gilt nicht, lediglich in §§ 177, 178 StVollzG wird auf die Untersuchungshaft Bezug genommen. Zur Konkretisierung des Vollzugs bestehen aber Verwaltungsvorschriften, nämlich die UVollzO. Die Untersuchungshaft bei Jugendlichen ist in § 93 JGG geregelt, daneben ist sie auch in Nr. 77 ff. UVollzO erwähnt. 425

### II. Rechtsstellung des Untersuchungsgefangenen

*Rechtsstellung*

Der Untersuchungsgefangene steht in der Regel besser da als der Strafgefangene. So hat er - abgesehen von den Ausnahmen in § 119 II StPO - einen Anspruch auf eine Einzelzelle. Bezüglich der Beschränkungen, die er dulden muss, ist § 119 III StPO die Zentralnorm: 426

*§ 119 IV StPO*

> „Dem Verhafteten dürfen nur solche Beschränkungen auferlegt werden, die der Zweck der Untersuchungshaft oder die Ordnung in der Vollzugsanstalt erfordert.“

So unterliegt der Untersuchungsgefangene keiner Arbeitspflicht. 427

543 Siehe Rn. 315.

544 Siehe Rn. 323.

**hemmer-Methode: Bei Jugendlichen ist streitig, ob diese nicht im Hinblick auf die erzieherische Ausgestaltung der Untersuchungshaft (§ 93 II JGG) zur Arbeit verpflichtet werden können (so Nr. 80 II UVollzO). Solange die zugewiesene Arbeit tatsächlich eine erzieherische Zielrichtung hat, ist dies gerade unter dem Gesichtspunkt der zentralen Bedeutung der sinnvollen Beschäftigung bei Jugendlichen zulässig.**

Der Untersuchungsgefangene darf sich unter den Voraussetzungen des § 119 IV StPO Bequemlichkeiten und Beschäftigungen verschaffen. So kann er eigene Kleidung tragen, er darf sich (natürlich auf eigene Kosten) Genussmittel und Gegenstände des persönlichen Bedarfs kaufen (vgl. Nr. 50 ff. UVollzO).

## III. Rechtsbehelfe

*Rechtsschutz*

Gem. § 119 VI S. 1 StPO ordnet der nach § 126 StPO zuständige Richter alle erforderlichen Maßnahmen an. Nur in Ausnahmefällen kann dies auch durch den Staatsanwalt, den Anstaltsleiter oder einen Aufsichtsbeamten mit Genehmigung des Richters geschehen, § 119 VI S. 2 StPO. Über die Rechtmäßigkeit von Anordnungen des Anstaltsleiters, die an sich nach § 119 VI StPO der richterlichen Kompetenz unterfallen, entscheidet der Richter, vgl. Nr. 75 I UVollzO. 428

Der richtige Rechtsbehelf gegen Entscheidungen des Richters ist die Beschwerde gem. § 304 StPO. Daneben hat der Gesetzgeber mit der neu geschaffenen Regelung des § 119a StPO einen Rechtsbehelf geschaffen, der die bisher nur im Verfahren nach § 23 EGGVG mögliche gerichtliche Kontrolle von behördlichen Maßnahmen eröffnet. Zielsetzung des Gesetzgebers war es, eine effektivere gerichtliche Kontrolle als gegenüber dem bisherigen aufwendigeren Verfahren, bei welchem das jeweilige Oberlandesgericht anzurufen gewesen war (§ 25 I EGGVG), zu schaffen.[545]

***Bspe.:***

- ⇨ *Der Untersuchungsgefangene U hat den Verdacht, dass der Anstaltsarzt schon seit Jahren nur Placebos oder nicht zugelassene Medikamente verschreibt. Hier ist der Antrag nach § 119a StPO erforderlich.*

- ⇨ *Der Untersuchungsgefangene V möchte gerne einen Kanarienvogel während seiner Haftzeit halten. In diesem Einzelfall kann gegen die Ablehnung mit der Beschwerde gem. § 304 StPO vorgegangen werden.*

**hemmer-Methode: Die Abgrenzung der Rechtsbehelfe kann im Einzelfall Schwierigkeiten bereiten. Verdeutlichen Sie sich nochmals die Anwendungsbereiche der drei möglichen förmlichen Rechtsbehelfe:**

- **Geht es um eine Anordnung des Anstaltsleiters, die eigentlich nach § 119 VI StPO in den Kompetenzbereich des Haftrichters fällt, entscheidet gem. § 119 VI StPO der Richter, vgl. auch Nr. 75 I UVollzO.**
- **Entscheidet die Anstaltsleitung in originärer Zuständigkeit über organisatorische Angelegenheiten in der Anstalt, die also alle Gefangenen betreffen, ist § 119a StPO der richtige Rechtsbehelf. Dies ist allerdings auch bei allgemeinen Maßnahmen nur dann der Fall, wenn der Eingriff nicht an § 119 III StPO zu messen ist - dann ist wieder § 119 VI StPO einschlägig!**
- **Die Beschwerde nach § 304 StPO, Nr. 74 UVollzO ist gegen Verfügungen des Richters statthaft.**

**Exkurs Ende**

545 Vgl. BT-Drs. 16/11644, S. 31.

## WIEDERHOLUNGSFRAGEN: RANDNUMMER

1. Definieren Sie den Begriff der Kriminologie! ... *1*

2. Welche Verbrechensbegriffe gibt es und wie unterscheiden sie sich? ... *2 ff.*

3. Was versteht man unter dem Schulenstreit? ... *9 ff.*

4. Nennen Sie zwei biologische Kriminalitätstheorien! ... *14 f.*

5. Was sagt das Freud´sche Persönlichkeitsmodell? ... *17*

6. Nennen Sie die drei wichtigsten sozialpsychologischen Kriminalitätstheorien! ... *22 ff.*

7. Wie erklärt Sutherland das Entstehen von Kriminalität und wie nennt man seine These? ... *22*

8. Welcher Kritik ist der labeling-approach ausgesetzt? ... *25*

9. Was meint der Begriff der „sekundären Abweichung“? ... *26*

10. Nennen Sie vier soziologische Kriminalitätstheorien! ... *27 ff.*

11. Was versteht man unter Konformität, Ritualismus, Rebellion, Apathie und Innovation? Zu welcher Theorie gehören diese Begriffe? ... *28*

12. Welche Delikte werden nicht in der PKS berücksichtigt? ... *33*

13. Welche Zahlen beinhaltet die PKS? ... *34*

14. Was versteht man unter einer Häufigkeitszahl und einer Tatverdächtigenbelastungszahl? ... *34*

15. Welche Fehlerquellen weist die PKS auf? ... *36*

16. Welche Faktoren müssen bei der Bewertung einer Statistik beachtet werden? ... *38*

17. Definieren Sie den Begriff „Dunkelfeld“! ... *41*

18. Welche Methoden stehen der Dunkelfeldforschung zur Verfügung? Welche Fehler können hierbei auftauchen? ... *43 ff.*

19. Was versteht man unter einem „doppelten Dunkelfeld“? ... *44a*

20. Erklären Sie die Abhängigkeit zwischen Hell - und Dunkelfeld! Was versteht man in diesem Zusammenhang unter einem Rückkopplungsmechanismus? ... *45*

21. Erklären Sie die Abhängigkeit zwischen Aufklärungsquote und Dunkelfeld am Beispiel des Ladendiebstahls und des Einbruchdiebstahls! ... *46*

22. Zählen Sie die einzelnen Schritte auf, die zur Durchführung einer empirischen Untersuchung notwendig sind! ... *47 ff.*

23. Was ist eine Hypothese? ... *49*

24. Was versteht man unter Operationalisierung? ... *51*

25. Welche Möglichkeiten gibt es, die Opfer einer Straftat einzuteilen? ... *56 ff.*

26. Nennen Sie typische Beziehungsdelikte! ... *57*

27. Welche Neutralisationstechniken gibt es? ... *58*

28. Was versteht man unter Sekundärviktimisierung? ... *59b*

29. Welche Gründe gibt es für ein Opfer, die Straftat nicht anzuzeigen? ... *60*

30. Was versteht man unter dem Kriminalitätsfurcht - Paradoxon? ... *62*

**31.** Wie wird das Opfer im Straf(prozess)recht geschützt? Nennen Sie mindestens fünf Beispiele! ... *64 f.*

**32.** Wie lautet der kriminologische Gewaltbegriff? ... *67*

**33.** Welche Erklärungsansätze bestehen für das Entstehen von Gewaltkriminalität? ... *69*

**34.** Wie lauten die vier Theorien zum Thema „Gewalt in den Medien“? ... *72*

**35.** Definieren Sie den Begriff „Organisierte Kriminalität“! Welche Unterschiede zur „Bande“ bestehen? ... *73 ff.*

**36.** Nennen Sie typische Delikte der Organisierten Kriminalität! ... *77*

**37.** Wie versucht man, die Organisierte Kriminalität zu bekämpfen? Nennen Sie die entsprechenden Gesetze! ... *80*

**38.** Definieren Sie den Begriff „Terrorismus“! ... *80a*

**39.** Woran orientiert sich die Rechtsprechung bei der Definition von „Wirtschaftskriminalität“? ... *81*

**40.** Was versteht man unter den Begriffen „Sogwirkung“ und „Spiralwirkung“? ... *84*

**41.** Wo liegen die Probleme in Wirtschaftsstrafsachen? ... *86*

**42.** Was ist zur Herabsetzung der Promillegrenze auf Null zu sagen? ... *92*

**43.** Was muss bei der Bewertung der Statistiken über Ausländerkriminalität beachtet werden? ... *94*

**44.** Wie unterscheiden sich die Erste und Zweite Gastarbeitergeneration voneinander? Welche Kriminalitätstheorie wird hier herangezogen? ... *95 f.*

**45.** Was versteht man unter der Schrittmachertheorie? ... *99*

**46.** Was sind die wesentlichen Ursachen für Alterskriminalität? ... *103a*

**47.** Nennen Sie die bekannten Straftheorien! ... *107 ff.*

**48.** Wo liegen jeweils die Vor - und Nachteile? ... *109 f., 112 f., 115 f.*

**49.** Welche Aussagen treffen Prognosen? ... *118*

**50.** Wann sind Prognosen erforderlich? Nennen Sie mindestens drei Beispiele! ... *119 f.*

**51.** Welche Prognosemethoden gibt es und wie funktionieren Sie? ... *121a ff.*

**52.** Welche Merkmale tauchen besonders häufig in Prognosetafeln auf? ... *128*

**53.** Welches sind die Vor- und Nachteile der einzelnen Prognosen? ... *130 ff.*

**54.** Was versteht man unter dem „idealtypischen Vergleich“? ... *129*

**55.** Was ist der Unterschied zwischen endogenen und exogenen Psychosen? Nennen die für jede zwei Beispiele! ... *137 f.*

**56.** Was versteht man unter einer tiefgreifenden Bewusstseinsstörung? ... *139*

**57.** Nennen Sie drei Beispiele für eine schwere andere seelische Abartigkeit! ... *141*

**58.** Wie unterscheiden sich Strafe und Maßregeln? ... *146*

**59.** Warum wird die kurzfristige Freiheitsstrafe zurückgedrängt? Wo ist dies geregelt? ... *148*

**60.** Ist die lebenslange Freiheitsstrafe verfassungsgemäß? ... *360*

**61.** Was versteht man und dem Tagessatzsystem? Was bedeutet Progressionswirkung der Geldstrafe? ... *155; 158*

Die Zahlen verweisen auf die Randnummern des Skriptes

## T



## U



## V



## W



## Z

by hemmer

# hemmer/wüst Verlag

## Unser Lernsystem im Überblick

## Die Kartensätze

### ■ Überblickskarteikarten - je 30,00 € / 19,90 €

#### Über Prüfungsschemata zum Wissen

Ihr Begleiter vom 1. Semester bis zum 2. Staatsexamen! In den Überblickskarteikarten sind die wichtigsten Problemfelder im Zivil-, Straf- und Öffentlichen Recht knapp, präzise und übersichtlich dargestellt. Sie erfassen effektiv auf einen Blick das Wesentliche. Die grafische Aufbereitung der Prüfungsschemata auf der Vorderseite schafft Überblick über den Prüfungsaufbau. Die Kommentierung mit der hemmer-Methode auf der Rückseite vermittelt deshalb das nötige Einordnungswissen für die Klausur und erwähnt die wichtigsten Definitionen.

### ■ Basics Karteikarten - je 16,90 €

#### Das Pendant zu den Basics Skripten

Mit dem Frage- und Antwortsystem zum notwendigen Wissen. Die Vorderseite der Karteikarte ist unterteilt in Einordnung und Frage. Der Einordnungstext erklärt den Problemkreis und führt zur Frage hin. Die Frage trifft dann den Kern der prüfungsrelevanten Thematik. Auf der Rückseite schafft der Antworttext Wissen.

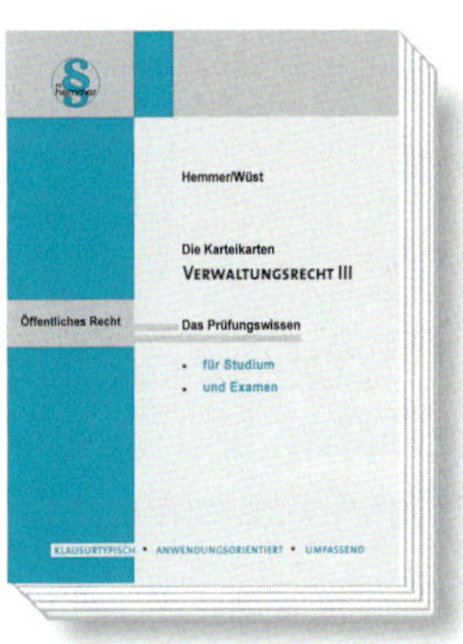


### ■ Hauptkarteikarten - je 16,90 €

#### Das Pendant zu den Hauptskripten

Das Prüfungswissen in Karteikartenform für den, der es bevorzugt, mit Karteikarten zu lernen. Im Frage- und Antwortsystem zum Wissen. Auf der Vorderseite der Karteikarte führt ein Einordnungsteil zur Frage hin. Die Frage trifft die Kernproblematik des zu Erlernenden. Auf der Rückseite schafft der Antworttext Wissen.

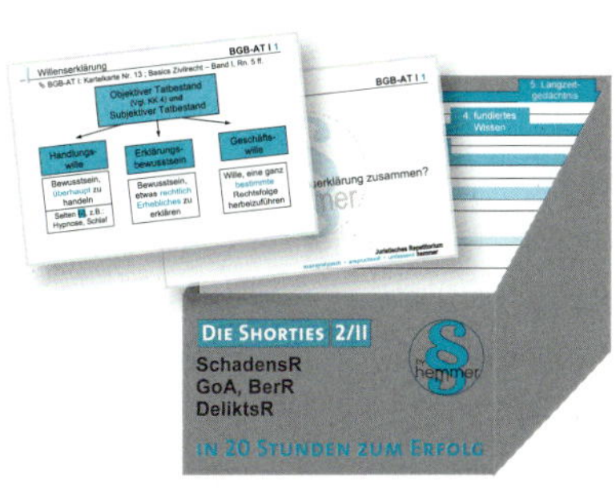


### ■ Die Shorties - je 24,90 €

#### In 20 Stunden zum Erfolg inkl. hemmer-Lernbox

Die kleinen Karteikarten in der hemmer Lernbox enthalten auf der Vorderseite jeweils eine Frage, welche auf der Rückseite grafisch aufbereitet beantwortet wird. Die bildhafte Darstellung ist lernpädagogisch sinnvoll. Die wichtigsten Begriffe und Themenkreise werden anwendungsspezifisch erklärt. Knapper geht es nicht - die Sounds der Juristerei! In Kürze verhelfen die Shorties so zum Erfolg.

Versandkostenfreie Bestellung in unserem hemmer-shop

**www.hemmer-shop.de**

# hemmer/wüst Verlag

## Unser Lernsystem im Überblick

## Digitale Produkte

### HEMMER APP

### FÜR SMARTPHONE, TABLET UND PC

Das Frage-Antwort-System der hemmer Hauptskripten, unsere „haupties“, digital lernen mit der intelligenten Lernplattform StudySmarter. Behalten Sie mit detaillierten Lernstatistiken Ihren Fortschritt im Blick und lernen Sie mit einem individuellen Lernplan. Kostenlos testbar: „haupties BGB AT I - III“ (579 KK) sowie „Definitionen StrafR“ (279 KK). Einfach den Code hemmer20 bei der Registrierung eingeben. Zusätzlich erhalten unsere Kursteilnehmenden über 600 Wiederholungs- und Vertiefungsfragen des HK-Materials. Der exklusive Code ist über die Kursleiter und Kursleiterinnen erhältlich.

### EBOOKS - ab 9,90 €

### DIE HEMMER SKRIPTENREIHE ALS EBOOKS

In den eBooks, die mit unserer hemmer Skriptenreihe identisch sind, werden die für die Prüfung nötigen Zusammenhänge umfassend aufgezeigt und wiederkehrende Argumentationsketten eingeübt. Nutzen Sie die eBooks als Ihre ortsunabhängige Bibliothek. Sie sind klausurorientiert und zahlreiche Beispielsfälle erleichtern das Verständnis. So wird Prüfungswissen auf anspruchsvollem Niveau vermittelt.

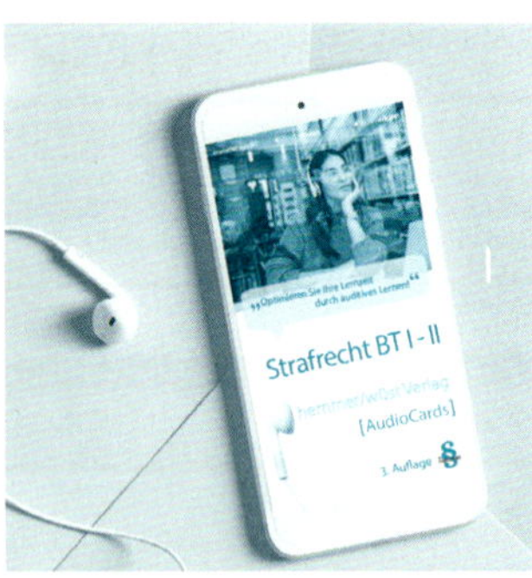


### AUDIOCARDS - ab 19,95 €

### AUDITIV - MODERN - EFFEKTIV

Die Wiederholungsfragen der hemmer Hauptskripten werden in den hemmer AudioCards vertont und beantwortet. Gleichzeitig haben Sie die Möglichkeit, den kompletten Inhalt inklusive Inhaltsverzeichnis per PDF einzusehen und auszudrucken. Wir verhelfen Ihnen mit unserem auditiven Lernsystem zu einer optimalen Prüfungsvorbereitung.

### LIFE&LAW - DIGITAL - je 6,80 €

### NEUESTE RECHTSPRECHUNG - KLAUSURTYPISCH AUFBEREITET

Die Life&LAW ist die deutschlandweit monatlich erscheinende hemmer-Ausbildungszeitschrift. In jeder Ausgabe werden aktuelle Entscheidungen im Bereich des Zivil-, Straf- und Öffentlichen Rechts aufbereitet und klausurtypisch von unseren hemmer-Repetitoren gelöst.

Erhältlich über unseren hemmer-shop
**www.hemmer-shop.de**